はしがき

「シリーズ 北九大の挑戦」第3巻は，北九州市立大学が平成17年度に法人化してからの教育改革の歩みをFD[1]活動を通して紹介する。本書を読めば，読者は本学が法人化後の10年間，大学教育の"質"の改善に組織的にどう取り組んできたか，理解できるだろう。

本学の教育改革は，第1期中期計画期間（平成17から22年度）の矢田俊文学長（当時）の取り組みにはじまり，第2期中期計画期間（平成23から28年度）に引き継がれている。本書は，この教育改革の取り組みを，FD活動に焦点を当て平成26年度までの10年間の歩みとして紹介する。

第1章は，本学の教育改革の歩みとFD活動を概観するとともに，FD活動の推進リーダーを担当した副学長と教務部長に担当年度の取り組みとその思いを本音で語ってもらった。FD活動導入期の困難さ，大学文化として本学ではまだこの活動が根付いていなかった中での苦労ばなし，さらには取り組み内容の改善から今後の課題までが綴られている。

第2章と第4章は，本学のFD活動の特徴である授業のピアレビューと新任教員研修についての報告である。理事長と学長に授業をご担当頂き，その授業のピアレビューを行うという画期的な取り組みの紹介でもある。新任教員研修については新任研修の実情とその成果の分析から新任研修の意義と新たな方向性を探っている姿を紹介する。

第3章は，授業評価アンケートをもとに年度ごとに評価の高い教員を「授業のベストプラクティス」として取り上げ，授業の工夫を本人にインタビューして収録したものである。多くの先生方に，授業の「すご技」をご紹介いただいた。

第5章は，授業の質の向上を目指した新たな試みとしてアクティブラーニングを通した授業改善に取り組んでいる若手の先生が，自らの体験を踏まえ報告する。

第6章と第7章は，本学が進める教職協働において教員の教育活動を支える事務職員の立場からの報告である。第6章は，FD活動に関わる授業評価アンケートのデータ分析を行った教育開発支援室の報告である。本学のIR推進部門としてのこれらの分析は，教育の質改善に生かされる客観的裏付け資料である。教育の質改善と向上をたゆまず進めるための根拠データとして，FD活動のPDCAを進めるために行う重要な分析報告である。第7章は，本学の2つ

---

[1] FD：Faculty Development　ファカルティ・ディベロップメント【教員が授業内容・方法を改善し向上させるための組織的な取り組みの総称。その内容は多岐にわたるが，具体的な例としては，教員相互の授業参観の実施，授業方法についての研究会の開催，新任教員のための研修会の開催など】「高等教育に関する質保証関係用語集」より引用。

のキャンパスで直接 FD 活動を支える職員の皆さんにその思いと教員が取り組む FD 活動について，それぞれの立場からコメントしてもらった。そして，結びに本学 FD アドバイザーが「FD はなぜ必要なのか」をまとめた。

　本書の編集，とりまとめに当たっては，長年本学 FD 活動を FD 特命教授，FD アドバイザーとして担当されている中溝幸夫先生と，出版事業部会責任者の松尾太加志副学長にお願いした。中溝先生は，他大学で長年教員・研究者として教育・研究に携わってこられた豊富な経験をもとに本学 FD 活動に対して，その試行期から現在に至るまでご尽力いただいている。松尾副学長は，創立 70 周年事業実行委員会の出版事業の責任者である。本学は 2016 年度に創立 70 周年を迎える。この「シリーズ 北九大の挑戦」を，創立 70 周年の記念事業の一環として取り組んでいるという理由からである。

　大学教育において，教員は教育のプロフェッショナルになることが求められる。そのためには，自らの努力と研鑽，実践と経験が必要である。この営みは，新任教員として教壇に立った日から教壇を降りるまで続く。これは，目的をもち，目標に向かって学習すること，つまり学びの営みである。学びには幾度もの繰り返しと，そこに費やす時間を必要とする。そこから自分自身の大学教師としての心得を紡ぎ，実践することがプロフェッショナルへの道である。

　2015 年 2 月

北九州市立大学 学長
近 藤 倫 明

目　次

はしがき ……………………………………………………………… 近藤倫明　　i

第1章　教育改革へのチャレンジ …………………………………………… 001

1　北九州市立大学の教育改革（近藤倫明）　001
 1.1　第2期中期計画における教育の目標と計画
 1.2　3つのポリシーの策定と第2次カリキュラム改革
  1.2.1　学位授与方針（DP）と教育課程編成・実施方針（CP）
  1.2.2　入学者受入方針（AP）
  1.2.3　学部等教育改善委員会のプロジェクト
 1.3　FD活動の歩み

2　法人化後の北九州市立大学のFD活動　012
 2.1　FD活動の試行期：平成18・19年度（近藤倫明）
 2.2　FD活動の挑戦と挫折の記録：平成20〜22年度（中野博文）
 2.3　FD活動の基礎から第2段階へ：平成23・24年度（木原謙一）
 2.4　FD活動の現状と課題：平成25・26年度（漆原朗子）

第2章　授業のピアレビュー …………………………………………… 025

1　授業のピアレビュー：基本的考え（中溝幸夫）　025
 はじめに
 1.1　本学における授業のピアレビュー活動の経緯
 1.2　授業のピアレビューのやり方──北九大スタイル
 1.3　授業のピアレビューの利点

2　大学トップ（学長，理事長）による授業のピアレビュー　028
 2.1　大学トップによる授業科目設定の経緯と学生の反応（小野憲昭）
 2.2　学長，理事長の授業のピアレビュー報告（中溝幸夫）

3　チームティーチングと授業のピアレビュー報告　036
 ──「基礎心理学」の事例──（松尾太加志・中溝幸夫）

- 3.1 共同担当授業科目の相互ピアレビュー
- 3.2 お互いの気づきにつながるレビュー ——専門外でもレビューできる授業の進め方——
- 3.3 同じ専門領域だからできるレビュー ——効果的なデモンストレーション——
- 3.4 適切な課題についてのレビュー ——学生に考えさせる授業——
- 3.5 教員によって考え方が異なる ——試験対策と授業の振り返り——
- 3.6 ピアレビューを通して学んだこと（総括）
  - 3.6.1 授業の基本設計に関する事項
  - 3.6.2 授業の工夫（授業ティップス）
  - 3.6.3 その他
- 3.7 まとめと今後の課題

4 授業のピアレビューの質を高めるために必要な羅針盤（浅羽修丈）　056

- 4.1 ピアレビューの問題点とその解決策である"気づき"
  - 4.1.1 ピアレビューの重要性
  - 4.1.2 マンネリ化するピアレビュー
  - 4.1.3 "気づき"こそピアレビューの基礎
- 4.2 "思考の場"と"思考の道具"
  - 4.2.1 ピアレビューのための"思考の場"
  - 4.2.2 ピアレビューに役立つ"思考の道具"
  - 4.2.3 既存の視点セットでピアレビューを考える
- 4.3 アクティブ・ラーニングのピアレビュー
  - 4.3.1 アクティブ・ラーニングのピアレビューをするときの課題
  - 4.3.2 アクティブ・ラーニングのピアレビューでの注目点
- 4.4 学ぼうとする力が"気づき"を生む

5 国際環境工学部のFDと授業ピアレビュー（梶原昭博）　073

- 5.1 国際環境工学部のFD活動
  - 5.1.1 啓発期（開設時から平成20年度）
  - 5.1.2 組織的活動期（平成20年4月から平成24年3月）
  - 5.1.3 自主的活動期（平成24年4月から現在まで）
- 5.2 国際環境工学部における授業のピアレビュー
  - 5.2.1 実施方法
  - 5.2.2 実施結果
  - 5.2.3 授業評価結果が低い授業のピアレビュー

第3章　北九大の教員は授業でどんな工夫をしているか　　085

授業のベストプラクティス――授業担当者へのインタビュー（中溝幸夫）　　085

平成23年度

創意工夫に裏打ちされた楽しい授業に取り組む平野圭子先生（板谷俊生）

大人数講義で学生から高評価を得ている後藤宇生先生（松本　守）

ゼミと授業をつなげる工夫をされている田島司先生（佐藤眞人）

組織的にチームFDに取り組む廣渡栄寿先生（北　真収）

全員の授業参加をめざしている赤川貴雄先生（北　真収）

平成24年度

授業の楽しい雰囲気作りに努め，多くの学生たちから支持されているアダム・ヘイルズ先生（木原謙一）

学生のスキル取得のために授業時間を最大限に生かしている梅澤俊浩先生（武田　寛）

授業見学と日々の改良の積み重ねにより学生から高評価を得ている堀尾香代子先生（佐藤眞人）

「法律は言葉の学問」だからこそ，わかりやすい授業構成を考える植木淳先生（坂本毅啓）

大学教育の中で実社会のリアリティの反映を追求されている眞鍋和博先生（坂本毅啓）

学生とのコミュニケーションを重視した授業に取り組む浅羽修丈先生（ディヴィッド・A. ストット）

技術者としての生身の実力を養う授業をめざす上江洲一也先生（龍　有二）

平成25年度

社会人や留学生への大学院指導に取り組む石塚優先生（恒吉紀寿）

学生のアカデミック・スキル習得のため，授業改善を重ねられる国際関係学科の先生方（北　美幸）

本気で地域社会の再生と創造を担える人材の育成に向けて活動する片岡寛之先生（廣川祐司）

実践的演習により課題解決能力の向上をめざす高偉俊先生と深堀秀敏先生（龍　有二）

自作のケーススタディにより学生の満足を得ている松永裕己先生（城戸宏史）

第4章　新任教員のFD研修　　135

1　新任教員FD研修プログラム（中溝幸夫）　　135

　1.1　春季新任教員研修

　1.2　夏季新任教員研修

2　北九州市立大学におけるFD事業への取り組みと展望（漆原朗子）　　138

　2.1　本学におけるFDの取り組み

　2.2　新任FD研修で提起した課題

　　2.2.1　日本の大学システムとFDをめぐる課題

　　2.2.2　本学におけるFDの課題

3　授業の質向上のための5つの提案（中溝幸夫）　　141

- 3.1 教育のプロフェッショナルとして"授業の質"に関心を持とう
- 3.2 他の教員の授業から学ぼう
- 3.3 自分の授業を批評してもらおう
- 3.4 学生の反応から学ぼう
- 3.5 とにかく授業設計を工夫しよう

4 今後の新任教員研修への提案（中溝幸夫）　147
- 4.1 研修プログラムをさらに充実させていく
- 4.2 新任教員研修を担当するチームを作る

5 新任教員研修の評価（田村大樹）　149
- 5.1 研修に対する評価
- 5.2 新任教員研修の成果と課題

第5章　授業の質向上を目指す最近の取り組み　153

1 アクティブ・ラーニングの理想像を目指す授業づくり（山崎　進）　153

はじめに――アクティブ・ラーニングの目指す理想像

- 1.1 アクティブ・ラーニングにどう取り組んだのか
  ――インストラクショナル・デザインに基づく授業づくり
- 1.2 アクティブ・ラーニングの本格導入――大学院生向け授業「ソフトウェア工学概論」
  - 1.2.1 リーディング・アサインメント
  - 1.2.2 リサーチ・クエスチョン
  - 1.2.3 この授業で学生が行うこと
  - 1.2.4 この授業で教師が行うこと
  - 1.2.5 到達目標
  - 1.2.6 成績評価
  - 1.2.7 結果
- 1.3 アクティブ・ラーニングの問題点と今後の展望

おわりに

2 キャリア教育と授業改革（見舘好隆）　164
- 2.1 背景と目的
- 2.2 北九州市立大学のキャリア教育
  - 2.2.1 キャリア科目
  - 2.2.2 キャリア教育の全体的なデザインについて

2.3　キャリア教育の改善とその効果
　　　　　2.3.1　1年生対象キャリア科目の改善：アクティブ・ラーニングとロールモデル
　　　　　2.3.2　2年生対象キャリア科目の改善：産学連携教育
　　　　　2.3.3　2年生以上対象キャリア科目の改善：PBL（Project-Based Learning）

第6章　授業評価アンケートの分析　　　　　　　　　　江島広二・増田竜彦　181

1　北九州市立大学の授業評価の概要　　181
2　教育開発支援室と授業評価アンケートの分析　　182
　　2.1　授業評価アンケート結果の経年変化
　　2.2　質問項目間の相関関係の分析
　　2.3　授業で得られる力の習得（学習成果に関する学生アンケートの分析）

第7章　これからのFD活動　　191

1　事務職員から見たFD活動　　191
　　1.1　大学職員から見たFD活動の意義とは（岩松栄子）
　　1.2　FDを事務サイドから考える（堤ちひろ）
　　1.3　大学におけるFD活動を推進していくために（永野貴久）
　　　　1.3.1　FD部会について
　　　　1.3.2　教育力向上プロジェクトについて
　　　　1.3.3　FD研修について
　　　　1.3.4　今後のFD活動の在り方について
2　FDはなぜ必要なのか（中溝幸夫）　　195
　　2.1　FDの3つのレベル
　　2.2　FDが必要な理由
　　2.3　教員の教育力を高めるための他大学の仕組み

付　章　大学教師の心得　　　　　　　　　　　　　　　　　中溝幸夫　203

用　語　集　　215

あとがき　　　　　　　　　　　　　　　　　　　　　　　　中溝幸夫　221

執筆者一覧　　223

第1章 教育改革へのチャレンジ

1　北九州市立大学の教育改革

　北九州市立大学は，平成17（2005）年4月に公立大学法人に移行した。本学が昭和21年7月に旧小倉市立小倉外事専門学校として創立されて以来59年目のことである。この法人化に伴い，設置者である北九州市は，地方独立行政法人法に基づき第1期6年間（平成17年から22年度）の中期目標を定めた。この中期目標を達成するために，大学は，教育分野，研究分野，社会貢献分野，大学運営分野で169項目の中期計画を策定した。大学の使命は，6年間でこの中期計画を遂行し，中期目標を達成することであった。

　中期目標・中期計画を達成するために，矢田俊文前学長が法人化後の最初の学長に着任し，大学改革を担った。本学創設以来12代目の学長である。矢田前学長が取り組んだ教育分野における教育改革の主たる柱は，①入試（入学）から就職（卒業）までの一貫した教育システムの構築，②基盤教育センターの設置・学部学科再編・カリキュラム改革を通した教養教育の再生，③新たな大学教育の姿としての地域創生学群の設置であった。これら3つの取り組みの詳細については，『地域主権の時代をリードする北九州市立大学改革物語』（矢田俊文著，九州大学出版会，2010年）に詳しい。この著書は，本「シリーズ 北九大の挑戦」の出発点となった。

　高校生にとって大学への"入り口"となる入試に対しては入試広報センターを新設し，社会人への"出口"となる就職に向けては，キャリアセンターを新たに設置した。学生が在籍する学士課程4年間の教育では，語学や教養教育など，人材育成の基盤となる教育を担うために平成18年度に基盤教育センターを設置した。全学の学生を対象に行う学部横断的な基盤教育を独立して支える組織である。本学の基盤教育は，主として教養教育，語学教育，情報教育から成り立っている。専門教育では平成19年度に学部学科を再編するとともに，基盤教育科目も含めた新たなカリキュラム（第1次カリキュラム改革）をスタートさせた。併せて，学生を支援する仕組みづくりも同時に進められ，平成19年度には「学生プラザ」を新たに開設し，学生支援システムが動き始めた（学生支援については，本シリーズ第1巻『学生サポート大作戦』を参照していただきたい）。また，平成21年度には時代と地域の要請に応え，新たな教育プログ

ラムを備えた地域創生学群を開設した（地域創生学群の取り組みについては，本シリーズ第2巻『「自ら学ぶ大学」の秘密』を参照していただきたい）。

　第1期の中期計画には，法人化後の大学改革の中で枠組みとしての制度・機構・組織等の改革を進めるとともに，最も重要な改革の1つとして，大学教育の根幹をなす大学の教育力の質の向上としてのFD活動が「授業手法・内容の向上」として位置づけられている。それまで学部学科等で個別に実施されていたこの取り組みに対して，北九大方式のFDとして全学を挙げて取り組むために，平成18年度，教育研究担当の副学長をトップにFD委員会が設置された。平成18年度から現在まで引き継がれているこの取り組みが，本書で取り上げる中心テーマである。

　北九州市立大学におけるFD活動を述べる前に，その位置づけとして本学が目指す教育改革について，第1期中期計画を引き継ぐ第2期中期計画における教育の目標と計画，そしてこれまでの到達点をまず概観しておこう。

■ 1.1　第2期中期計画における教育の目標と計画

　平成23年度より第2期の中期計画6年間がスタートした。これに遡って，第2期中期計画の策定作業は，第1期中期計画の5年目，つまり平成21年7月に始まった。「第2期中期計画検討プロジェクト」として，4つの委員会が設置され，およそ100人の教職員が関わり，教職協働（大学の教員と事務職員が同じ目的に向かって協力すること）で計画策定完了まで2年近くの期間を費やした。

　第2期中期計画期間のテーマとして「地域に根ざし，時代をリードする人材の育成と知の創造を目指して」を定めた。このフレーズに集約された内容がこの6年間の北九大の新たな達成目標である。平成23年3月に，このテーマの下に70項目の中期計画が策定された。

　中期計画を70項目にした理由は2つあり，第1の理由は第1期中期計画での多すぎた項目数（169項目）への反省と，重複内容の整理・厳選であった。もう1つの理由は，この中期計画の完成年度である平成28年度は，ちょうど本学創設の70周年を迎える年に当たり，この70周年と項目数を合わせたいという"思い"からである。中期計画における教育の分野では，「社会を生き抜く力を備え，地域・社会をリードする人を育てること」を目標に教育改革を進める取り組みを定めた。図1には，第2期中期計画の全体像が示されている。教育・研究・社会貢献・経営の4分野の70項目を「北の翼パート2」として書き入れ，図式化し，本学が掲げる羅針盤とした。

　第2期中期計画ではまず第1に，教育改革に取り組む姿勢を示し，大学改革の最初のテーマとして位置づけている。とくに4年間の学士課程の教育については，図1に9項目を掲げている。第1項目は，「学位授与方針の策定・発信」である。これは教育の目的を再確認し，本学で学ぶ学生が身につけるべき能力を明確に定めるものである。第2項目は，「教育課程の改善」，つまりカリキュラム改革である。学生が身につけるべき能力をいかにして教育課程編

成・実施方針として体系性・順次性のもとに定めるかである。そして第4項目に，「FDの推進：教育内容・方法の改善」を掲げている。ここでは，個々の教員が体系性・順次性のもとに構成されたカリキュラムに配置されている授業科目の内容をいかに工夫して，学生の学びに結びつけるかという全学あげての教育実践の取り組みである。

第3項目は，本学が目指す特色ある教育として，語学・地域・環境に特化したグローバル人材，地域人材，環境人材の育成を掲げている。加えて，第7項目の「入学者受入方針の明確化・発信」は，本学に入学するために，それまでに身につけておくべき能力等について，本学が求める学生像を定めるものである。

第1, 2, 7項目は，それぞれ「学位授与方針」（ディプロマ・ポリシー：Diploma Policy = DP），「教育課程編成・実施方針」（カリキュラム・ポリシー：Curriculum Policy = CP），「入学者受入方針」（アドミッション・ポリシー：Admission Policy = AP）とよばれ，この3つのポリシー（方針）は人を育てる大学教育の根幹を定めるものである。

第2期中期計画の最初の年にまず取り組んだのが，学長を中心に学部等教育改善委員会のプロジェクトとしてこの3つのポリシーを策定し，併せてその教育の基本となる第2次カリキュラム改革を行い，平成25年度から新カリキュラムを全学的に実施することであった。

■ 1.2 3つのポリシーの策定と第2次カリキュラム改革

1.2.1 学位授与方針（DP）と教育課程編成・実施方針（CP）

学士課程においては，学則の中に学部・学群の教育目的が定められている。この教育目的を達成するために学生が身につけるべき能力を修得することを定めたものが「学位授与方針」（DP）である。

北九州市立大学は，学生が4つの力（自ら立つ力，異文化と交わる力，未来を創り実践する力，チームで協働する力）を修得することを大学の学位授与方針として定めた。この方針に基づき，学部・学群の「学位授与方針」は，学部・学群の教育目的に応じて，学位を授与される学生が身につけるべき能力を具体的に定めた。北方キャンパスにおける文系4学部と学群は，「知識・理解」，「技能」，「思考・判断・表現」，「関心・意欲・態度」の4つの観点に対し，基盤教育と専門教育において合わせて14項目の中から必要となる能力を身につけることを各学科・学類の学位授与方針として定めた。

ひびきのキャンパスの国際環境工学部は，同じく「知識・理解」，「技能」，「思考・判断・表現」，「関心・意欲・態度」の4つの観点に対し，基盤教育と専門教育において合わせて11項目の能力を身につけることを各学科の学位授与方針として定めた。

また，本学の「教育課程編成・実施方針」（CP）は，大学，学部・学群の教育目的を達成するために必要な授業科目を開設し，体系的に教育課程を編成し，学部等の専門の学芸を教授するとともに，幅広い教養及び総合的な判断力を培い，豊かな人間性を涵養することを目指し，

経 営

8 自主・自律し信頼される大学

管理運営
- ■ 大学運営の効率化
- ■ 健全で安定した財務運営
- ■ 大学の総合力を高めるキャンパス間連携の促進
- ■ 分かりやすさ重視の情報公開・発信
- ■ 安全・快適な施設等整備

教 育

1 社会を生き抜く力を備え，地域・社会をリードする人材の育成

学部等教育の充実
- ■ 学位授与方針の策定・発信
- ■ 教育課程の改善
- ■ 特色ある教育－語学・地域・環境－
- ■ FD推進：教育内容・方法の改善
- ■ 学習成果の検証
- ■ 高校教育と大学教育の円滑な接続
- ■ 入学者受入方針の明確化・発信
- ■ 入学者選抜の改善
- ■ 戦略的な入試広報による優秀な学生の確保
  [実質倍率2.8倍以上]

2 優れた専門知識・学識を有する職業人・研究者の養成

大学院教育の充実
- ■ 学位授与方針の策定・発信
- ■ 教育システム改革
  【社会システム研究科】
- ■ 履修コースの集約，コースワーク等
  【法学研究科】
- ■ 高度専門職業人養成の重点化
  【国際環境工学研究科】
- ■ ソーシャルビジネス系分野の重点化
  【マネジメント研究科】

3 大きな成長を促し社会への離陸を支援

学生支援機能の充実
- ■ 学習意欲の創出
- ■ 就職支援
  [就職決定率90％以上]
- ■ 安定した学生生活
- ■ 課外活動支援

社 会 貢 献

- ■ オフ・キャンパス教育
- ■ 社会人教育の充実

6 大学が息吹く。我が街への貢献

地域社会への貢献
- ■ 市民活動の促進
- ■ 地域の教育力向上
  （小・中・高校連携）
- ■ 生涯学習機会の提供
- ■ 行政の審議会等参画
- ■ 地域の教育研究機能の高度化

図1　第2期中期計画：北の翼パート2（概要版）

第 1 章　教育改革へのチャレンジ

■事務体制の強化
■信頼の高い運営体制
■大学認知度の向上
■PDCA サイクルの充実・定着

研　　究

4 地域からアジアへ。
　時代をリードする環境・産業技術

■環境に関する研究・技術開発
　（世界の環境首都への貢献）
■産業に関する研究・技術開発
　（アジアの技術首都への貢献）
■環境技術研究所の設置
■付属研究機関による研究拠点の形成
■アジアに関する研究

研究の方向性

研究水準の向上

■FD 推進：教育内容・方法の改善
■学習成果の検証
■指導体制・成績評価の適正化
■入学者受入方針の明確化・発信
■入学者選抜の改善
■入試広報の充実
■アジア地域からの留学生受入れ
■定員充足率の改善

5 地域・社会の発展へ。
　地域課題に対応する調査・研究

■地域に関する研究
■研究活動の促進

■研究成果の還元　　■地域課題研究　　■国際貢献

7 異文化が交わるキャンパス。多様な国際化の推進

教育研究機関との協同

■留学生の受入れ
■海外大学等との交流
■タコマ・コミュニティカレッジ，北京語言大学派遣
■国際教育交流センター機能充実

005

各学科・学類で定めた。第1次カリキュラム改革が実施され完成年度（4年間の実施期間）を終えた平成23年度から，学部等教育改善委員会のプロジェクトの下でカリキュラムが見直され，この2つのポリシーと新カリキュラムが策定された。

　新たなカリキュラムの特徴は，「社会を生き抜く力を備え，地域・社会をリードする人を育てる」を目標としたことであり，併せてカリキュラムマップとカリキュラムツリーの作成と授業科目の科目記号（ナンバリング）を設定している。カリキュラムマップは，学位授与方針の身につけるべき能力と授業科目との関係を示したものである。例えば，○○科目ではどの能力を身につけるかを示したマトリックスである（表1参照）。カリキュラムツリーは，体系性・順次性をもとに構成された科目配置を受講年次順に示したものである（図2）。例えば，○○科目は，何年生の時どの科目の前（後）に受講するのか，つまり科目間の関連性を示した系統樹である。また，科目記号は，当該授業科目の学問分野の分類（国際的に通用するためのアルファベット表示），履修上の難易度を示すものとして記号化されたものである。2つのポリシー（DP・CP）とカリキュラムマップ，カリキュラムツリーと科目記号は，入学生に配布される履修ガイドに掲載されており，本学学生が自らの4年間の履修計画を作る指針になっている。平成25年度の入学生からこのカリキュラムが全学的に実施されている。

　教育の質の保証と向上を目的に，本学が全学的に展開する教育プログラムについて，組織的で継続的な改善を行うために「教育開発支援室」が設置されている。副学長が室長を務め，学習成果の検証や教育改善に必要なデータとして，入試データや入学後の成績調査，授業評価アンケート，卒業生アンケート，資格取得状況等の各種データの収集・分析がなされ，結果は各学部等へフィードバックされる。新カリキュラムでの学修成果は今後これらのデータを通して問われることになる。

　学生は卒業する時，「学位記」を手にする。大学では，卒業式を学位授与式または学位記授与式とよぶ。その理由は，大学の学位授与方針に沿って定めた能力を身につける教育課程を，教育課程編成・実施方針に従って修了し，必要となる能力を身につけたこと，学び終えたことを証明するものとして「学位記」を授与するからである。本学の「学位記」を手にした卒業生が，大学で学んだこと，身につけた能力を自信と誇りとし自ら「社会を生き抜く力を備え，地域・社会をリードする人」として社会に飛び立つことを思い実施したカリキュラム改革である。このカリキュラムで学ぶ最初の学生は，平成28年度，つまり平成29年3月に卒業する。

1.2.2　入学者受入方針（AP）

　中期計画に掲げた「入学者受入方針」は，学部・学群での教育目的に対応した「求める学生像」として，募集する学科，学類ごとに策定されている。本学の学位授与方針で定める能力を身につけ修得するためには，教育課程編成・実施方針に基づいて開講されている授業科目を履修し，単位を取得する必要がある。この方針は，そのために入学前の段階でどのような能力を身につけておくべきかを，その選抜方法と併せて定めたものである。毎年配布される「入学者選抜要項」に学部ごとに掲載され，一般選抜（前期日程・後期日程），推薦入試，AO入試等

の入試区分ごとに定められている。

1.2.3　学部等教育改善委員会のプロジェクト

　第2期中期計画の最初の年に設置した，学長を中心とする学部等教育改善委員会は，3つのポリシーの策定と第2次カリキュラム改革を行った。この改革は，第1期中期目標・計画期間に実施した全学的な学部学科等の再編と第1次カリキュラム改革を見直し，引き継ぐものであった。つまり，第1次カリキュラム改革を実施した学士課程教育が4年を経過し平成22年度に完成年度を迎えたことに伴い，その教育効果を検証するための新たな教育改革であった。この学部等教育改善委員会は時限的なものとし，2年後の平成25年度に，全学的に新カリキュラムを導入することを目標に取り組んだ。教育の質向上を目指し，学則に規定された教育目的を見直し，そのもとでの学位授与方針を策定した。また，科目内容の検討と，その体系性と順次性を明確にするために，学部学科等にあわせて20人を超えるカリキュラム・コーディネーターを配し，新カリキュラム編成と並行して教育課程編成・実施方針を策定した。そして全学で開講されている3,000科目を超える科目の見直しを行った。時に科目の削減，新設をめぐって教員同士，また教員と職員とが激しくぶつかりあう場面も多々あり，作業は困難を極めた。どうしても調整の付かない場合は，学長ヒアリングで結論を出すこともしばしばであった。2年間を要したこのプロジェクトによって，教育目的を達成するための学位授与方針の策定，この方針を起点とした教育課程編成・実施方針に基づく科目の見直し，カリキュラムマップとツリー，そして科目記号（ナンバリング）を含む新カリキュラムが完成した[1]。

■ 1.3　FD活動の歩み

　北九州市立大学のFDへの取り組みは，平成18年に設置したFD委員会から始まる。その契機になったのは，大学設置基準によるFDの義務化と認証評価の実施であった。この取り組みは第1期中期計画では，教育内容・方法の改善，そして授業手法・内容の向上として明記されていた。

　全学的な取り組みとするために，教育・研究担当の副学長を委員長とする全学的組織とした。北九大方式と名付けた本学のFD活動は，実質的に平成19年度よりスタートした。具体的には，①新任教員研修の充実，②授業のピアレビューの実施，③授業アンケートの活用，④教員活動報告書の公開，⑤シラバスの充実である。この取り組みに加えて，全学的なFD研修・講演会，学内外のFD関連の研究会等への参加が実施された。

　①新任教員研修は春期と夏期に，担当副学長と，FD活動に第三者の視点を取り入れるため

---

[1] このプロジェクト終了を審議する教育研究審議会（学長を議長とする本学における教学事案の最終決定機関）で，3つのポリシー，新カリキュラムが事務方より報告され承認を受けた時，審議会の中で教員メンバーから担当職員への異例と言える感謝の拍手が起こった。長い大学教員歴の中でも初めての経験であった。それほど大変な改革を教職協働で取り組み終えたことを表す場面だったと感じている。

表1 カリキュラムマップ（事例：人間関係学科）

科目区分		科目名	知識・理解 専門知識・理解	技能 専門スキル	思考・判断・表現 課題発見・解決力	プレゼン力	関心・意欲・態度 実践力	生涯学習力	コミュニケーション力
	基礎演習科目	人間関係学基礎演習Ⅰ	●			●		●	●
		人間関係学基礎演習Ⅱ	●	●		●	●	●	
	概論科目	心理学概論	●					●	
		基礎心理学	●					●	
		社会学概論	●					●	
		現代社会と福祉1	●					●	
		現代社会と福祉2	●					●	
		人間環境概論	●					●	
		人類学概論	●					●	
		教育学概論	●					●	
		生涯スポーツ学概論	●					●	
	実験実習科目	心理学実験実習Ⅰ	●	●		●	●	●	
		社会調査実習（フィールドワーク）	●	●		●	●	●	●
		社会調査実習（サーベイ）	●	●		●	●	●	
		人間環境実験・実習	●	●			●	●	
		生涯教育・生涯スポーツ実習	●	●		●		●	●
専門教育科目	選択科目	認知心理学	●		●			●	
		社会心理学	●		●			●	
		対人心理学	●		●			●	
		臨床心理学	●		●			●	
		カウンセリング論	●	●	●		●	●	
		コミュニケーション論	●		●			●	
		学習心理学	●		●			●	
		教育心理学	●		●			●	
		発達心理学	●		●			●	
		障害児の心理と指導	●	●			●	●	
		心理療法論	●	●			●	●	
		心理統計	●		●			●	
		老年心理学	●		●			●	
		生理心理学	●		●			●	
		社会意識論	●		●			●	
		文化社会学	●		●			●	
		家族社会学	●		●			●	
		理論社会学	●		●			●	
		教育社会学	●		●			●	
		情報社会論	●		●			●	
		消費社会論	●		●			●	
		観光社会学	●		●			●	
		フィールドワーク論	●		●			●	
		環境社会学	●		●			●	
		人間環境地理学	●		●			●	
		生態人類学	●		●			●	
		人間性の進化	●						
		比較表象文化			●				
		日本の大衆文化	●		●				
		人体の構造と機能及び疾病	●		●				
		社会調査の基礎	●		●				
		相談援助の基盤と専門職1	●	●					
		相談援助の基盤と専門職2	●	●					
		相談援助の理論と方法1	●	●	●	●			
		相談援助の理論と方法2	●	●	●				
		相談援助の理論と方法3	●	●	●				
		地域福祉の理論と方法1	●	●	●			●	
		地域福祉の理論と方法2	●	●	●	●		●	

第1章 教育改革へのチャレンジ

科目区分		科目名	知識・理解		技能	思考・判断・表現			関心・意欲・態度		
			専門知識・理解		専門スキル	課題発見・解決力	プレゼン力	実践力	生涯学習力		コミュニケーション力
専門教育科目	選択科目	福祉行財政と福祉計画	●			●			●		
		福祉サービスの組織と経営	●			●			●		
		社会保障	●			●			●		
		高齢者に対する支援と介護保険制度1	●			●			●		
		高齢者に対する支援と介護保険制度2	●			●			●		
		障害者に対する支援と障害者自立支援制度	●			●			●		
		児童や家庭に対する支援と児童・家庭福祉制度	●			●			●		
		低所得者に対する支援と生活保護制度	●			●			●		
		保健医療サービス	●			●			●		
		権利擁護と成年後見制度	●			●			●		
		相談援助演習1			●	●	●	●			●
		相談援助演習2			●	●	●	●			●
		相談援助演習3			●	●	●	●			●
		相談援助演習4			●	●	●	●			●
		相談援助演習5			●	●	●	●			●
		相談援助実習指導1			●	●	●	●			●
		相談援助実習指導2			●	●	●	●			●
		相談援助実習			●	●	●	●			
		心理学研究法	●		●			●			●
		心理学実験実習Ⅱ	●		●			●			●
		環境経済学				●			●		
		教育制度論									
		教育課程論									
		教育原理	●			●			●		
		教職論	●			●			●		
		生涯学習学	●			●			●		
		主体形成論	●			●			●		
		教育相談	●		●	●		●	●		
		生徒・進路指導論	●		●	●		●	●		
		次世代育成論	●			●			●		
		社会教育計画論	●			●			●		
		生涯学習編成論	●			●			●		
		現代社会と社会教育	●			●			●		
		教育工学	●		●	●		●	●		
		道徳教育指導論	●		●	●		●	●		
		教育方法学	●		●	●		●	●		
		人権教育論	●			●			●		
		特別活動論	●		●	●		●	●		
		倫理学									
		博物館概論				●			●		
		コミュニティスポーツ論	●			●			●		
		スポーツ産業論	●			●			●		
		健康科学	●			●			●		
		スポーツ心理学	●			●			●		
		身体適応論	●			●			●		
		身体スポーツ論	●			●			●		
		トレーニング論	●			●					
	演習・卒論科目	演習A-1				●	●	●			●
		演習A-2				●	●	●			●
		演習B-1				●	●	●			●
		演習B-2				●	●	●			●
		卒業論文				●	●	●			

009

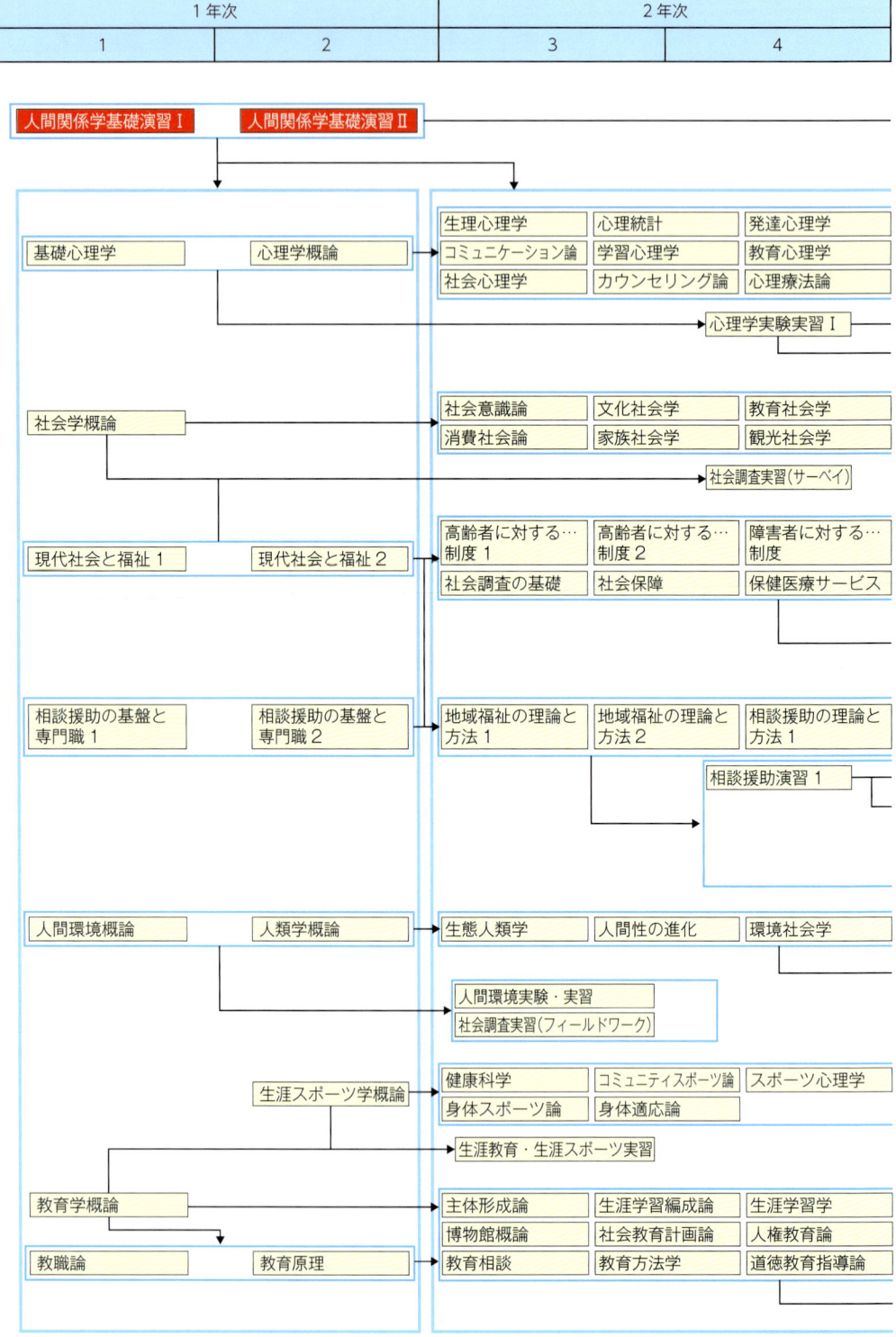

図2　カリキュラムツリー（事例：人間関係学科）

第 1 章 教育改革へのチャレンジ

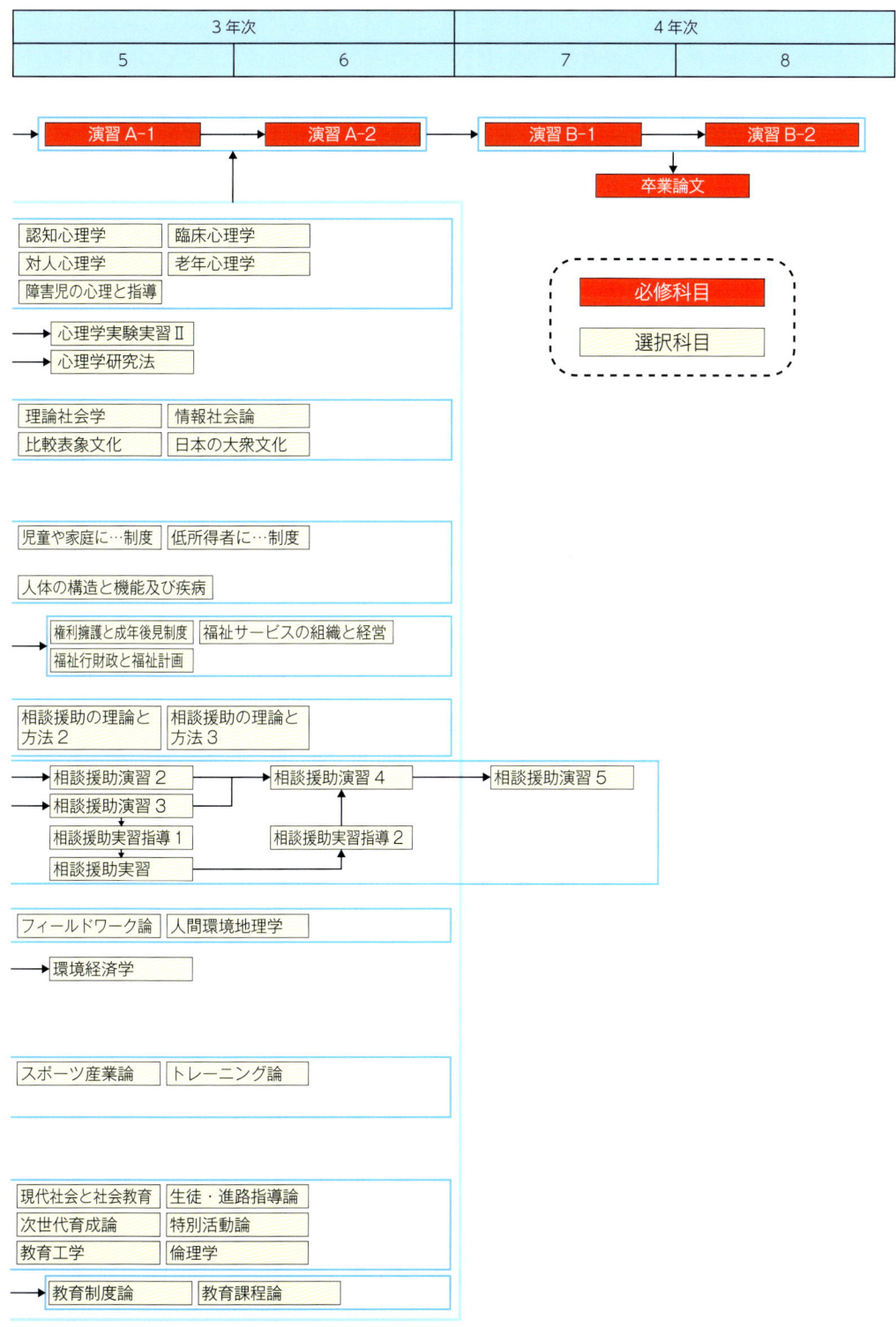

任用した，FD特命教授（アドバイザー）を中心に，教育方法及び授業の組立を実践的に指導する場として実施される。②授業のピアレビューについては，原則的にすべての授業科目を他の教員が参観することが可能で，所定の様式を使って参観した授業についてコメントを行う。各学部，学科等でピアレビュー報告会を実施し，授業改善に活用する。③授業評価アンケートについては年度単位で期末に2回，すべての授業科目で実施され，その結果が教員へフィードバックされ利用される。加えてアンケート結果はデータベース化され，学内IRに活用される。④教員活動報告書については，全教員が1年間の教育研究活動等を所定のフォーマットで報告するものである。この中にFD項目が設けられており，自己点検評価も含めて報告する。この報告書はWeb上で公開され学外からも閲覧できる。本学のほぼ全教員（約260名）が毎年報告公開している。⑤シラバスの充実については，様式化された電子シラバスが公開されており，学位授与方針に対応した科目の内容等が毎年改訂され，学生に提供される。FD委員会の1年間の活動は，平成19年度より毎年「北九州市立大学　FD委員会活動報告書」として冊子にまとめられ，配布されている。

　本学のFD活動は，第2期中期計画がスタートした年度に，第1期のFD活動が見直され，新たな方向性が示された。FD委員長（副学長）とFD特命教授が主体となって実施していたこれまでのトップダウン方式から，FD委員会の下に3つのワーキンググループ（研修WG・ピアレビューWG・報告書WG）が置かれ，このWGを主体としたボトムアップ方式が採用され，新たな北九大方式のFD活動が現在展開されている。FD活動はエンドレスな作業であり，教員を続ける限り継続しなければならない専門職業人としての義務である。本学においても未だ途上であり，ゴールははるか彼方である。しかし，歩みを止めてはいけない課題であることを教員一人ひとりが認識しなければならないことを改めて感じている。本書では，北九州市立大学におけるFD活動10年の歩みを振り返り，今後の課題と展望を含めて報告する。

　次節では，法人化後に設置されたFD委員会の委員長を務めた担当副学長が，年次を追って感想を交えながら担当年度のFD活動の取り組みについて概要を説明する。

2　法人化後の北九州市立大学のFD活動

■ 2.1　FD活動の試行期：平成18・19年度（近藤倫明）

　公立大学法人へ移行後，平成18年3月7日に開催された第25回教育研究審議会でFD委員会規程が審議・承認された。この委員会の設置趣旨の第1条には，「北九州市立大学の教育理念及び各学部の教育目標に基づき，FDを推進することを目的として，FD委員会（以下「委員会」という）を設置する」と記されている。同年4月1日，担当副学長を委員長とする全学的なFD委員会が設置された。

　FD委員会の設置は，第1期中期計画に基づくものであった。第1期中期計画の「授業手

法・内容の向上」の中には，「……ファカルティ・ディベロップメント（FD）活動の立案と運営，教育改善活動の企画と円滑な推進を図るため，平成17年度に推進体制を整備する。さらに，平成18年度から学生による授業評価を拡充し，さらに教員による授業自己評価，授業の相互評価等の導入を検討する」と明記されている。

　平成18年5月10日，第1回のFD委員会が開催された。議事録によると，本委員会の使命は，「教員や講義の評価をする場ではなく，より良い講義のための支援活動を行う場である」と記録されている。この委員会で，平成18年度の取り組みとして6点が確認された。①FD活動先進大学として，名古屋大学，岡山大学視察。②新任研修ワーキングを立ち上げ，平成19年度4月からの実施を検討する。③平成17年度実施の教員評価を活用した，教員による優れた取り組みの情報収集と活用。④評価室会議との連携。⑤モデル授業の企画と実施。FD委員会副委員長の中野博文教務部長によるモデル授業と参観。⑥FDの学内啓発活動など。

　平成18年度は，北九州市立大学にとって激動とも言える1年であった。大規模な教育組織の改編と新たなカリキュラム改革が始まったからである。全学の基盤教育を担う基盤教育センターを設置し，平成19年度に学部・学科を再編し，全学でスタートする新カリキュラムを準備する（法人化後の第1次カリキュラム改革）1年であった。40人を超える教員の学内異動による基盤教育の整備，学部・学科再編，第1次カリキュラム改革については，『地域主権の時代をリードする北九州市立大学改革物語』を参照いただきたい。全学の教員は日々の教育研究活動を続けながら，好むと好まざるとにかかわらず，これまで経験したことのない大学改革に参加することになった。

　そんな大学改革の渦の中，8月のFD委員会では名古屋大学，岡山大学の視察後の報告会が行われ，シラバスの改善，成績評価の基準作成と検討，授業評価の検討など具体的改善の必要性が確認された。また，授業アンケート合同WGと教員研修企画実施WGを立ち上げることを決めた。それぞれのWGには，FD委員長と副委員長がリーダーに就き，平成19年度からの実施に向けた制度設計が行われた。特色ある教育手法については，各学部等による発表を受け，啓発リーフレットの作成およびWeb上での掲載を検討した。

　年度最後のFD委員会では，公開授業のアンケート結果の検討，2つのWGの取り組み内容など，FD委員会の年間の活動が報告された。はじめて全学的委員会で実施したFDへの取り組みは確かに進んできたものの，課題も明らかになると同時に，学部間，キャンパス間においても取り組みに温度差のあることがこの1年間の活動において明らかになった。この委員会では，次の平成19年度のFD活動の取り組みと組織体制について審議された。FD委員会は，当初プロジェクトとして副学長トップで立ち上げ，実施内容・方針が策定された後は，既存の委員会活動として位置づけることが想定されていた。平成19年度は，FD委員会に代わって既存の全学的組織である教務部委員会のもとに「FD部会」と「授業アンケート部会」を置き，FD活動は，原則として学部主体で実施し，新任教員研修等は全学的FD活動として実施することが確認された。この委員会では，もう1つ重要な提案がなされた。それは平成19年度からFD活動を学長プロジェクトとして重点的に取り組むために学外よりFD特命教授を採

用し，新任教員の育成支援等を目的にして，本学のFD活動を2つのキャンパスで全学的に支援する体制がとられることであった。

　FD特命教授の採用については学長提案として教育研究審議会で審議された。法人化後，学長のリーダーシップを大学運営に反映させ中期計画を推進するため，「教員組織のあり方検討委員会」が教育研究審議会に設置されていた。副学長をトップにしたこの委員会が特任教員（特命教授）選考規程の整備を行い，既存の「北九州市立大学特任教員及び特任研究員に関する規程」を見直し，新たに「北九州市立大学特任教員，特命教授及び特任研究員に関する規程」を定めた。これは新たな組織の設置，主要事業の実施等のために学長が特に必要と認める者を特命教授として任命できる規程である。

　本学は，第1期中期計画においてFD活動を大学教育の質の向上の重点項目に掲げ，北九大方式のFD活動を構築することを目指した。この規程は教育研究審議会で承認され，選考委員会はこの規程に基づいて中溝幸夫氏をFD特命教授として採用した。このとき同氏のFDについての基本的な考え方が「大学教師の心得」という選考資料として提出された。この文章は改編されて本書に収録されている。

　この年度のFD活動において特記すべき重要な決定が，カリキュラム改革で実施された。教養教育の再生を目指し全学の基盤教育を担う平成18年度に設置された基盤教育センターで，カリキュラムの中に，「大学論・学問論」を科目として新設したことである。これは大学のトップが担当し，全学の学生が受講できる科目である。阿南惟正前理事長と矢田俊文前学長の2人が，この講義を前後に分けて平成19年度から担当することになった。本学が公立大学法人に移行した平成17年4月に外部から着任されたお2人が，学生と直接触れることのできる授業である。大学改革で多忙な中，学生に自らの言葉で話しかける場としてこの科目の設定に理解を示し，快諾してくださったことに対して基盤教育センター長を兼務していた私も敬意を表したい思いであった。また，この科目の設定は，本学のFD活動にとって重要な意味をもつものとなった。

　平成19年度，本学ではじめてとなる全学的FD活動としての新任教員研修が実施された。研修内容の設定・計画などは，FD委員会の計画に基づき，副学長，教務部長，FD特命教授が行った。本学の概要，中期目標・中期計画，研究支援，教務に係る全般から，授業研修，先輩教員（前年度着任した2年目の教員）との交流など手探りの中で実施された。この経験をもとに，本学における新任教員研修は，年度ごとにPDCAサイクルを踏まえ現在の形になっている。詳細については，本書第4章「新任教員のFD研修」で取り上げる。

　平成19年度におけるFD活動の新たな取り組みは，新設の1学期の授業科目「大学論・学問論」のピアレビューの実施であった。前年度のFD活動の取り組みにおいて，授業参観，授業のピアレビューに対して多くの教員から異論が出ていた。これまでの大学の文化では，授業は担当教員に任され，他人からとやかく言われる筋合いのものではないと考える教員がほとんどであった。そのような風土の中で，特命教授による理事長・学長の授業「大学論・学問論」へのピアレビューの実施は，本学のFD活動の大きな転機になった。詳細については，本書第

2章「授業のピアレビュー」で取り上げる。

　教務部委員会のもとでのFD部会は，平成19年度7回開催された。4月の第1回部会で教務部長の中野博文教授が部会長に選任され，新任教員研修及び公開授業等の議案が提案・審議された。この年度には，全学的研修会，講演会，各学部等でのピアレビューが実施された。各部局におけるFD活動については年度報告書を作成することが承認され，年度末の提出が義務付けられた。また，この年度の新たな取り組みとして，2つのキャンパス（北方，ひびきの）間のFD交流事業が実施された。

　平成18年度，19年度と大学改革の中，試行的導入として進められたFD活動は，少しずつ方向性も見えてきたように思う。評価すべき点，反省すべき点を含め意味を見出した試行期であった。平成19年度は，特に学部等主体での取り組みとしてFD活動を実施したが，いまだ全学の方向性を定着するには時期尚早であった。

　年度最後の部会では，次年度の組織体制について報告がなされた。平成21年度に本学は学校教育法に基づく機関別認証評価を受審することになっていた。そのためのFD活動の体制に関して，全学的なFD委員会を設置し，再び副学長をトップにこれを実施することにした。これを受け教育研究審議会で教育研究を担当する新たな副学長に，これまで教務部長としてFD活動に取り組んできた中野博文教授を学長が指名した。平成20年度は，新副学長のもとFD活動を新たな体制で担うことになった。

■ 2.2　FD活動の挑戦と挫折の記録：平成20～22年度（中野博文）

　挑戦の歴史はすべて挫折の記録でもある。私が教育研究担当の副学長を務めたのは，近藤副学長（当時）がFD活動の全学的な立ち上げを指導したのを受けて，教育改善のための制度整備に猛進した時期であった。大学が教員の正規業務としてFDを位置づけたこと，そして第1期中期計画に定めた授業評価アンケートやGPA制度など教育の質を保証する仕組みの導入を成し遂げる時期であった。この結果，教員の教育に対する取り組みは劇的に変化することとなった。

　平成18年の秋，私は教務部長としてFDについての教員の意識喚起をはかるため，その夏に実施した名古屋大学，岡山大学でのFD事業の視察について全学報告会を開催した。その際，質疑で「FDとはフロッピーディスクのことか」と揶揄されたことを鮮烈に覚えている。当時，教育の内容と手法について何人の介入であれ排するのが学問の自由とする風潮は，本学に限らず多くの日本の大学で見られた。学生に対する教育の質を保証する制度を導入しようとする執行部と，そうした教員が対立するのは必然であり，FD事業を全学の合意を得ながら進めようとする限り，「一歩前進，二歩後退」の状況にたびたび陥るのは，ある意味で当然であった。

　FD事業へのためらいは事務職員にも存在した。平成20年当時，教育に関することは教務課（平成24年に設置された学務第一課の前身）が担当するという職務分担が事務組織にあっ

た。しかし，FDの活動領域は新任研修，成績不振学生への支援，教育データの分析など，それまでの教務課の職務とは質的に異なるものが数多くあった。従来，教務課は受講申告，シラバス冊子の作成，成績の取りまとめ，進級卒業判定，時間割作成などを主要業務としてきた。それは，学生が窓口で行う申請の処理や，個々の教員の意向の確認，学生記録の集約といった作業を，規程や前例に基づいて淡々と処理することを本質とする法人化以前の仕事の継承であった。

一方，法人化後のFD事業で要請されるのは，そうしたルーティン業務とは根本的に異なる企画活動である。学生の学びをより良くするため，教員と対等の立場で事務職員が話し合い施策を決めていく，いわば教育に事務職員が参加する教職協働の文化の構築である。しかし当時，本学にはまだその文化は存在していなかった。FD推進のもとに新規事業の立ち上げが次々と決まったが，教務課が担当事務となっても，研修であれば総務課が，成績不振学生への支援の検討であれば学生課学生相談室が，教育データの分析であれば教務情報システムを管理している学術情報課が担当という意識が根強かった。大学として事務職員の人数を減らしている中でFD業務は規模を拡大させていったが，それは従来の教務課の仕事からすればまったく過重なものに映ったのである。

問題の核心は，FD事業を展開する事務体制の整備がシステマティックに行われなかったことにある。ルーティン業務を軸に組み立てられた教務課の組織に，学生の学習成果を客観的に分析し，学習改善に必要な施策の企画を担当させるのは，木に竹を接ぐ行為であった。

こうした環境のもと，私が副学長を務めた期間にFD事業でどのような困難に直面したのか，重要施策を例にしながら振り返ってみたい。まず強調したいのは，これら施策のいくつかはFD委員会やその担当の事務組織である教務課とは別の場所で決定されていったということである。先に述べたとおり，大学の中にはFDへの公然たる反対や面従腹背の態度があった。このため学部代表の教員によって構成される委員会や既存の事務組織に頼って施策を形成しようとすると，FD事業は暗礁に乗り上げることになる。FDという未知の領域に踏み込むときには，これまでとは違う組織をつくり，執行部の責任で施策を形成することが重要であると私は考えていた。

また，このとき矢田学長（当時）は，その信条として教員の意識変革などすぐには不可能であると主張されていた。これは1つの見識であった。大学人に必要な資質を問うのであれば，新任教員研修によって新規採用された者を対象に心構えを説くべきであり，旧世代の大学人の意識を変革することに労力を割いても徒労に終わるというのである。私は学長のこの考えを受け，新任教員研修では服務規程の周知徹底を試みた。それはまた，教員の規律低下に起因する不正などへの予防措置でもあった。

多くの大学でFD推進のために教員の意識改革が唱えられているとき，こうした割り切った態度をとった点で，北九州市立大学はユニークであった。それと同時に，教員が自らの教員としての姿勢に責任を持ってもらうため，徹底的な教育内容の開示と学習成果の分析を行うことになった。この目的のために創設されたのが教育開発支援室である。それは平成20年に実施

された立教大学と早稲田大学への視察の結果，生まれたものであった。FD活動にはICT技術を計画的に導入し普及させていくこととトップダウン型の意思決定が不可欠との判断が，創設の理由であった。

それはまた矢田学長が教育改革で取り組んだ，学生の入学から卒業までを一貫してサポートする体制を支える組織であり，学生の学習成果の分析と学習改善のための調査，および企画立案を担当する部署であった。当初，矢田学長はこの支援室を入試広報センターに設置することを考えていたが，あまりに組織文化が違うという理由で教務課内に設置された。その後，平成24年に教務課から経営企画課に事務組織が移行した。職務内容が調査と企画であること，また教務課の後身である学務第一課の教務ラインが依然としてルーティン業務の処理を担っていることを見ると，これは自然な発展であった。

さて，FD委員会，およびその担当事務である教務課がイニシアティヴをとったFD事業を見てみよう。教務課職員が主導してFDの重要施策を形づくった代表例が，平成21年からはじまったピアレビューの全学的実施である。FD委員会を担当していた教務課教務第一係は，一部の学部で実施されていたピアレビューを全学に広げ制度化することを同委員会の委員長である私に提案した。この意見をもとにFD委員会は議論を行い，毎年，すべての学部，研究科でピアレビューを必ず1回は実施すること，そこで得た知見についてFD委員会での報告を通じて全学で共有することが決まった。担当事務職員は，本学に欠けているのはピアレビューをすべての部局で実施していないことであると強く主張し，その声に動かされる形で，FD委員会で検討し決定したのである。

ピアレビューはFD特命教授の中溝幸夫氏が本学での普及に取り組み，平成20年度からは国際環境工学部が教育力向上プロジェクトの中核としてそれを位置づけ，また経済学部も平成19年度から独自の取り組みを行っていた。しかし，ピアレビューをすべての部局で義務づけるように働きかけたのは，事務局の発案であった。他大学の事例を見ながらFDの制度を整備していくことは，平成21年度に大学機関別認証評価を受けることになっていた本学にとって最重要課題であり，FDで成果をあげようという姿勢が事務局も含め大学執行部の中にあったのである（平成21年度に実施された機関別認証評価の自己評価書に，【優れた点】として「理事長・学長が率先して，自ら授業を担当し，授業のピアレビューを受けている。……特命教授の採用など，教育の質の向上，改善を目指しFD活動に積極的に取り組んでいる」と記載した。これに対し大学評価・学位授与機構は，【優れた点】として「FD特命教授を置き，講演会，研修会等活発なFD活動を行い，その結果を教育の質の向上及び改善に反映させている」と評価した。本学のFD活動の取り組みが，外部の公的認証評価機関によって評価されたのである）。

FD委員会が導入を推進した事業で特記すべき例をもう1つ挙げれば，それはアクティブ・ラーニングの普及であろう。それはFD委員会主催の全学向け講演会のかたちで平成20年度に実施された。推進したのは法学部のFD委員であった中道壽一教授である。大学における学習を根本から変える試みとしてアクティブ・ラーニングは当時，注目されていたが，法学部で

は独自にその導入に取り組んでいた。全学の FD 委員会はそうした法学部の試みを支援するとともに、それが実際にどのようなものか、法学部以外の教員にもできるだけ多く伝えるための講演会を平成 19 年度から 2 年連続で実施した。

ピアレビューの場合もそうであったが、一部の学部が組織をあげて先進的取り組みを導入しようとしているとき、全学の FD 委員会はうまく機能することができたように思う。換言すれば、FD 委員会は学部や研究科の協力を引き出すことが、その運営の鍵であった。私が委員長を退いた後、本学の FD 活動が WG 主体で推進されるようになったのは、一面で、部局の力の活用を志向したためであろう。

教育研究担当副学長として私がもっとも力を注いだのは、教員の教育活動と学生の学習成果を調査し、それをデータベースとして蓄積し、公表していくことであった。その直接のきっかけは GPA 制度の導入にあった。同制度を導入するためには成績評価基準の標準化が要請されるが、何らかの基準を全学的に決定することに対して強硬な反対が起こった。このため、基準づくりに先行して個々の科目の成績分布について調査し公開することとなったのである。

また、平成 19 年度に行われた学部学科の再編も教育活動の調査に力点を置くようになった要因である。再編によって既存の学部から教員を集めて基盤教育センターという巨大部局が誕生し、学部間でも大きな教員の異動が行われた。大規模な教員再配置と、大幅なカリキュラム改編に伴い新旧 2 つのカリキュラムが併存することは、多くの教員に過重な教育負担を課したうえに、非常勤講師予算の膨張をもたらした。

大学の教育の現状を正確に把握することは大学執行部の責任であるが、それまで個々の教員の担当科目数や学部学科の開講科目数に占める非常勤講師の割合は全学レベルで調査されてこなかった。大学設置基準が大綱化されるまで、大学がカリキュラムを独自に作成できる範囲は限られていたから、大学が雇用する教員数を考えれば、教員の科目負担も非常勤講師依存率も推測するのは難しくなかった。しかし、大綱化後、大学がカリキュラムのユニークさを競い、さらには教養教育の充実も行われるようになると、部局ごとの教育負担の不公平は著しくなった。こうした状況を把握することは、教学体系の改善の大前提である。このため、毎年、各部局のカリキュラムがどれほどの人的負担に基づいているかを調べる一方、個々の教員の負担数や授業評価アンケート結果などを取りまとめることにした。平成 24 年度に完了したディプロマ・ポリシー（DP）、カリキュラム・ポリシー（CP）の作成、アドミッション・ポリシー（AP）の再定義は、大学教育の質を保証するための基本作業であったが、本学においては保証のために必要となる教員の教育活動の実態調査は平成 22 年度にほとんど終了し、把握されていたといってよい。

こうした作業を行った教育開発支援室はまた、FD 活動の要である授業評価アンケートとシラバスの改善でも大きな役割を担った。平成 21 年度、それまで FD 委員会のもとに置かれていた授業アンケート部会、シラバス部会は教育開発支援室のもとに移行する。そして、授業評価アンケートに関してはアンケート結果のグラフ化、教員のコメント入力などを実現した。また、シラバス作成をイントラネットで行うシステムの導入は教育開発支援室が学術情報セン

ターとの提携のもとに達成した大きな成果であった。教務課が手作業で行っていたシラバス冊子の作成作業をなくすことで，従来は初秋であったシラバスの作成時期を大きくあと倒しすることが可能になり，新学期の授業内容をより詳細に示せるようになった。

　このシラバス入力システムは，本来，学生が入学から卒業までの履修計画を作成するのをサポートし，履修登録はもちろん，成績をはじめとする学習成果の閲覧もできる統合型学習支援システムの一部として開発されたものであった。平成26年度には，このシラバス入力システムと連携して，学生がPCの画面上でシラバスを確認しながら履修登録ができる新履修登録システムがひびきのキャンパスで導入された。スケジュールは遅れているが平成27年度には北方キャンパスでも導入予定である。また，学生用の学修ポートフォリオは，平成24年度から開始したグローバル人材育成推進事業を活用して試行的に開発を進めており，今後全学的に広げられる予定である。

　FD活動の反省を述べれば際限がないが，私の副学長期のFD活動でもっとも大きな失敗と感じていることを2点述べたい。1つは，GPA制度を担当する組織はもともと教務部委員会のもとにあり，平成20年度にFD委員会の下に移行したが，この年度の末に部会を解消したことである。理由は，この年にGPAを利用した学生表彰制度が設けられた結果，部会の必要がなくなったとされたためであった。これは今思うと間違いであった。GPAは教育改善を実現していくとき，大きなポテンシャルを秘めた指標であるが，その活用は思ったほど進んでいない。また，教員が個々の科目で行う成績評価をより良いものにしていくことはFD活動の重要領域であるが，本学ではこの取り組みが遅れているように思う。

　もう1つは学生のFD活動への参加が思うように進まなかったことである。本学の学生は他大学で開催される学生FDのイベントに積極的に参加し，全国的にその意識の高さが評価されている。また，平成23年度からのシラバスシステムの運用開始に先立って，私は平成22年度，何度も学生との意見交換会を開催した。FD委員会においても学生のFD活動への参加をより広げるべきであるとの意見が提示されたが，その意見を学生の参加制度へと発展させることは，私の任期の間にはできなかった。思えば，授業改善を進めるためには，教員と学生，大学執行部の三者がそれぞれの立場でFDに取り組む必要があると名古屋大学と岡山大学で助言されたことが，本学のFD活動の実質的な始まりであった。学生の力で教育を改善する仕組みは，より早期に実現への道を開くべきことで，それが私の責任であったと思う。

2.3　FD活動の基礎から第2段階へ：平成23・24年度（木原謙一）

　私は，平成23年度から24年度まで教育研究担当副学長として本学のFD活動を促進する任務を担った。本学では平成19年度からFD特命教授として就任された中溝先生を中心に，本格的にFD活動に取り組んできており，すでに授業評価アンケートや卒業アンケート，新任教員研修制度，FD研修，ピアレビュー，単位の質保証等の基礎となる仕組みは出来上がっていた。FDという概念も教員，職員の間で定着し受け入れられており，シラバスや情報システム

同様，大学教育に不可欠な制度として十分に認識されていた。FD委員会の委員長としてバトンタッチを受けたとき，本学のFDはすでに基礎固めを終え，第2段階に入ろうとしていたと言ってよいだろう。そのとき感じていた次の課題は，大学の教員の教師としての意識の形成である。

　一般に大学の教員は，教員である前に研究者である。大学の教員を目指す者には，教えるプロとしての「先生」になるという意識はあまりない。学部を卒業し，大学院に進学し，研究方法，論文の書き方を学び，それぞれの研究テーマを深め，業績を積み，一人前の「研究者」になっていくというのが通常のコースである。しかし，この過程の中に教員養成という項目はない。保育園，幼稚園，小学校，中学校，高等学校の教員は教えることのプロであり，専門家としての訓練を受け，それと同時に自らの教師としての自覚を培う。一方，大学の教員はプロとして教える方法を何も学ばないまま，また教師としての十分な自覚をもたないまま教壇に立つことになる場合が多い。このような状況におかれている日本の大学にとって，教える専門家としての教員を養成することは急務であり，本来ならばFD活動の意味はもっと重視されてよいはずであるが，実際にはその必要性が十分に意識され，教員間で共有されているとは言いがたい。平成23年の時点で，本学においてはFD活動の基礎が確立されていたとは言え，それは「授業改善」というレベルに留まっており，教育の専門家としての大学教員の育成という段階には達していなかった。

　FD先進国であるイギリスやアメリカの大学の状況はどうか。イギリスの大学では，初任者は3年間の期限付きの雇用という形で採用される。正規雇用が認められるためには，その3年間に大学院修士レベルのコースでPGCHE（Postgraduate Certificate in Higher Education）という高等教育資格を取得しなければならない。要するに，これは大学の教員を教育のプロとして育てるための教職課程である。本学の新任研修も少しずつ充実したものになってきてはいるが，イギリスにおける本格的な専門家養成課程と比べるならば，新任オリエンテーションの域を出るものではないと言える。

　アメリカの大学はイギリスの場合とはかなり異なるが，独自の教育のプロを育てる仕組みを持っている。アメリカの大学におけるティーチング・アシスタント，いわゆるTAの制度は，これから研究者になろうとしている大学院生を金銭面でサポートする仕組みであるが，同時に実践的に教師としての大学教員を育てるシステムでもある。これは日本の大学において，教員の授業のサポートをするTA業務とは異なり，実際に授業を担当し，学部の学生を指導する仕事である。1998年時点で，学部の1，2年時の入門科目の約60％でTAは授業をまかされているという報告がある。そのようなアメリカの大学ではTA制度だけでなく，TA養成制度が発達しており，これが将来のプロの教師としての大学教員を育成する課程ともなっているのである。

　国際教育交流センター長を長年務めてきた私は，このようなイギリス，アメリカのFD活動のあり方との比較から本学のFD活動を眺めてきた。確かに本学の本格的な学部学科再編が始まった1991年頃と比較すると，授業のあり方はずいぶんと変化した。当時シラバスという言

葉も使われておらず，学生による授業評価など考えられなかった時代と今では隔世の感がある。しかし，教えるプロを養成する課程としての制度作りという視点から見るなら，本学のFD活動はまだようやく出発点に到達したところだ。平成23・24年度の2年間にその点が十分に改善されたというわけではないが，基礎を固めた後の次の課題が見えてきたことは確かである。

■ 2.4 FD活動の現状と課題：平成25・26年度（漆原朗子）

　本学でも，FDが法制化される前から個々の教員，あるいは学部・学科が授業内容・方法等の改善に取り組んできた。法人化後は，中期計画に沿って平成19年度より5年間FD特命教授の中溝幸夫先生を中心に，担当副学長とFD委員会が主体となり，FD活動が全学において組織的に推進されることとなった。

　それ以来7年を経て，大学およびそれを取り巻く環境も当然ながら変化してきている。少子化に伴う全入化傾向，受験倍率の逓減と入試方法のさらなる多様化といった全国的な状況が引き続き進行している。加えて，大学教育の質の向上と内部質保証を担保するため，AP, CP, DP策定が義務づけられた。本学でもそれらを整備し，平成25年度より新しいカリキュラムが実施され，平成26年度からは各科目が目標とするDP項目もシラバスに記載されている。

　FDについては，平成24年度よりこれまでの全学的取り組みから，各部局の特性に応じた取り組みへと移行した。その内容は，教員相互が授業参観を行い，講評・意見交換会等を通して授業内容・方法等の改善を図る「ピアレビュー」，および部局の教育内容等の属性に応じた研修が代表的なものである。

　また，FDの基礎的資料の1つとして重要な「授業評価アンケート」についても，上述のような変化をふまえ，平成25年度FD委員会の下に設置した「授業評価アンケート検討分科会」において評価方法や質問項目の見直しを行った。具体的には，大学院も含め全科目で実施するということから，これまでは授業評価アンケートの対象外となっていた受講者数が10名以下の少人数科目や演習科目においても匿名性を担保しつつ授業評価が可能となるよう，これまでの「アンケート」に加え，「報告書」方式を新たに考案した。そして，平成26年度1学期から，新しい授業評価（アンケートあるいは報告書）を実施している。

　このように，FDとして様々な活動を展開しているものの，平成18年度以降基盤教育センター所属教員としてFD活動に参加し，また，平成25・26年度FD委員長としてFD活動を統括する立場になって感じたことは次の2点である。第1は，FDに対する教員個人間，そして部局間の温度差である。そして第2は，第1点と表裏一体をなすと思われるが，FDの内容・方法の一層の工夫の必要性である。

　まず，第1点を論じるにあたり，FD研修のあり方の変遷とその経緯について説明する。FD活動開始当初は，近藤倫明副学長（平成18・19年度）のもと，中溝幸夫FD担当特命教授が中心となって全学的なFD研修を企画し，教員に原則として参加を義務づけた。内容的に

は，経済学部・国際環境工学部・基盤教育センターなどいくつかの部局における授業改善への取り組みを紹介し，意見交換を行うといったものであった。その方式は，次期FD委員長である中野博文副学長（平成20〜22年度）にも引き継がれた。

そのような形式が5年間続くうちに，出席教員数に部局間で差異があるという傾向が生じ始めた。欠席の理由については推測するしかないが，その1つとして学部間の専門領域の違いが挙げられよう。例えば，外国語学部専門科目のように，比較的少人数で外国語の修得のために展開される授業と，経済学部・法学部専門科目のように，大人数対象の座学による講義では，形式・内容ともに大きく異なるため，参考になる部分とならない部分があり得る。そのようなことから，平成24年度から，FD研修は部局単位で行われるようになった。そして，支障がなければ，それを全学FD研修としても位置づけ，他部局からの参加も奨励することとなった。しかしながら，それでも，部局によっては，その部局自身が企画提案したFDにも参加者が少ないという実態がある。例えば，平成25年度には，外国語学部国際関係学科大平剛教授が企画した外国語学部主催の全学FD研修「剽窃行為防止に向けた取り組み」，平成26年度には，法学部主催の全学FD研修「大学における著作権」が実施された。しかし，主催部局の教員においてさえも欠席が目立った。

ピアレビューについては，当初より部局内での取り組みが中心であった。このことはある意味では当然のことである。というのも，自らの専門領域・専門分野に近い科目の授業を参観することは参観者にとっても有益であり，また，ピアレビューを受ける授業担当者にとっても，より的確なコメントが期待できるからである。しかしながら，一方で，部局横断的なピアレビューも有効であることも多いと思われる。理由は以下の3点である。(1)FDの目的は，「受講する学生にとってより分かりやすく，よりよい授業を行うための教育改善の取り組み」である。したがって，授業担当者と同様の専門知識を持った教員が参観した場合，往々にして，学生には分からない部分を所与のものとして受け止めてしまう可能性がある。一方，専門外の教員が参加した場合は，ある意味では学生と同様，基本的な理解力の上に立って，専門用語も含めた新たな知識を得る状況に置かれるので，より学生の視点に立ったレビューを行うことが可能となる。(2)本学の現状では，所属部局によっては，専門領域・専門分野を同じくする教員が少ない，あるいは皆無の場合もある。逆に，専門領域が近い教員が複数部局にまたがって所属している場合もある。(3)専門分野・専門領域が異なっても，すべての授業に共通して必要な最低限の項目や方法論があり，異なる領域における授業の展開を参観することは，学生時代以来，自己の領域中心に授業を受け，また，授業を行ってきた教員にとって，新しい発見や刺激があると考えられる。

ピアレビューも導入後一定期間が経過し，やや慢性化している感を免れない。また，部局によっては，同一または近接した専門領域の教員が少ないため，的確なコメントが得られない場合もあるようである。今後，教員の負担を考えつつ，希望する教員が一定期間全学に授業を公開するという方法などよりよい取り組みを展開できればと考えている。

教員の責務には教育に加え，研究・管理運営業務がある。本学のFDは「教育」面が主体で

あり，「研究」・「管理運営」面での取り組みが不足している。それらについては，従来は部局の中で，あるいは個々の教員間で行われてきていた。しかし，ICT が進化する情報社会においては，研究手法等についても，自発的な取り組みに加え，組織的な研究・学修を含めた研修が必要となってきている。とりわけ，STAP 細胞をめぐる一連の研究不正行為を代表とする，「引用」「剽窃」にかかわる問題は，学生指導の場面ではもちろんのこと，教員自身が論文執筆，学会発表などの研究活動を行う場合にも十分注意せねばならない問題である。実際，文部科学省は平成 26 年 8 月，研究費不正防止に加え，研究不正防止に関するガイドラインや責任体制，研究倫理教育の義務化に関する通達を出し，本学でも平成 26 年度末までに必要な諸規程等を策定，平成 27 年 4 月 1 日に施行した。本学における FD 活動においても対応は急務である。同様に，管理運営領域についても，若手・中堅教員が教授となり，管理職となっていくに従い，学内の諸規程・手続き等について理解を深める必要があるべきところ，法人化以降，人事案件等が教授会審議事項ではなくなった結果，一般の教員が関与しない手続きや作成書類等も増えている。例えば，採用・昇任にかかる人事案件での本学で定められた教員の経歴，業績，総合評価などの書類作成等に関した理解を担保する仕組みが FD 等においても必要となる。これらはあくまで一例に過ぎないが，今後は，教育だけではなく，研究・管理運営面での FD も視野に入れる必要がある。

FD 活動が法制化され，組織的な取り組みが求められているとはいえ，私は，FD は強制されて行うのではなく，あくまでも教員が主体的に取り組み，参画すべきであると考えている。それは，私たち教員の活動のもう一方の柱である研究への取り組みと同様，強制されて行っても意味がないばかりか，実にならないと信じているからである。ただ，一方で，それは，FD の内容・方法に問題がある可能性も否めない。

ある学会の懇親会で，授業評価アンケートに関して他大学教員と話したことがあった。そこで意見の一致を見たのは，アンケートを通して，評価が低いとか学生が熱心に取り組まなかったといった数値は得られるものの，その要因が教員側（内容・方法等）にあるのか，あるいは学生側（興味・関心・基礎的知識等）にあるのか，その特定まで踏み込むには至っておらず，またそれはむずかしい問題であるということであった。そして，このことは翻って FD 活動にも当てはまろうかと思われる。教員の意識覚醒と共に，これまでの FD 活動の振り返りを通して，現状と課題を再認識し，本学，そしてそれぞれの部局の状況に即した FD の展開をめざしていきたいと考えている。

第2章 授業のピアレビュー

1 授業のピアレビュー：基本的考え

■ はじめに

　授業のピアレビューとは，一般に次のように定義されている。「教員同士が互いの授業を公開しあい，授業内容や方法について検討しあうこと。授業を行う者という立場を共有しているため，授業に関する建設的な検討ができること，授業方法に関する知識や技能を共有できるなど，多くのメリットがある」（愛媛大学教育企画室用語集）。つまり，授業のピアレビューとは，小中高校では「研究授業」とか「授業研究会」と呼ばれている教育研究活動の"大学版"のことである。

　小中高校における授業研究には，歴史的な積み重ねと工夫があり，それが学校全体や個々の教師の授業力の向上や授業改善，ひいては教育の質の向上に大いに貢献してきた。しかし，大学においてはFD活動が開始されてから実質的にはまだ十数年しか経っていないので，FD活動の一環としての「授業のピアレビュー」も始まったばかりで，その方法も大学によってまちまちである。また，ピアレビューの効果の検証もいまだほとんど行われていない。

　授業研究をめぐるこのような小中高校と大学との違いには，いくつかの要因が考えられる。例えば，小中高校では，教員免許制度があり，授業の指導要領があり，ある授業科目について一定の教科書がある。指導要領は，教員による授業内容と授業技術に関する1つの基準枠組みとなりうる。さらに小中学校はすべての児童生徒がそこで学ばねばならない義務教育の学校であるし，高等学校も現在は進学率が99％を超えているので，ほぼ義務教育に近い状況である。したがって教育の対象である子どもの能力や学習意欲の散らばりも非常に大きく，教員にも授業方法の工夫が大いに要求される。

　一方，大学には教員免許制度はなく，ある授業科目についての学習指導要領もない。教科書はあるけれどもその教科書を使うかどうかは教員次第であり，授業科目名や授業内容も大学によって，また授業を担当する教員によって自由に設定できる。このような大学における授業の

"自由度"の大きさが，逆に授業研究（＝授業のピアレビュー）をやりにくくしているとも考えられる。

　授業の自由度の大きさは，大学における授業の"多様性"を生み，それはある意味，良いことであるけれども，他方で授業の質の低さの原因ともなりうる。したがって，研究論文のようなピアレビュー制度がないと，学生の学びに結びつかないような自己流の授業となってしまう危険性も大いにある。それを防ぐために，教員同士が互いの授業を公開しあい，授業内容や方法について忌憚のない意見を交換しあう「授業のピアレビュー」が授業の質の向上にとって非常に重要であると言えるだろう。

　FD活動において重要なことは，大学は教育組織として教員の教育力・授業力をどのようにして高めていくか，授業の質をどのようにして改善していくか，ということである。小中高校で授業研究会が個々の教員の授業力の改善に大きく貢献してきたという事実からすれば，大学においても授業のピアレビューが教員の教育力の向上に貢献する1つの方法として重要な意義をもつことは明らかではないだろうか。今後，大学教員は授業のピアレビューのやり方について，小中高校の教員から多くのものを学ぶ必要があると思う。

■ 1.1　本学における授業のピアレビュー活動の経緯

　本学における授業のピアレビューは，平成18（2006）年から一部の部局で，平成20年からは全学部，全学科ごとに「授業公開・参観」という形で現在まで続けられてきた。平成20〜24年度は，それぞれの部局が独自に行ってきた授業のピアレビューを全学的に共有するという目的で「全学ピアレビュー報告会」を行ってきた。この報告会では，部局での進捗状況，方法，問題点などを全学的な場で情報交換することによって，各部局のピアレビュー活動の質を向上させる狙いがあった。しかし，平成25年度にピアレビュー報告会がマンネリ化しているのではないかという意見が出されたことを契機に，全学報告会の効果・意義について，全学の教員にアンケート調査を行い，その結果に基づいて平成25年度以降は『報告会については不定期にかつボトムアップ的に行うことにする』ということがFD委員会で決定された。一方，各学科内で行ってきた「授業のピアレビュー」は今後も継続して行うことが決まり，現在に至っている（各学科内で行ってきた授業のピアレビュー結果の報告については，平成22〜25年度のFD委員会報告書を参照していただきたい）。

■ 1.2　授業のピアレビューのやり方——北九大スタイル

　北九大における授業のピアレビューには，次の3つの特徴がある。
　①授業の良いところをできるだけたくさん見つける。（＝同僚教員の授業を参観し，授業の良いところ，自分の授業にも取り入れたいところをできるだけ多く見つけ，それらを授業担当教員に伝える。）

②学生の立場に立って授業を参観し，その授業から何を学ぶことができたか，その要点を簡潔にまとめる。（＝学生の立場に立って授業を受けたとき，自分はこの授業から何を学ぶことができたかをレポートする。）
③もし授業の改善点があれば，どうすれば改善できるかを提案する。（＝その授業の質をさらにステップアップさせることができるような工夫を提案する。）

授業参観したときに，可能な限り以上の3点を授業のピアレビュー報告書にまとめて提出する。

■ 1.3 授業のピアレビューの利点

　授業レビューは，いくつかの利点をもっている。第1は，授業する教員はもちろん，レビューする教員も自分の授業の質の向上をめざして，いろいろなことを学ぶことができる。つまり，授業する側，レビューする側の双方が学びあうことができるのである。学ぶ内容には，授業内容ばかりではなく，授業方法（授業技術）も含まれている。レビューする側は，「同僚の授業を聴講することによって，自分の授業にどんなところを取り入れることができるか」「どんなところを改良すれば，もっと良くなるか」に注目しながら授業を受ける。一方，授業する側は，レビュー報告を読むことによって，「自分の授業目標がうまく達成できているか」「学生に伝えたいメッセージが，うまく伝わっているか」「自分では気づかない，どんな点を改善すれば，授業がもっとよくなるのか」を知ることができる。つまり，ピアレビューは，授業を媒介にしたポジティブ指向の双方向コミュニケーションである。第2は，授業する教員は，レビューされる教員によって自分が支援（サポート）されているという"意識"をもつことができる。第3は，教員の授業へのモチベーションを高めることができる。いわば授業のプロフェッショナルである同僚の教師（たとえ，他分野の専門家であったとしても）が，自分の授業を支援する気持ちを持ってきちんと真剣に聞いてくれるだけでも，授業へのモチベーションが大いに高まるのではないだろうか。

　一方，授業のピアレビューの欠点は，「時間と労力がかかる」ということだ。1回の授業をレビューしただけではその学期の授業全体のねらい（目標）とさまざまな授業方法を理解したり，学習したりすることは難しい。すくなくとも1学期全体の授業に出席し，ピアレビューすることが望ましい。そのためにかなりの時間を費やすことになるので，現在の教員の勤務状況ではこのようなレビューを実行することは難しい。

　1つの解決策としては，ある1つの科目の授業を複数教員（2～3名）が担当して，お互いの授業に出てピアレビューし，そのレポートを材料にして議論するなど〈チーム・ティーチング〉の方法が考えられる。この方法は米国のハーバード大学の方式である（第2章第3節を参照）。

　この方式によるピアレビューが，大学全体に広がり，多くの教員相互で"日常的に"授業の

ピアレビューを行うという状況が生まれれば，おそらく本学の授業の質は大いに向上すると思われる。またこの方式のピアレビューは，本学独自の FD 活動方式となり，必ずや他大学にも伝播されていくと確信する。

2 大学トップ（学長，理事長）による授業のピアレビュー

■ 2.1 大学トップによる授業科目設定の経緯と学生の反応

　基盤教育センターが平成 19 年度から新たに提供する教養教育科目を策定する作業の一環として，全国の大学の教養教育科目，共通教育科目について検索収集した資料に目を通していたときに，「立教科目」が目に留まった。「立教科目」は，立教大学が平成 12 年度から全学の教養教育課程において開講している教養科目群であり，後にその内容が整備拡充され，平成 17 年度の「特色ある大学教育支援プログラム（特色 GP）」に採択された立教大学の全学共通カリキュラムである。科目群の内容を見てみると，「大学とミッション」，「大学と現代社会」，「立教大学の歴史」，「立教生の学び方」，「立教学院と戦争」という科目が配置されている。立教大学では，自身の大学の歴史や使命，社会とのかかわり，大学における学びの在り方について，教養教育科目として大学が自ら語り，学生に考える素材を提供できる場を用意していた。講義を展開する中で，理事長や学院長が登壇されることもあったようである[1]。

　単に専門科目への接続教育だけでなく，専門科目とも関連融合しながら，高校から社会へと接続する教育，一生を通じて役立つ学びを提供することを目指して新たな教養教育カリキュラムを構築しようとしている本学においても，このような科目が是非とも必要であると思った。

　この科目開設の構想を，早速，教養教育部門ワーキング会議[2]に諮ってみた。平成 18 年 1 月のことである。議論を重ねていくうちに，大学とはどういうところであるのか，この北九州市立大学はどのような大学であるのか，そして，大学で何を学び，学んだことを大学卒業後の仕事や生活にどのように役立たせることができるのか，こういったことを考えるために必要な知識や情報を提供したり，モデルを提示することができる機会があれば，受講生は，北九大生

---

1) 当時そのように聞いていたが，確認のために，立教大学全学共通カリキュラム事務室に問い合わせてみたところ，平成 11 年度以前，「立教大学の歴史」等の科目については，理事長，学院長がゲストスピーカーとして登壇された事跡があるとのことである。
2) 教養教育部門ワーキング会議は，平成 17 年 12 月 2 日から平成 19 年 3 月 5 日まで存在した会議体である。全 50 回会議が開催された。基盤教育センターが提供する教養教育の理念，カリキュラム，科目群の構成，各科目内容の検討等，教養教育科目の講義実施にあたって必要となる実質的な準備作業は，すべてこの会議において行われた。当初のメンバーは，重信幸彦（前基盤教育センター教授），伊野憲治（現基盤教育センター教授），戸蒔仁司（現基盤教育センター准教授）と小野であったが，2 回目の会議から小林道彦（現基盤教育センター教授）が参加し，その後さらに，徳永正夫（現地域創生学群教授）もこれに加わった。教養教育科目の策定に当たっては，適時，各専門領域の教員の任意の参加も多数得て会議が行われた。議長は小野が務めた。

であることに自信と誇りを持つことができ，主体的に勉学に取り組む動機づけになる。基盤教育にふさわしいコアとなる科目であるといえるから，ぜひとも開設しようということになった。科目名称は「大学論・学問論」に決まり，ラーニング・スキル科目として開講科目表に位置づけられることになった[3]。そして，科目担当者は，北九州市立大学のトップである理事長と学長にお願いするしかないということになった[4]。理事長は企業人として長く第一線で活躍され，豊富な経験と実績をお持ちの方である。学長は，前任校においても，副学長として，所属大学の改革にたずさわっておられたし，今まさに北九州市立大学において先頭に立って大学改革を実践しておられる方である。このお2人以外に適任者はいない。もし，理事長，学長にお引き受けいただけなければ，「大学論・学問論」は開講しないことにしようとワーキング会議では決まっていた。

　ご多忙の理事長，学長が果たして講義を担当してくださるかどうか，不安でいっぱいであった。まして，理事長には，「大学論・学問論」ご担当依頼のほかに，「スポーツに学ぶ」と題して，プロ・アマを問わず，スポーツの世界に長くかかわってこられた方々によるオムニバス講義「教養特講」を平成19年度に開講する予定があり，その中でも，柔道に関するお話を2～3コマお願いすることにしていたから，なおさらであった。しかし，お願いするしかなかった。Xデイは，6月初旬と決めた。

　理事長室にお願いに伺ったのは，平成18年6月6日であった。理事長は，理事長と学長が講義を担当するということに大いに驚かれたが，説明にはじっと耳を傾けてくださり，説明が終わると，質問されはじめた。主に，科目開設の意味，科目内容，理事長と学長が科目を担当することの意義に質問は集中していた。その一つひとつに懸命に答えた。質疑応答も終盤となり，理事長に概ねご了解いただけたと思われた頃に，理事長は次のように言われた。「教養特講」については，2コマ分であれば，話せる内容はもう大体思いついている。「大学論・学問論」の6コマについては，しばらく時間をかけて，どういう内容の話ができるか考えてみなければならない。それによって何コマ担当できるかも決まることになる。ただ，これまで，講演等，話をする機会はたくさんあったが，どんなに長くても50～60分までの話であった。60分までの話であればできると思うが，90分間，しかも6コマ連続で話をした経験はないと。90分という時間枠の問題である。しかし，既に予想していた問題であり，返す言葉はあらかじめ用意していた。「教養特講」も「北九州学」という科目もそうであるが，「大学論・学問論」についても，毎回講義の終わりに，受講生に感想文を書いてもらって，その提出を求めるつもりである。そのために最低10分間の時間をとりたいと思っている。その中に，質問があれば質

---

3)「大学論・学問論」は，議論の過程で，名称にも科目の位置づけについても変遷が見られる。平成18年2月9日の第9回ワーキング会議以降の資料には，「大学論・学問論」と明記されているが，それ以前は，名称を「大学生活論」，あるいは「学問論・大学論」としたり，「大学論」と「学問論」とに分離したこともあった。科目の位置づけについても，「ラーニング・スキル科目群」ではなく，当初は教養教育科目のコアになる科目として認識され，後に廃止されることになるが，「コア科目群」に位置づけられていた。また，上記第9回のワーキング会議資料によれば，後に廃止となる「ディシプリン科目群」に位置づけられていた。

問も書いてもらうことにするつもりであるので，質問があった場合には，翌週その質問に答えていただきたいし，感想文を読まれて講義の意図が十分伝わっていないと思われた場合には，前回分の内容を振り返る必要もあると思われるので，それに要する時間も含めて，初年度は，最大80分，実質70〜75分のつもりで，講義内容の組み立てと回数をご検討いただきたい。そう申し上げて，重ねて内容の検討をお願いした。構想が具体的に出来上がった段階で講義内容のご相談に応じることもお約束した。こうしてご担当コマ数は未確定であるが，理事長から承諾が得られた。

学長室には6月8日に伺った。80分6コマで講義のご担当と講義内容のご検討をお願いした。学長からは，すぐに快諾が得られた。加えて，理事長が担当される持ちコマが少ない場合，ご自身の持ちコマを増やしても構わないとの心強い言葉も頂いた。

7月20日に理事長からお電話があった。「大学論・学問論」6コマ，「教養特講」2コマを担当してくださるとの連絡であった。

こうして，平成19年度から，理事長と学長に「大学論・学問論」を担当していただくことが決まった。「大学論・学問論」は，基盤教育センターが科目を提供し，「補助」という名称で基盤教育センターの専任教員が講義の実施運営を行うこととした。

お2人から提出していただいた講義内容を纏めた初年度のシラバスは，図1のとおりである。

理事長，学長は共に，受講生に真摯に向き合われ，毎回提出される受講生の感想文を参考にされながら，毎年，講義方法はもとよりのこと，講義内容の工夫改善にも意欲的に取り組まれた。講義内容の変更に伴う各回の講義テーマの変更指示も何度かあった。最終年度である平成22年度の講義内容についても，シラバス掲載後にさらに変更の連絡があり，受講生に直接教室で配布した「2010年度『大学論・学問論』講義予定表《修正版》」によれば，最終年度は次のような内容で講義をしておられる。

1回　ガイダンス　小野　4/12（月）
2回　「知の時代」と学問・大学　矢田　4/19（月）
3回　戦後大学史　新制大学と学生急増の時代　矢田　4/26（月）
4回　戦後大学史　18歳人口減少と大学改革の時代　矢田　5/7（金）振替日
5回　北九州市立大学の改革　中期計画と大学運営　矢田　5/10（月）

4）「コア科目群」に位置づけられていた頃の資料に，「大学生活論」について「大学とはどんなところか，大学生活を送るための基礎知識を提供。学長，理事長にも参加して頂き，オムニバス形式で実施。→基盤教育センターでコーディネート」との記載がある。この科目は，当初から，オムニバスの形式によってでも理事長，学長にご担当いただくことを想定していた科目である。平成18年5月6日付の資料「教養教育担当想定表」では，「大学論・学問論」の担当者欄は，「矢田他」と記載されている。理事長名が記載されていないが，この時期までに，学長が大学論，理事長には学問論を担当いただくことに決めていた。「矢田・阿南」と担当者欄にお名前を明記したのは，平成18年6月13日付の会議資料「教養教育科目開講科目表」からである。

第 2 章　授業のピアレビュー

6 回　北九州市立大学の改革　教育改革 1　学部学科再編　矢田　5/17（月）
7 回　北九州市立大学の改革　教育改革 2　学生生活支援　矢田　5/24（月）
8 回　北九州市立大学の改革　地域貢献　矢田　5/31（月）
9 回　大学でなにを学ぶか―学ぶ事を知る　阿南　6/14（月）
10 回　大学生活から得たもの　阿南　6/21（月）
11 回　企業に入り社会人となって―仕事から学ぶ　阿南　6/28（月）
12 回　世界から学ぶⅠ　阿南　7/5（月）
13 回　世界から学ぶⅡ　阿南　7/12（月）
14 回　世界から日本を見る―新しい時代を生き抜くために　阿南　7/26（月）補講

科目名	大学論・学問論	2 単位
担当者名	矢田俊文・阿南惟正（補助：基盤教育センター　小野憲昭）	
授業形態　講義　　期間　1 学期　　履修条件		
授業のねらい・テーマ	これから大学生活を送る新入生に対し、大学とはなにか、大学で何を学び、新しい時代をどのように生き抜くべきかについて、真剣に考える機会を提供することを目的としている。 　1 回から 6 回までは本学学長が担当する。まず、知識産業が決定的役割を果たすことになる 20 世紀末以降の時代状況を明らかにするとともに、「知識生産の拠点」、「知的人材の育成拠点」としての大学の位置づけについて論ずる。次に、日本の大学の変遷について、1980 年代までの拡大期と 90 年代以降の改革期に分けて紹介する。さらに、本学北九州市立大学の発足・拡大、飛躍の過程を紹介するとともに、法人化後の大胆な改革について論ずる予定である。7 回から 12 回までは、本学理事長が担当する。大学生活を通じてなにを学び、我々は、これからの時代に、社会人として、国際人として、どのように考え、どのように生きてゆくべきなのか。豊富な経験のエッセンス、時代を超えて生き続ける教えや教訓をもとに、新しい時代を生き抜くための心構えを説く予定である。	
テキスト・参考文献	テキストは使用しない。必要に応じて参考文献を紹介する。	
授業内容またはスケジュール	1．「知の時代」における大学の役割―矢田（4/16） 2．少子化のなかの大学間競争・大学改革―矢田（5/7） 3．北九州市立大学の改革　その 1 ―矢田（5/14） 4．北九州市立大学の改革　その 2 ―矢田（5/28） 5．北九州市立大学の改革　その 3 ―矢田（6/4） 6．大学でなにを学ぶか―私の経験から―矢田（6/11） 7．大学生活事始め―阿南（6/18） 8．大学生活から学ぶ―阿南（6/25） 9．企業から学ぶ―阿南（7/2） 10．世界を知る―阿南（7/9） 11．世界から学ぶ―阿南（7/23） 12．新しい時代を生き抜くために―社会人となるための心構え―阿南（7/26 補講） 13．まとめ―小野	
成績評価の方法	①毎回感想文を提出する。②最後に総括的なレポートを求める。①と②で成績を総合評価する。	

※担当回数の記載に誤りがあるが原文のまま掲載

図 1　平成 19 年度「大学論・学問論」シラバスより

ところで，学長による第1回目の講義は，平成19年4月16日に行われた。教室は，多くの受講生が見込まれると予想して，特大教室である本館1階のA-101教室を用意した。初回は，受講者数を把握するため，ガイダンスにするべきではないかとも思ったが，この年度は，14コマのつもりが13コマしか確保できなかったし，学長，理事長は，既に各6コマの講義内容を用意しておられる。また，学長は初回からの講義を強く希望しておられた。既にシラバスに講義予定を掲載しているし，学長，理事長の日程も調整済みで，多忙を極めるお二人に日程変更をお願いするのは申し訳ないから，このまま実施するほかないと思った。そして，何よりも，多くの受講生が見込まれると思っていた。

　しかし，この予想は大きく外れてしまった。当日，講義前に教室に行ってみると，500名収容できる教室に40名程の受講生しかいなかった。翌週から，中教室に教室を変更して，講義を続けていただいたが，初回はガイダンスにすべきであったと今でも後悔している。用意してくださったレジュメの大半を不要にしてしまったことを申し訳なく思っている。平成19年度の履修登録者は結局30名であった。

　「大学論・学問論」に対する学生の評価はどうだったのであろうか。受講生に毎回提出を求めた感想文は，一覧した上で，その都度学長，理事長にお渡ししたから手元にないが[5]，幸いにも平成19年度の授業評価アンケートの自由記載だけはお渡しするのを忘れたのか，研究室から探し出すことができた。その中から，学生の意見感想をいくつか紹介しておこう。

　「普通なら聞けない，学長や理事長の話が聞けて良かった」「大学のことなどをよく理解することができた」「先生の人生の一部が聞けて，これからの自分の人生に役立つと思った」「学長も理事長も立派な方だと思いました。他の教授より謙虚でいいと思いました」「とても面白い授業だと思います。珍しい講義だと思い，選択したのですが，思っていた以上に興味深いです。何でみんなが，この授業をとらないのか，よくわかりませんが，当初のA-101でやるより，このくらいか，もう少し多いくらいの人数で，やってほしいと思います」

　学生たちの間に，「大学論・学問論」に対するこのような評価が，口コミで広がったのであろう。平成20年度の履修登録者は，一気に4倍の125名となり，平成21年度は146名，そして平成22年度は183名と受講生は次第に増えていった。「大学論・学問論」については，学期末の総括レポートの採点のほかに，各回の感想文も成績評価の対象として，理事長，学長それぞれに採点をしていただいていたから，受講生の増加は，そのまま理事長，学長に採点の負担を増大させることにつながったが，「大学論・学問論」は，年々着実に人気科目としての道を歩んでいたようである。

　最後に，「大学論・学問論」開設の教員への反響について，現在でも心に残る思いのうちの一点だけ指摘しておこう。基盤教育センター教養教育部門は，平成18年5月26日に経済学

---

5) 学長は，ご著書の中で，毎回の講義終了後にお渡しした受講生の感想文の中からそのいくつかを紹介しておられる。矢田俊文『地域主権の時代をリードする北九州市立大学改革物語』九州大学出版会，2010年，109頁参照。

部，外国語学部と，5月30日には文学部，法学部との間で，意見交換会を実施し，以降，教養教育科目開講予定科目を提示して，科目担当依頼交渉を開始した。依頼交渉がスムーズに行われ，学部を問わず，多くの教員に教養教育科目を担当していただくことができたのは，大学のトップである理事長と学長が率先して「大学論・学問論」を担当され，教養教育科目のコアとなる科目を自ら支えてくださったおかげである。反響は予想をはるかに超えて大きかった。そう思っている。

理事長，学長のご退職に伴い，開講科目表の「大学論・学問論」は「休講」と表記されることになり，現在は開講科目表から削除されているが，またいつか，「大学論・学問論」が開講科目表に登場する日が来ることを秘かに願っている。

■ 2.2 学長，理事長の授業のピアレビュー報告

平成19年4月，本学のトップ2である学長と理事長が基盤教育科目「学問論・大学論」を1学期間講義されることになったので，FD担当教員としてお2人の先生に授業の受講をお願いしたところ，快く了解していただいた。非常によい機会なので，大学トップであるお2人の先生の授業のピアレビューをお願いした。お2人の先生には，深く感謝申し上げるとともに，お2人のFD活動に対する"熱意"に敬意を表したい。

おそらく，大学のトップ2が1学期間にわたって授業を展開し，それをFD担当教員がピアレビューしたというケースは，日本の大学では本学だけではないだろうか。もしこの方式が，大学全体に広がり，多くの教員どうしで授業のレビューをお互いにするということになれば，おそらく授業の質は大いに向上すると思われる。またこの方式は，本学独自のFD活動方式となり，必ずや他大学へエクスポートされていくことを確信する。

今回，学長と理事長の講義をピアレビューすることによって，FD担当教員としていろいろなことを学ぶことができた。その中でもっとも重要だと思うことをはじめに述べてみたい。

学長の講義からは，「熱意をもって講義すること」を学んだ。学長の講義内容の3分の2は，「北九州市立大学の改革」であった。学長の本学の改革に対する並々ならぬ熱意が講義にあふれていた。講義において，教員の熱意は必ず学生に伝播し，良い影響を与えるということを実感した。

理事長の講義からは，「自分の経験を学生に直接，語りかけることの学生への"インパクト"」を学んだ。理事長は，自己の学生時代，職場時代，海外技術協力などを材料にして，自分の体験してきたことがら，自分が影響を受けた本の内容を材料にして講義を展開された。とりわけ生の体験を語ることがもつインパクトは，活字からはけっして得られないものであることを実感した。大学教員は，講義においては必ずしも自分で発見した知識ばかりではなく，他の研究者の生み出した知識を学生に伝達する機会が多い。しかし，自分の知識の発見にかかわる自分の体験を語ることも非常に重要であることを，理事長の講義を聴くことによって学ぶことができた。

【付録Ⅰ】矢田学長の授業「大学論・学問論」のピアレビュー報告例

第1回講義　産業構造の展開と「知識産業」――「知の時代」と大学の役割――2007.4.16
○講義概要
　「自分は今、どこにいるのだろうか？」という設問に答えるための1つの情報として、現在の産業構造が時間的、空間的にどのように展開されてきたか、そして現在の産業構造がどうなっているか、について講義した。産業構造を明らかにするために、「産業分類」の考え方を3つ挙げ、とりわけ現代の産業構造を特徴づける「三次産業」を分類した。この半世紀にわたる産業構造の展開を国別に示し、それらの国に共通する特徴が何であるかをデータに基づいて説明した。最後に、産業構造の展開を理論化した3つの説――長期波動論（1997）、脱工業社会論（1973）、ポスト資本主義論（1993）――について、簡単に説明した。講義の最後に学生に対するメッセージとして、「大学では、ある知識分野に特化しないで、できるだけ幅広い知識を得るようにし、それらの広い知識を柔軟に操作し、"自分の頭"で知識を処理してほしい。それこそが創造的な思考につながるのである」と強調した。

○良かった点
　①最初の説明「産業分類と産業構造の展開」の表（カラー版）が非常に印象的だった。色を使った分類が、わかりやすく、また産業の全体構造がひと目でわかった。私にとっては、新鮮な産業分類だった。それは、人間の活動（仕事）のほぼすべてを網羅しており、自分探しの観点から産業構造の中の自己の位置づけという点で役立つと思った。
　②この表の中で、「大学の位置づけ」が明らかにされ、大学での教育とは教員の生産活動（教育・学習支援業）であるという産業構造的定義がわかりやすかった。ここに自分が位置づけられるのか、ということがはっきりした。
　③産業構造の国別の展開では、アメリカ型、日本型（イタリア、イギリス）、韓国型、タイ型（おそらく中国も）の4つに分類できると思った。
　④最後に話した〈創造性とは〉についての矢田先生の考えが印象的であった。その考えとは、「多方面に及ぶ幅広い知識を柔軟に、自分の頭で、自分の個性で処理していくところに創造性が育っていくのだ」というものである。

○改善できる点
　①全体的に、許された時間の限度からして、呈示された知識量（情報量）が少し多すぎたように思いました。例えば、終わりのほうに説明された3つの説――長期波動論（1997）、脱工業社会論（1973）、ポスト資本主義論（1993）――など。もし呈示するならば、もう少し時間をかけて、説明してほしいと思いました。

②パワーポイントのスライドは，同じスライドを数枚用意しておき，それを必要なところに配置しておけば，スライドを"行きつ戻りつ"しなくてすみます。同じスライドは，簡単に複製できますので，数枚用意できるのは，パソコンの利点だと思います。

　③画像のスライドは，「産業構造の展開」のところで示しましたが（データのグラフとして），例えば，最初の「産業分類と産業構造の展開」の表でも，「半導体」「インフラ」等の用語は，新入生は知らないかもしれませんので，実際に画像を見せて説明したほうがよいと思います。

　④最後の創造性についての先生の話は，新入生にとってとても重要な話だと思いますので，スライドで説明したほうがよいと思いました。

【付録Ⅱ】阿南理事長の授業「大学論・学問論」のピアレビュー報告例

第1回講義 「大学で何を学ぶか」 2007.6.18
○講義概要と私が学んだこと

　はじめに自己紹介として，自分が本大学に理事長としてやってきたことの"理由"を「北九州産業学術推進機構」（FAIS）北九州学術研究都市との関連で説明した。その後，太平洋戦争の終結とその直後の占領軍の政策など日本の戦後状況を概観し，その中での自分の高校時代，大学受験の失敗，東大入学時の学長・教養学部長の印象に残ったコトバを紹介しながら，「大学で何を学ぶか」についての理事長の考えを講義した。

　理事長の講義を聞きながら，私は「永遠に学び続けることこそが人生なのだ」ということを改めて確信した。"学ぶ"というコトバには，さまざまな意味がある。自分がまだ理解していない自分にとって新しい"概念と用語"を理解することも「学ぶ」であるし，すでにわかっていること・理解していることの意味を再度，深く認識することも「学ぶ」である。理事長は東大に入学したときの矢内原学長のコトバ「学問は長く人生は短い」から，「人生とは永遠に学ぶことだ。学び続けることこそが人生なのだ」という話をした。私は，この話から，「学ぶという姿勢を失わずに，人生を生き続ければ，必ず自分自身のユニークな考えや発見が生まれる」と考えた。そこに，個人としての"生きる理由"があるのではないだろうか，とも考えた。

○良かった点
　① 話の内容が具体的で，わかりやすい。
　② 話すスピードが速すぎなく，遅すぎなく，適切である。
　③ 語りと映像とが交互に呈示されて，学生をあきさせない。
　④ 自分の経験にもとづいているので，ひじょうに説得力がある。
　⑤ 先生の主張が明確である。

○改善できる点
① 話の語尾をもっと明確に話したほうが，学生が聞き取りやすいと思います。
② できるだけ下を見ないで，学生とアイコンタクトを取りながら，話したほうがよいと思います。理事長が話されているときに，半分くらいは下の方向を向かれています。
③ ほとんどの話には，きちんと理由の説明があったのですが，"すべての主張"にもその理由を述べられたほうが良いと思いました。例えば，「大学は，自分の足で歩かねばならない。自分で考えて学ぶ中身を決める」という主張についても，それは「何故なのか？」という，先生自身がそう考えられる理由をはっきり述べられたほうが説得力があるのではと思いました。

3 チームティーチングと授業のピアレビュー報告──「基礎心理学」の事例──

　本節では，2人の教員で担当した授業において実施した教員相互のピアレビューについて紹介する。ピアレビューを行ったのは本学文学部人間関係学科の1年生向け選択必修の概論科目である「基礎心理学」という授業である。人間関係学科では心理学，社会学，社会福祉学，人類学，環境学，生涯教育学，生涯スポーツ学などの学問領域ごとに概論科目を開講している。心理学の領域では，「基礎心理学」と「心理学概論」の2つの概論科目が開講されており，1学期に「基礎心理学」，2学期に「心理学概論」が開講される。いずれの科目も人間関係学科の1年生がほとんど受講している。

　この授業では，中溝，松尾の2人の教員でチームを構成し，"チームティーチング"の立場から全15回の授業を2人の教員で担当した。授業全体は，実験系の心理学についての基礎的な内容の授業であった。授業項目は，心理学史，感覚，知覚，学習，記憶，知識などを含んでおり，中溝が心理学史，感覚，知覚について7コマ（中間試験を含む）を，松尾がイントロダクション，学習，記憶，知識，機械との関係について8コマ（期末試験を含む）を，それぞれ担当した。

　ここで紹介するピアレビューは，2011年度に実施したものである。

■ 3.1 共同担当授業科目の相互ピアレビュー

　ピアレビューは，教員による授業参観であるが，授業を行う教員と参観する教員の立場が異なると，レビューする中身も自ずと変わってくる。参観する教員は上司（所属の長など）である場合，FD専門の教員，メンター（新任教員等の相談役），同僚である場合など様々であろう。ピアレビューの場合，参観する教員は教える立場としては同じであるため，どのような立場であっても授業全般の進め方や教える技術についてのレビューは可能であるが，専門的な授

業内容についてのレビューは専門が同じでなければ難しい。

しかし，ここで紹介するピアレビューの事例は，専門分野が同じ教員が参観した事例であるため，専門的な内容にまで踏み込んでコメントすることができた。さらに，今回は，同じ授業を2人でチームティーチング（実態としては，授業の半分ずつを担当し，相互に授業レビューし，メール上で意見交換する）として行ったため，自分が教えた内容（あるいは教える予定の内容）と関連が出てくるので，いっそう深く関与することができた。

授業の第1回は松尾が担当し，そのレビューを中溝が，2～7回は中溝が授業担当し松尾がレビュー，9～14回は松尾が授業担当し中溝がレビューをした。8回と15回は試験を行ったため，レビューはしなかった。以下のリストは，毎回の授業の表題（タイトル）および担当者名である。各授業終了後，次の授業までにレビュワーが授業に対するコメントを授業担当者にメールで送信した。どのようなレビューがなされたかを見ていくこととする。

1	4/14	授業のオリエンテーション，基礎心理学とは何か？	松尾
2	4/21	近代科学革命と心理学誕生のドラマ（1）	中溝
3	4/28	近代科学革命と心理学誕生のドラマ（2）	中溝
4	5/12	現代における心理学研究の多様性と学際性	中溝
5	5/19	人間の感覚過程：視力のメカニズム	中溝
6	5/26	人間の知覚過程：3D（ステレオ）のメカニズム	中溝
7	6/2	人間の認知過程：イリュージョンのメカニズム	中溝
8	6/9	中間試験（中溝）	中溝
9	6/16	人間の学習（その1）：条件づけ	松尾
10	6/23	人間の学習（その2）：認知的学習	松尾
11	6/30	人間の記憶と知識（その1）：記憶の階層	松尾
12	7/7	人間の記憶と知識（その2）：知識構造	松尾
13	7/14	人間と機械との関係（その1）：ヒューマンインタフェース	松尾
14	7/21	人間と機械との関係（その2）：メディアコミュニケーション	松尾
15	7/28	期末試験（松尾）	松尾

■ 3.2 お互いの気づきにつながるレビュー──専門外でもレビューできる授業の進め方──

第1回目は，授業のオリエンテーションとして松尾が担当し，この授業科目名である「基礎心理学とは何か？」についての授業を行った。その中で松尾は「心理学は役立つか？」について説明を行った。医学や工学などは実学であり，実生活に直接役に立つ学問であるのに対し，心理学は必ずしもそうではないという話を松尾は行った。これに対して中溝は，改良の余地があるとして以下のようにコメントをした。

・『心理学を役立てるためには，豊富な知識と経験が必要となる。心理学の基礎的な分野のほうが役立てやすい』と資料に書いてあるので，結局のところ，心理学は役立つ学問と考えることができ，そうすると「実学」になると考えてよいのでしょうか？
・タイトルの「心理学は役立つか？」という問題に，（先生は）どう答えようとされているのでしょうか？　あるいは，この問題に学生は，どう答えたらよいのでしょうか？

　松尾は，心理学がカウンセリング等一見すぐに役立ちそうな学問に見えるが必ずしもそうではなく，役立つとするならば，この授業で話をしていくことになる基礎的な心理学の知見のほうが役に立つと考えており，そのことを話したつもりであった。しかし，中溝は，学生に明確に答えが提示できていなかったことを指摘した。

　授業に限らず話し手の中では明確になっていたつもりでも，受け手にそれがうまく伝わっていないということは十分にあり得ることである。このようなことは他者から指摘されてはじめて気づくものである。今回もピアレビューをしてくれる教員がいたからこそ気づくことができたのである。

　一方，自分では当たり前に行っていたことが他者から見ると優れたことだということもある。第1回は松尾がオリエンテーションを行ったが，第2回からは中溝にバトンタッチした。そこで松尾は中溝に対して以下のようにコメントをしている。

・パワーポイントの文字が大きく見やすい
　ひとつのスライドに情報を入れすぎると，見にくいだけでなく，わかりにくくなるのですが，内容が絞りこんであって理解しやすかったです。
・話の流れが変わるときのスライド表示がわかりやすい
　話が次に移るときに，次に何の話がなされるかをスライドで示されているのがわかりやすいと思いました。それも，背景が黒のスライドで統一されているので，話が次に移るというのがはっきりしていいと思いました。
・話のペースがよい
　いつも感じることなのですが，中溝先生の話のペースはゆっくりして落ち着いた感じで，理解しやすいと思っております。私はつい早口でしゃべってしまい，反省しないといけないなと思っています。
・講義のポイントが明確に示されている
　2つのポイントが明確なので，授業内容がよく理解できました。

　図2に示したのは，中溝が使ったパワーポイントのスライドである。このときの授業は2回にわたって「近代科学革命と心理学の誕生」についての話をする予定になっていた。全体で4つの内容が含まれているが，この回ではその中の2つの点「1）心理学の歴史は，"古くて"新しい」，「2）近代科学革命とニュートン物理学」についての話をすることが明確に示されていた。そして，次週の授業では「3）19世紀，生物学の革命が起こる」，「4）ヴントの科学

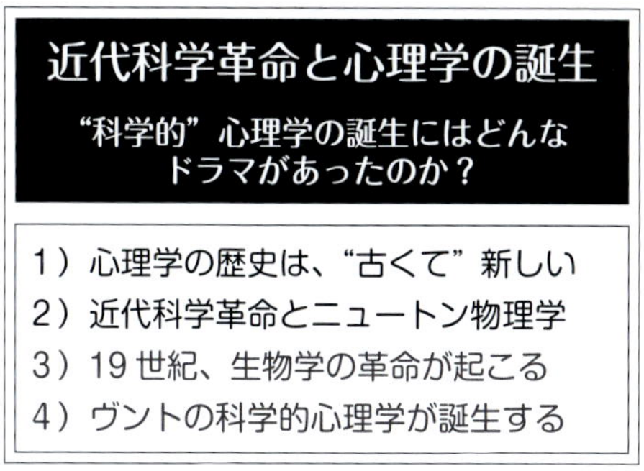

> **近代科学革命と心理学の誕生**
> "科学的"心理学の誕生にはどんな
> ドラマがあったのか？
>
> 1）心理学の歴史は、"古くて"新しい
> 2）近代科学革命とニュートン物理学
> 3）19世紀、生物学の革命が起こる
> 4）ヴントの科学的心理学が誕生する

図2　授業のポイントを提示したスライド

的心理学が誕生する」を行うことが薄い文字で示されている。全体もわかるし，この日の授業の内容も明確になっている。

また，第3回での松尾のコメントには以下のようなものがあった。

- 人物の写真や原典が効果的

  人物名や書名だけではリアリティが出てこないですが，写真があるとリアリティがあってわかりやすいと思います。

このときの授業では，いろいろな人物が出てきた。コペルニクス，ケプラー，ガリレオ，ニュートン，ヘルムホルツ，ヴント，ウェーバー，フェヒナーである。一般によく知られた人物もいるが，心理学史の中だけしか出てこない人物もいた。これらの学者を名前だけ紹介しても受講生はまったくリアリティを感じないが，スライドに写真や各学者が著した著書の原典を提示したことがわかりやすくなっていたことをコメントしている。

さらに，第4回の授業についてのコメントとしては，休憩を入れることが効果的であったという指摘があった。

> 私は授業中に休憩を入れたことがないのですが，グッドタイミングでした。話ばかりで少し疲れてきたところでの休憩で，こういうのも必要ですね。

中溝としては，これまで自分の授業スタイルとして当然のこととして行ってきたのであろう。しかし，松尾としては自分の授業のやり方とは違うことに気づき，非常によいやり方だと思ったのである。松尾は，このような中溝の授業スタイルを観察できて，自分でやれることを取り入れようと考えるであろう。

一方，中溝は自分の授業の進め方に対して，学生ではなく教員から一定の評価をしてもらえたことが自信につながるであろうし，自分が行ってきたことが間違いでないことの確認ができることになる。

中溝も松尾の授業に対して以下のようなコメントを第11回の授業でしていた。

> パワーポイントのスライドに「時刻」が刻まれるのは，私にとってとてもよかったです。おそらく，学生にとっても授業時間の進行状態（残りの時間）がわかるので，よかったのではないでしょうか。

　パソコンの画面の左下にデジタルの時計を表示させていたのである。松尾は自分のために行っていた。教室には時計がないため，時間は自分の腕時計で確認するしかなかった。近視用のメガネを着用していた松尾は，遠くを見るときはメガネをかけたままでよかったが，老眼が進んできたため，手元を見るときははずさないといけなかった。時間を確認するためにメガネをはずすのがわずらわしくなった松尾はフリーのデジタル時計のソフトを使っていたにすぎなかった。これが褒められたことには松尾自身がびっくりしていた。

　このようなお互いの気づきが授業の改善につながっていく。先に示した第2回の中溝の授業に対する松尾のコメントでは目標が示されていることを高く評価していた。松尾にバトンタッチした第11回の授業に対し，中溝は次のようなコメントをしている。

> 　毎時間，授業の初めのほうで「今日の授業の（達成）目標」を示すというのは，どうでしょうか？
> 　授業で重要なことの一つは，その授業での学生の達成目標だと思います。その日の授業の目標をしっかり意識すると，授業最後の「振り返り」が生きてくるのではないでしょうか。学生が枝葉末節に囚われないためにも，目標を意識することは重要だと考えます。

　これを受けて松尾は第12回の授業では目標を明確に示すことにした。その第12回の授業に対する中溝のコメントの中に以下のようなものがあった。

> 　前回の授業とは異なって，今日の授業の「目標」〈認知的立場と行動主義学習理論の違いを説明できること〉を明示したのは，とてもよかったと思います。学生は，授業の達成目標を知ったり，意識したりすることによって，すべての知識をそのことと結びつけて考えることができるからです。

　ピアレビューで大切なのは，よい点をみつけて褒めることである。よい点を褒めてもらえると悪いところをもっと直してみようという気になる。教員は頑固なもので，欠点ばかりを指摘されると何か合理的な理由をつけてそれをかたくなに改善しようとしない。しかし，一方でよい点も褒められていると，悪いところを直そうという意欲が出てくる。

　ここで示してきたピアレビューでの指摘事例は，同じ専門分野ではない教員のピアレビューであっても可能な内容ばかりである。一般にピアレビューの場合，専門が近い教員同士でできるわけでは必ずしもない。しかし，授業の進め方については十分にレビューでき，そこでの指摘も効果的である。

■ 3.3 同じ専門領域だからできるレビュー ──効果的なデモンストレーション──

　授業も第3回あたりから「知覚」に関する現象の話となる。第3回では色残効という現象の話が出てきた。ここで中溝はデモンストレーションを行った。色残効とは特定の色をずっと見続けた直後に色の何もない白い面を見ると見続けた色の補色が見えるという現象である。たとえば赤い丸を1分間くらい見続けて急に白い面を見ると，そこに緑の丸が見えてくる。

　中溝の授業においてのこのような現象のデモンストレーションに対して松尾は以下のようにコメントをした。

　非常に面白かったです。私も単色で行ったことはありますが，4つの異なった色を使うと効果的ですね。

　ひとつ思ったのは，視線をスクリーン上で動かすように学生に指示すると，より効果的ではないでしょうか。学生の中には，スクリーン上の元の図形があった場所に残効現象が「物理的に」存在していると思ってしまう学生もいると思います。そこで，視線が動いたところに残効が見えてくるという経験をさせると，元の図形があった場所以外の場所でも残効が生じることがわかり，スクリーン上で残効が生じているのではなく，脳で生じていることが体験でき，より「脳で見る」ことが明らかになるように思えます。そのためには，図形の大きさをもう少し小さくしないといけないでしょうね。

　コメントの内容が専門的になっていて申し訳ないが，見るというのが眼ではなく脳で見ているということを中溝はこの授業の中で学生に伝えたかった。それに対して松尾はデモンストレーションの工夫を提言したのである。これほど詳細にコメントができるのは，お互いに同じ心理学の専門家であり同じ授業担当者であることの強みである。

　このようなデモンストレーションについてのコメントを松尾は頻繁に行っている。具体的にどのようにしたほうがいいのかということを指摘している。第5回では盲点のデモンストレーションを行った。中溝は，眼の仕組みについての説明を行い，盲点が存在することをデモンストレーションによって示した。盲点のデモンストレーションでは，眼を動かさずに定められた凝視点を見ておくことが重要で，これがデモンストレーションのポイントとなる。このときの授業に対する松尾のコメントが以下の通りである。

　盲点の仕組みについての詳しい説明があったほうが，凝視点から眼を絶対に動かさないことや，ターゲット刺激をどちら側にもってくると盲点の領域に入るのかがわかって，うまく盲点が見えるのではないかと思いました。それが理解できれば，逆さにして，左眼でも行ってみることも理解できて盲点のことがよりわかると思います。

　補完ですが，私もうまく見えませんでした。線分や「げんご」といった文字が周辺にあると，消えたという実感がわかないように思います。できれば，「げんご」のほうの刺激パターンの代わりに，ターゲットの刺激を単純化した黒丸だけのものを用意したほうが，1年生にはよかったように

思います。

　少し専門的な内容になっているためわかりにくいところもあるかもしれないが，盲点を体験するにはただ片眼を閉じて見ただけではダメで，刺激と眼の位置が重要となる。その重要性がわかるには盲点の仕組みの詳しい説明があったほうがよいと松尾はコメントした。

　さらに，後半の松尾のコメント部分は「補完」についてである。かなり専門的になるが，お許し願いたい。ここでは，盲点が存在しても私たちは補完して見てしまうことを示そうとした。そのため刺激として線分や「げんご」という文字の連続を用いたのだが，受講生は盲点の存在やその補完の現象をなかなか十分に体験できていなかったようなのである。そこでもっと単純な黒丸の刺激を使ったほうがいいのではないかと松尾はコメントした。

　松尾は他の担当科目の授業で盲点の実験を学生に行わせてレポートを書かせている。そのため，どのようにすればうまく盲点が見えるのかがよくわかっている。このようなデモンストレーションのノウハウをわかっているからこそ，このようなレビューが可能となっている。

　これ以外にもこの授業の中では頻繁にデモンストレーションを行っており，かなり細かい点についての指摘も多々見られる。そして，このようなデモンストレーションを行うのが効果的であることをお互いに以下のように指摘している。

第3回　中溝の授業に対する松尾のコメント
・デモや作業が効果的
　話ばかりでは飽きてきますので，デモや作業（作業課題）がところどころに入っていく形は学生の集中力を持続させるのには効果的だったと思います。

第13回　松尾の授業に対する中溝のコメント
・短期記憶の実験は，ひじょうに簡単ですが，とても面白かったし，学生にとっても"効果的"だったと思いました。
・最後の〈語彙の記憶実験〉とリハーサルの概念の説明は，見事でした。私も見習います。

　授業の内容にもよるが教員が一方的に話をするのではなく，デモンストレーションによって学生自らに体験させることは非常に効果的である。ただし，デモンストレーションをうまく行うことは簡単ではない。その際，同じ専門領域の教員のアドバイスが有効である。ただデモンストレーションを面白く行うのではなく，そのデモンストレーションで何を理解させたいのかという目的を損なわないように実施するには具体的にどのようにすればよいのかについて，専門領域を同じとする教員であれば的確にコメントすることができる。

3.4　適切な課題についてのレビュー——学生に考えさせる授業——

　中溝の授業では，ただデモンストレーションをして見せるだけではなく，どのような結果に

第 2 章　授業のピアレビュー

なるかを考えさせる授業展開を行っていた。その中でも，大がかりだったのが第 7 回「イリュージョンのメカニズム」の授業であった。サイクロピアンアイという実験で，人間は 2 つの眼を持っているが，実際にはあたかも中央にひとつの眼があるかのように世界を知覚しているという話である。そのときの松尾のコメントが以下の通りである。

> デモンストレーションとして非常に面白いと思います。最初にどのような見え方になるかを予測させることが非常に驚きを生むので，効果的だったと思います。そして，物理的世界をそのまま見ているわけではなく，「脳で見ている」ことを実感できるデモンストレーションだと思います。

松尾は絶賛している。専門領域として同じ実験系の心理学者であるが，実はこのサイクロピアンアイは中溝の専門であり，松尾では話ができない。ここでは詳しい話ができないのが残念であるが，次のような現象である。図 3 のように 2 本の線分を引いたものをそれぞれの眼で観察すると，実際には図に示したように 4 本の線分として見えるというものである。

中溝の授業では，これを「仮説実験授業」という形で行った。仮説実験授業は以下のような流れで行われる。

①学生に課題を出す
②それを学生に考えさせる。結果の予測，つまり仮説を立てさせる。
③学生にその理由を考えさせ，議論する。
④実験を行う。
⑤結果から仮説の成否を判定する。

学生には図 3 のように見たときに色線分がどのように見えるかを考えさせるというものである。なぜこのように見えるかの説明に使われる理論がサイクロピアンアイの理論となる。これに対しての松尾のコメントである。

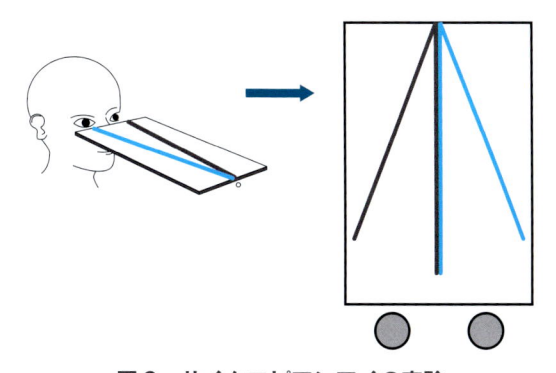

図 3　サイクロピアンアイの実験

> 　試みとしては非常にいいと思いました。ただし，サイクロピアンアイの理論がかなり難しく「仮説を立てる」という段階で多くの学生がお手上げ状態だったような気がします（うまく考えた学生もいたかもしれませんが）。そのため，あまり「考える」ということができなかったような気がします。適切な題材を見つけることは難しいとは思いますが，「わかりそうだけどわからない」題材であればよかったのではないかと思います。

　非常に面白い現象であるのだが，ちょっと内容が難しすぎたのではないかと松尾は指摘したのである。
　中溝の授業ではこの例のように授業の中で考えさせるだけではなく，毎回宿題を出していた。たとえば，第2回の授業では，「ニュートンの心理学への貢献」についての3択問題が宿題として出された。その宿題の内容は難しい話になるのでここでは省略するが，これについて松尾は以下のようにコメントした。

> 　次回の話につながるであろうニュートンの3択問題は，次の回に対する興味関心が持てるので非常にいいと思います。

　松尾も，中溝に倣って宿題を出した。第11回の松尾の授業に対する中溝のコメントである。

> 　先週の"宿題"が，今日の授業のイントロになっており，やはり宿題を出すのはひじょうに大切だなと思いました。「よい宿題を出す」というのは，授業のキーポイントの一つですね。

　松尾も宿題以外に学生に考えさせる授業展開を行っていた。それはあるトピックについて一通り説明をした後で「理解チェック」と称した課題を与えることである。たとえば，第9回では古典的条件づけという内容の授業を行った。「理解チェック」は，古典的条件づけに出てくる様々な用語について現実場面を提示してどのような用語が当てはまるかを解答させるもので，古典的条件づけの説明を十分に理解していなければできない課題である。それに対する中溝のコメントである。この「理解チェック」に対して中溝は高く評価した。

> 　「理解チェック」は，しっかり学んだかどうかが自分でわかるので，とても有効だと思います。授業の到達目標を，文字通りチェック（評価）できます。⇒私も取り入れたいです。

　しかし，この「理解チェック」の使い方として，同じ第9回の授業で中溝は「もし私だったら」として次のようにもコメントしていた。

> 　「理解チェック」の時間は，〈①まず学生が個人的にする〉，次に〈②周囲の友達と意見交換する〉，そして〈③数名の学生に答えを発表させる〉というやり方をとると思います。その理由は，理解チェックの問題は，必ずしもすぐに答えがわかるといった易しいものではないので，おそらくいろいろな回答がでてくると予想します。友達と意見交換したり，正解がわからなくても，お互いに言葉を交わすことによって，「理解度」が深まると一般に言われているからです。

最初に述べたように，レビューは次の授業の前までに授業担当者に送ることになっていた。このときのレビューが中溝から松尾にメールで送られてきたとき，松尾は次のようにメールで返信している。

（メール）
　理解チェックのやり方ですが，私も友達と話し合うという形をやろうと思ったのですが，時間がなくなってしまいそう（古典的条件づけの最後まで行き着かないかも）でしたので，すぐ解答を出してしまいました。

そして，次の第 10 回の授業では中溝の指摘を受け，友達と話し合う時間を設けるようにした。そのときの中溝のコメントは以下の通りである。

　理解チェックの課題の後，周囲の友達と"話し合う"時間があったのも，とても良かったと思います。学生にとって，授業中におしゃべりする時間が与えられるというのは，じゅうぶん〈報酬〉になると思います。〈正の強化〉でしょうか？

ここで松尾は前回の中溝のコメントを受けて，授業改善を行ったのである。この「理解チェック」に関して中溝は第 11 回の授業に対して以下のようなコメントをしている。

　「理解チェック」というのは，とてもよいですね。学生が自分で，理解度をチェックできるので。どうすればよい問題を作れるか，が決め手だと思いました。この点で，先生方が問題情報の交換ができればいいかなと思いました。

学生に考えさせる授業は非常に効果的なのだが，どのような課題を与えるかが非常に難しい。難しすぎるのはよくないし，よい問題を作るのは簡単な問題であっても，難しい。どのようなものがよいかを教員同士で情報交換できればよいであろうし，このようなピアレビューを行うことによってもどのような問題が適切か知ることが可能となる。

■ 3.5　教員によって考え方が異なる──試験対策と授業の振り返り──

　この授業では前半を中溝が担当し後半を松尾が担当した。そのため試験も別々に実施し，第 8 回目の授業のときに中間試験と称した小テストを行うこととなっていた。そこで第 7 回目の授業で，中溝は中間試験のための学習チェックリストを配布した。チェックリストには，20 個の学習目標，キーワードの一覧，実験内容（項目だけ）が含まれていた。
　これに対しての松尾のコメントである。

　まとめの資料があると学生も勉強しやすいと思います。ただ，私の中では，いつもジレンマがあるのですが，このようなまとめのプリントを配布してしまうと，それに学生が頼ってしまい，自分で工夫して勉強することをしなくなるのではないかという懸念があります。このようなプリントが

> ないとどのような勉強をすればよいのかわからなくなってしまうという恐れです。

　ここでは，松尾と中溝の考え方に差があった。
　また，この学習チェックリストでは「なぜ試験をするのか」が書かれていた。以下のような内容である。

『なぜ試験をするのか』もちろんそれは，君たちの〈授業の理解度〉を調べるためです。個々の授業には，毎時間の〈学習目標〉があって，その目標を君たちがどの程度，達成できているかどうかを試験によって調べるのです。試験の結果によって，君たちは授業内容をどの程度，理解し，学習目標をどの程度，達成したかを知ることになるし，場合によっては授業中の集中度が足りなかったり，復習が不足していたり，もっと真面目な勉強が必要だったりすることがはっきりします。一方，私自身は君たちがどの程度，学習目標を達成できているかによって，今後，授業のやり方・教え方を改善しなければならない場合も出てくるでしょう。つまり，試験は，君たちにとっても，私にとってもこれまでの活動をきちんと評価するという意味で必要不可欠なものなのです。

　これに対する松尾のコメントは以下の通りである。

> 　中間試験のための『学習チェックリスト』に書かれていたことにはとても共感できます。私も学生の評価だけではなく，授業の改善に役立てるものだと思っています。ただ，実践できているかというと，必ずしもそうではないのですが。

　ここでは，試験の役割に関してはお互いの考え方は一致している。
　一般に，授業に対する考え方は教員それぞれで異なっている。どのやり方がよくてどのやり方が悪いということがあるわけではない。このようなレビューを通して，共感できるものであれば自分の授業で取り入れればよいし，そう感じなければ自分の授業のスタイルを貫いても構わない。
　中溝と松尾の授業では，配布資料も異なっていた。中溝はパワーポイントのスライドを中心とした資料を配布したが，松尾はパワーポイントのスライドは一切配布していなかった（授業で使ったパワーポイントのスライドは中溝も松尾も学生が大学のWeb上から取り出すことができるようにしていた）。
　中溝も松尾も毎回の授業の終わりにコメントカードやコミュニケーションカードを学生に書かせて，そのときの授業の振り返りや質問を書かせていたが，この扱いも中溝と松尾では異なっていた。中溝は，学生のコメントや質問を次の授業のときに印刷物として配布した。授業課題として挙げた内容と質問およびそれに対する中溝の回答を書いていた。これを「サイコロジー通信」（注：「サイコロジー Psychology」は英語で心理学の意）として配り，次の授業の開始のときに読ませていた。以下は，その抜粋である。

> 君たちのフリーコメント
>
> 　普段，よく視力検査で使われているランドルト・リングは角度によってどのくらい見えるのかを測っているということに驚きました。また，コントラスト感度では，動物も人間と同じように複雑な画像に引き付けられるのは面白いと思いました。3D画像でも，もとは2Dなのに，ずれを処理する脳の仕組みによって立体的に見えるのはおもしろいと思いました。脳ってすごい働きをしているんだと改めて思いました。〈人関　1年　○○〉
>
> 質問に答えます。
>
> 　コンタクトレンズ更新で眼科に行くと，"C"の検査をした後，「緑のマークと赤のマークとどちらが見やすいですか？」と聞かれるのですが，あれは何を調べているのでしょうか？〈人関　1年　○○〉⇒「2色テスト」と言って，近視・遠視・正視のテストです。近視の人は赤色光のほうがハッキリ見え，遠視の人は緑色光のほうがはっきり見え，正視の人はどちらも同じくらいはっきり見えるのです。その理由は，赤光と緑光の波長の差によって近視と遠視と正視の眼では焦点を結ぶ場所（距離）が異なるので，見え方も異なるのです。
>
> 「サイコロジー通信 No.5」から抜粋。
> 「人関」は学科名人間関係学科の略。実際は○○には学生の名前が入っている。

　これに対して松尾は，第3回の授業では「こういうのが続けられるといいですね」とコメントしている。しかし，第6回のコメントでは，

> 　先生が最初に読むように指示を出しておられますが，きちんと内容を読んでいる学生があまり多くないように思いました。毎回読むものだとわかっているはずなのですが，いつまでもおしゃべりをしていて読もうとしていないところを見ると，あまり読んでないように思いました。自分の名前が載っていると読むでしょうけど。
> 　少し口頭で補足してあげるといいのではと思いました。そのために時間をとられてはしまいますけど。

　書いた学生の名前が載るので，自分のものが掲載していると読むことにつながるのだろうが，そうでなければなかなか読まれていなかった。
　一方，松尾は，受講生の質問に対する回答を次の授業のときにパワーポイントを使って説明する方式をとった（図4参照）。
　それに対する中溝のコメント（第10回の授業）は以下のようである。

> 　前回の授業の質問に対する回答と解説から始まったのは，前回の授業内容を想起してもらうとい

う点でとてもよかったです。

　このようなコメントは，11〜14回にも同じようなものがあった。松尾としては，「サイコロジー通信」の試みがよいことだと思いながら，そのような方式はとらず独自のやり方で解説を行った。実のところ，印刷物を配布するには，印刷の時間を考え早めに準備しないといけないが，パワーポイントを使う場合，直前まで準備できるからそうしたにすぎなかった。
　松尾は，第10回の中溝からのコメントに対して，次のようなメールを返している。

（メール）
　最近，感じていることは，授業内容としてこの範囲まで話さないといけないということに縛られると教える方も表面的になって面白くないし，学生にも形だけの知識しか残らないような気がします。
　内容の範囲は狭くなっても，学生のコメントに私の回答を示したり，多少脱線しても，学生が興味を持ってくれるような内容にすることのほうがいいのではないかと思っています。
　このままだとシラバス通りにいかないので，その言い訳みたいになってしまいましたが。

　実際にシラバス通りにはいかなかった。授業は生き物である。学生と対面して学生とのインタラクションの中で進めていくことに意味がある。そうでなければ授業をしている様子をビデオに録ってそれを流せばよい。そんなことをしたら，同じ時間同じ場所を共有して授業を行う意味がない。学生の理解が足りなければ，それを補うように新たな説明が必要であろう。さらに学生の興味関心があらかじめ想定していた授業の内容と直接関係がなくてもそれに答えてあげるべきであろう。サイコロジー通信の例にある2色テストの話などは，直接授業とは関係ない内容であるが，学生の疑問に対して中溝は答えている。
　もちろん，そのようなことを想定した上でシラバスを作成し，作成したシラバス通りにやるべきだという声が聞こえてきそうだが，授業全体の到達目標を損なわない限り，実際にシラバス通りの授業にならなくてもかまわないだろう。

記憶の訓練

・短期記憶，長期記憶は鍛えられるものでしょうか？
・訓練などをしたら短期記憶の能力は上がるのですか？
　ー筋肉を鍛えると運動能力が向上するでしょうが，訓練したからといって，記憶力（？）といった基礎能力が上がることはないでしょう。
　ーリハーサルや精緻化をうまく行うことと，知識の倉庫を豊富にすることが必要です。

図4　前回の授業での学生の質問に対する回答

■ 3.6 ピアレビューを通して学んだこと（総括）

　中溝と松尾は，約4か月の授業でお互いピアレビューを行ったが，最後に総括を行い，報告書をまとめた。総括では，この相互ピアレビューからどんなことを学んだかについて授業の基本設計，授業の工夫（授業ティップス），その他としてまとめた。ここではそのまとめた内容をレビューの例とあわせて紹介する。

3.6.1　授業の基本設計に関する事項

◎授業の〈到達目標〉（学びのポイント）をはっきり提示する
　⇒学生が今日の授業で，何ができるようになればよいかを明確に理解するため。
・到達目標は，学生が達成可能な行動指針として述べる。
　例：記憶の種類を3つ以上挙げて，それぞれが何を意味するか説明できる。

　中溝は，目標の立て方について，松尾の授業（第9回）に対して以下のようにコメントしている。

　　今回の授業の目標（到達目標）がはっきり示されているので，学生がこの授業では何を目標に学べばよいかがわかりやすい。しかも，「……を説明できる」という行為動詞で書かれているので，わかりやすい。⇒私の授業でもぜひ取り入れたいと思います。私の授業では，「今日の授業のポイント」という表題でスライドを呈示していましたが，これよりも「今日の目標」として学生を主語にした"今日の到達目標"を書いたほうがよいと思いました。

　さらに，第12回の授業に対して，中溝は松尾の授業から，以下のようなことを学んだとコメントしている。

　　授業では学生の〈達成目標〉がもっとも重要なものの一つであることです。〈理解チェック〉は，達成目標に関係して設計されるべきであること。理解チェックがひじょうにうまく作られていれば，学生は自己採点することによって，自己の理解度を知ることができ，同時に教員は理解チェック課題の解答を解説することによって，学生にフィードバックを与えることができる，ということです。

◎授業の中で，〈課題〉を与える
　課題について学生個人が考える時間を設け，その後，周りの学生と考えたことについて，〈話し合い〉時間を設け，できたら，グループごとに〈発表する〉時間も設ける。その後で，課題の解答を講義する。
　例：理解チェック

◎課題の与え方には，2通りがある
　①答え（知識）を与える前に，〈課題〉を与えて，考えさせる。学生が考えた後で，〈知識（解答）〉を与える。
　　例１：〈仮説実験授業〉　課題⇒仮説の設定⇒理由を出し合い，議論する⇒実験する⇒結果から仮説の正否を判定する。
　　例２：「心理物理学」が何を研究する学問であるかをはじめに学生が想像する。その後で，正しい知識を提示する。
　②〈知識〉を与えた後に，その知識を理解しているかどうかについて〈課題（理解チェック）〉を与えて，考えさせ，〈話し合い〉⇒〈解答のフィードバック〉へと進む。
　　例：松尾先生の〈理解チェック〉⇒いろいろな面白い問題をリストして印刷しておき，授業で，学生に行わせる（個人チェック）⇒集団で討議する（⇒発表させる）⇒解答をフィードバックする。

　これまでに述べて来たように，授業では，ただ教員が一方的に喋って知識を伝達するのではなく，学生に課題を与えて考えさせるという授業展開が望ましい。さらに，他の学生と話し合いをさせたり発表をさせたりすることで他の学生がどのように考えているのかがわかることも大事である（このような授業方法は"アクティブ・ラーニング"と呼ばれている）。

　第3回の授業で「心理物理学」がどのような学問かを想像させる授業展開を行ったが，そのときの松尾のコメントが以下のようであった。

　・心理物理学をどう想像するか？
　　一方的に説明すると，学生は漫然と聞いてしまい記憶に残らないと思います。しかし，先生がされたように「心理物理学」がどんなものか最初に想像させるというのは学生の理解を助けるのに意義があると思います。
　　それにしても，先生が当てた学生の解答が素晴らしかったです。感心しました。私が大学1年のときには絶対にあのような解答はできなかったはずです。後半の具体例は正解ではなかったですが，科学的にとらえるというアプローチの核心をついており，先生が「科学的心理学」の話を2回にわたってされたことがこの学生には十分に伝わったのだろうと思います。

　学生の解答の内容を忘れてしまったため，ここで紹介できないのは残念であるが，学生は課題を与えられてそれにしっかり考えてくれている。そのためには学生の理解度にあった課題を適切に与えることが重要で，どのような課題がよいのかについてピアレビューを通して教員間で情報交換をすることも重要であろう。

◎毎回の授業の連続性を重視する
　そのために，授業の最初に，前回の授業の〈振り返り〉をする。振り返りのやり方は，〈前

回の授業内容についての質問への回答〉〈追加の説明〉〈学生のコメントへの教員の考え〉などがある。
　〈サイコロジー通信〉のような印刷物を作り，それを活用する。

　松尾の授業では，毎回の授業の最初にかなりの時間を取って，学生のコメントや質問に丁寧に答えていた。それに対して中溝は高く評価していた。

・前回の学生のコメントから授業が始まったので，先週の内容を思い出し，今日の授業のレディネスを作るのにとてもよかったと思います。
・前回の授業と同様に，学生のコメントや質問に対する回答から授業が始まったのは，導入パートとしてひじょうによかったと思います。

◎学生の広い興味・関心に答えていく
　授業と直接，関係のない質問でも，学生が出した疑問・質問には，できるだけ授業で答えていくことが重要である。

　先に示したサイコロジー通信の例では，眼科で「緑のマークと赤のマークとどちらが見やすいですか？」と聞かれることが何のためなのか学生が質問をしている。これは直接授業とは関係のないことだが，中溝は丁寧に答えている。
　また，先に示した図4では松尾が授業の振り返りの中で学生の質問に対して答えた例を示した。記憶の授業であったため，記憶力を高めるにはどうしたらよいのかを学生は聞きたくなる。それに対して，松尾がスライドを使って答えたのが図4である。

◎学生が自分で何かを行う（行動する）時間を設ける
　例：集団実験をする。学生自身が〈被験者〉となり，実験を体験する。
　　　〈色残効〉〈盲点〉〈線分が増えて見える〉〈短期記憶〉〈精緻化リハーサル〉〈ストループ効果〉〈立体視（アナグリフ）〉〈ワーキング・メモリー〉〈スパーリングの感覚記憶〉〈音韻的プライミング〉〈メンタルローテーション〉〈命題的表象〉

　基礎心理学の授業は，実験心理学を基盤としているため，授業の中で実験を行うことは比較的容易であるが，その実験もうまくデザインしないといけない。授業担当者自身で工夫することも重要だが，他者に見てもらってコメントをもらうことも大事である。今回のピアレビューの中では，実験に対するさまざまなコメントが出てきた。それを参考に，よりうまいやり方を実践することができる。これまでいくつか紹介してきたが，やや専門的になるためすべてを紹介しなかったが，実験のやり方について多くのコメントをしていた。

◎できるだけ〈視聴覚〉に訴える

　視聴覚デモンストレーション（ビデオ，スライド，映画の一部など）を授業の中に取り入れる。
　①月は，なぜ落ちてこないか？
　②色残効
　③ウェーバー法則
　④サイクロピアン・イリュージョン⇒仮説実験授業はもっと工夫の必要あり
　⑤盲点
　⑥ランドルト環（もう少し，工夫の余地あり）
　⑦アナグリフ（最初に，作り方のモデルをスライドで見せておく，といった工夫）
　⑧ネズミのオペラント条件付け（動画を見せる）
　⑨ケーラーの「チンパンジーの課題解決」

　ここに挙げたデモンストレーションも専門的な内容であるため，このリストが直接参考になるわけではないが，授業は同じ時間同じ場所を共有できるわけであるから，授業を舞台に例えると文字通り演じることができる。そのことを最大限に活かし，一方的に話をし，ただ黒板とスライドを提示するだけではない工夫をしていくことが大切なことである。可能な限りデモンストレーションをすることが必要であろう。松尾の第14回の授業に対して，中溝は次のようにコメントしている。

> 時間が足りなかったせいでもありますが，Cooper & Shepard（1973）の実験は，最初にデモ実験をやったほうが，学生の理解が容易になると感じました。

3.6.2　授業の工夫（授業ティップス）

・授業スケジュール（ミニスケジュールも）を頻繁に，学生に提示する
・人物の写真や原典の提示は，効果的
・パワーポイントの文字のサイズに気をつける（後ろの座席から読めること）
・話の変化をスライドで表現（例：話のタイトルを黒背景で示す等）
・講義のポイントを明確に
・学生が経験できる日常的な例をできるだけたくさん挙げること
・話の適当なペース
・授業通信（例：サイコロジー通信）のような授業新聞・授業ニュースを作り，学生のコメントなどを載せる⇒ただし，使い方をもっと工夫する必要がある！
・文献の紹介をハッキリと（例：シラバスに書いている文献リスト等）
・効果的な休憩時間を設ける
・時には，学生にノート写しをさせる（例：パワーポイントのスライド画面をノートに）

・効果的な〈宿題〉を出す
・パワーポイントスライドにデジタルタイマーを提示する

ここでは，これまでに述べてきた授業の中で行った工夫を並べあげた。これらはすべてピアレビューの中から出てきたティップスである。この中でこれまでに述べなかった点が3つばかりあるので，そのときのレビューを紹介する。

第3回
　ヴントの心理学の詳しい内容について，ある書籍のあるページに書いてあるという話をされましたが，「シラバスに書いてある文献」といった形の指示で具体的な書籍の名前の指示がなかったようです。シラバスを見てもらうという意図があったのかもしれませんが，書籍の名称を紹介してもらったほうがわかりやすかったと思いました。

第9回
　古典的条件づけの説明で，ひじょうにわかりやすい"日常的な例"を2つ示したこと。「ピカッと光っただけで，ゴロゴロ」「梅干を見ただけで，唾液」どちらも学生が経験できることなので，とても理解しやすい例だと思います。一般的に，良い授業の典型として「学生がわかりやすい例をたくさんあげる」というのがありますね。

第10回
　パワーポイントのスライド一画面を，ノートに写させるのも，良かったです。十分な時間をとって，学生は画面を写すということで，授業に参加しているという意識になるし，何かしら"仕事"をしているという気持ちにもなります。講義を聴くばっかりよりも，「写す」行動をさせるのは，ひじょうによいと思いました。

　文献の紹介の点は，中溝自身気づいていなかったところで，松尾から指摘されて気づいた。一方，ノート写しのほうは，松尾自身は意図的に行っていたわけではなく，スペースの関係で配布した資料に掲載できなかっただけで授業の工夫として意図的に行っていたわけではなかった。いずれも担当者自身は気づいておらず，ピアレビューを通して気づかされたのである。
　先に述べたように授業担当教員はあまり意識せずに行っていたことが，効果的な場合もあるし，逆にあまり効果がない場合も多々ある。それに気づかされるのはピアレビューであるし，レビューをしたほうもそれに気づき勉強となるものである。

3.6.3　その他

・〈大学での勉強の仕方〉〈ノートのとり方〉などのスタディ・スキルを講義の中に混ぜて話す
・〈なぜ試験をするのか？〉⇒試験のための『学習チェックリスト』については，賛否両論の

考え方がある
　・コミュニケーションカードやコメントカードの書き方についての注意を頻繁にする

　松尾は，かなりの枚数のパワーポイントのスライドを使って授業を行っていたため，1枚のスライドの提示時間が短くなってしまっていた。それに対して，コミュニケーションカードの学生からのコメントとして，「全部メモもできないし，どうやって勉強したらよいのかよくわかりません」というコメントがあった。これに対し，松尾は，翌週の授業の中で，「パワーポイントは学習支援フォルダ[6]にアップしていますので，授業中はメモを取るよりも，話に集中を」と説明をしていた。また，その「コミュニケーションカード」で名前を書かずに出す人がいたことについて，「必ず（名前を）書いてください。その日の授業の振り返りですから」と話をした。

　これに対して，中溝は以下のようにコメントをした。

> コミュニケーションカードの書き方に関する"注意"では，「授業の振り返り」に焦点があることを改めて学生に注目してもらうという点でよかったです。このような注意は，何回やってもいいですよね。すぐに忘れてしまう学生もたくさんいますから。

　授業での勉強のやり方などについて，学生もわからないまま臨んでいることがある。とくに，今回の授業は1年生向けの1学期に開講された科目であるため，対象が大学に入学したばかりの学生であり，そのような注意をすることは必要なことであろう。

　試験をなぜするのかについても，先に述べた通り，学生と教員がそれぞれ授業の学習成果と教え方の成果を評価するものであるといったことを学生に伝えることも重要なことであろう。もちろん，授業での勉強の仕方に関しては，それぞれの教員の考え方も異なるであろうし，授業の内容や目標，その形態などによってそれぞれ異なる。先に述べたように，試験のためのプリントを作ることに対して中溝と松尾の考え方は異なっていた。そのため，一般論ではなく，それぞれの授業でどのようにして授業を受けるべきかを教員が方向づけることは必要なことであろう。

3.7　まとめと今後の課題

　本節では，2人で共同担当した授業での相互ピアレビューを紹介してきた。このようなレビューを行い，中溝も松尾も非常に得るところは大きかった。お互いのよい点を吸収できたし，まずい点にも気付くことができた。専門領域が近いということに加え，中溝と松尾は出身大学の研究室が同じで先輩と後輩の関係（研究室の在籍時期は重なっていない）であり，共同で研究を行った経験もあることなど，ピアレビューを行うには2人の関係性が適切だったこと

[6) Web上で学生が授業の資料等を取り出せるフォルダ。

もあるかもしれない。自画自賛になって申し訳ないが、お互いが実験について高い評価をしており、今回は2人の教員とも教育歴が長いため、やり方もかなり精緻化されたものになっているだろう。

ただし、15回の授業すべてでピアレビューを行うには負担が大きい。毎年このようなことを行うのは、大変である。実際には翌年からは15回すべてでピアレビューを行ってはいない。

どのようなケースでもこのようなピアレビューが行えるわけではないかもしれない。若手とベテランでチームを組んでお互いにピアレビューをするのも意義があるだろう。若手の教員はベテランの教員の授業を参観することで上手なやり方を学ぶであろうが、一方でベテランの教員が若手の教員の斬新なアイディアに触れることもあるだろう。いずれにしてもピアレビューすることによって、お互いが勉強になる。

ピアレビューを行うのが有効であるのは、自分の授業を誰かに見てもらい、どこがいいのかどこがまずいのかを指摘してもらい改善につなげることができるからである。そのためには、どのような教員にピアレビューをしてもらうかも異なる。たとえば、学生にはわかりにくかったところをわかりやすく改善してみたがその効果を知りたいというときに、学生の反応を見たり、専門の教員に見てもらうことも可能であろう。しかし、専門の教員であれば、もともとわかっている内容であるから、わかりにくいことに気付かない可能性もある。このような場合は専門外の教員に見てもらうほうがよいだろう。一方、授業プランの変更に際し、ある説明の部分を削除してしまったときに誤った理解を誘導してしまわないかといったことをチェックしてもらうには専門が同じ教員にレビューをしてもらうのが有効であろう。

いずれにしても、ピアレビューは自分が工夫した内容をチェックしてもらいたいとか、なかなかうまくできないときにどうすればよいのかの意見をもらいたいといった授業改善への積極的動機から行うべきものであり、教員の評価といった別の目的のために強制的に行うものではないだろう。これは特別なことではなく授業改善の姿勢としてピアレビューをするのであれば当たり前のことである。そうしないと、ピアレビューはうまくいかないだろう。

本節の最後に、今後の課題として、以上に述べたような相互ピアレビューを全学的に普及させていくために、2つの提案をしておこう。

①チームティーチングのやり方をさらに工夫する

今回の相互ピアレビューでは、2人でチームを組んでティーチングを行い、相互ピアレビューによって授業の質の改善をはかった。このやり方は、授業の質の改善に大いに貢献したとわれわれは評価しているが、チームとしての活動をさらに加えることができれば、授業の質の向上にもっと資することができる。例えば、事前にチーム内で次回の授業を簡略化した模擬授業を行い、その中で〈授業目標〉が適切であるか、〈学生の理解度を高めるためにどんな方法を使えばよいか〉〈どのような形態でアクティブ・ラーニングを取り入れたらよいか〉等々を議論した上で、実際の授業を実践することが考えられる（このようなチームティーチングのやり方は、ハーバード大学で実践されている方法である。授業内容について、学生が学ぶ前に

まず教員が理解できるかどうか，教員相互でお互いにチェックし合うということだ）。
②大学は「相互ピアレビュー」や「チームティーチング」を可能にするような制度上の改編を
すすめる

　大学教員は，教育（授業）以外にも多くの役割を担っている。大別すると，それらは「専門分野の研究」であり，専門分野を活かした「社会貢献」であり，「大学組織運営」の仕事である。教員は，これらの仕事に非常に多くの時間を費やしているのが現状だ。したがって，「相互ピアレビュー」や「チームティーチング」を可能にするためには，カリキュラム改編など"制度上の改編"を行い，これらの活動を時間的にも可能であるようにすることが不可欠である。そうでなければ，「相互ピアレビュー」や「チームティーチング」は一部の教員の"単なる試み"に終わってしまう。これを全学的に広めるためには，大学はこれを制度的に組み込む必要があると考える。そのためには，例えば，チームを組むことによって担当する授業科目数を現在よりも大幅に削減する……とか，カリキュラムの中に教員自身が授業について"学ぶ"時間を設けるなどである。

4 授業のピアレビューの質を高めるために必要な羅針盤

　優れた授業ができる教員を目指すためには，授業のピアレビューの質を高めることが大切である。そうすることで，教員ひとりだけでなく，教員全体がプロフェッショナルな集団として進化することが期待できる。しかし，質を高めるためにはどうすればよいか。これが悩みどころである。この節では，より高度な授業のピアレビューを目指すためには何が必要かについて説明し，その悩みを解決する羅針盤となる提案をする。

■ 4.1　ピアレビューの問題点とその解決策である"気づき"

4.1.1　ピアレビューの重要性

　言うまでもないが，大学教員の重要な役割のひとつは教育であり，大学教育のメインは授業である。この授業のことで悩み，苦しんでいる大学教員は，少なくないだろう。どのような方法で，どのような順序で，どのような教材を用いれば良いのか。それによって，学生はちゃんと話を聞いてくれるのか，理解してくれるのか，能力やスキルはアップするのか，満足してくれるのか……。授業の悩みは尽きない。そして，恐らく，これらの悩みに対する絶対的な正解，明確な解答はない。

　しかし，正解に少しでも近づくことは可能である。そのためには，熱心に自分自身の授業を研究し，授業の結果として表れる学生の学習成果に深い関心を持つことが必要不可欠である。その大きな手助けとなるのが，ピアレビューである。優れた教員というのは，生まれながらで

はなく，つくられるものであり[7]，ピアレビューは，優れた自分（大学教員である自分）をつくる大きなきっかけになる。学生の資格としては，学ぶ能力と，学ぼうとする意欲がなければならないが，教員の資格としては，①相手を動かす指導力，②教えようとする意欲，③教科目に関する知識とこれに近接する他の分野との関係に関する知識，④知識を意義深く生きたものとして学生につたえる能力，という4つの能力がなければならない[8]。4つの能力のうちの①と④は，ピアレビューが深く関わるところである。このように整理してみると，授業を実施する教員の資格のうちの50％は，ピアレビューにより磨くことが可能である。

4.1.2 マンネリ化するピアレビュー

この本をここまで読み進めた読者の方々はご存じのように，本学でもピアレビューは実施している。ピアレビューの方法は年度によって異なるが，平成26年度では，年に1度は他の先生の授業の見学に行き，報告書を作成することが義務づけられている。当然のことながら，これは優れた大学教員をつくることが大きな目的である。

しかし，大学教員の方々は，少なからず経験があるかもしれないが，毎年のように義務的に行われるピアレビューというのは，マンネリ化する可能性がある。義務により仕方がなく授業を見学し，得られる知見は毎回同じようなもので，報告書もだいたい同じような内容を書く……というルーティン作業だけを淡々と行うだけになることが，その原因である。そこに，優れた大学教員をつくるための効果が，どれだけあるだろうか。

何もピアレビューが悪い手法であるということを言いたいのではない。優れた大学教員をつくるための優れた手法は他にも挙げることができるが，ピアレビューも優れた手法のひとつである。では，なぜマンネリ化が起こるのか。

その理由は2つある。1つは，意欲の問題である。そもそも，自分自身の授業を改善しようとする意欲がなければ，ピアレビューはマンネリ化する。この問題に関しては，意欲的に取り組んでもらう他はない。もうひとつの理由は，授業の見方の問題である。たとえ意欲的にピアレビューに取り組んでも，授業の見方が単調・単一的であれば，そのうち参考となる内容も大体同じになり，飽きがきてしまう。「結局，参考になることは毎回同じだし……」「もうこれ以上，参考になることは見つかりそうもないし，結局は時間の無駄だよなぁ……」というのは，授業参観するときの授業の見方に問題がある。すなわち，そこに新たな発見や授業改善のための"気づき"がなくなっているのである。新しく刺激的な"気づき"がなくなれば，ピアレビューの価値は低くなり，マンネリ化は進む。この問題は，授業の見方というスキルを磨けば，何とか解決できそうだ。

[7) マサチューセッツ工科大学，民主教育協会『教師と学生――マサチューセッツ工科大学教師必携――』IDE教育資料，第44集，1971年。
8) 同上。

4.1.3 "気づき"こそピアレビューの基礎

ピアレビューは，授業に対する学びの場である。しかし，「この授業方法は参考になるから，ぜひ覚えておくように」といった感じで，学ぶべき内容が誰かから明示されるわけではない。自分自身で，学ぶべき内容を見つける必要がある。ここで重要なのが，"気づき"である。他人の授業を見学して（もしくは見学してもらって），何かに"気づいて"，そこから学びが発生するのである（図5）。

上述したように，新しく，刺激的な"気づき"がなくなるという問題は，何度かピアレビューをしていくうちに，毎回，同様の"気づき"しか得られず，これ以上に新たな学びが起きないことによるところが大きい。このように考えると，ピアレビューのマンネリ化を解決するひとつの方法は，新しく，刺激的な"気づき"から学びを得ることにある。問題は，新しく，刺激的な"気づき"をいかに得るかである。そのためには，いかに広い視野や多くの観点をもってピアレビューができるかにかかっている。しかし，広い視野や多くの観点をもちなさいと言われても，「はい，そうですか」と簡単にできるものではない。ここで重要なのは，以下の2点を意識することである。

A. ピアレビューのための"思考の場"をつくる。
B. ピアレビューに役立つ"思考の道具"を頭の中に入れておく。

以下では，この2点について具体的に説明していきたい。

■ 4.2 "思考の場"と"思考の道具"

4.2.1 ピアレビューのための"思考の場"

ピアレビューのマンネリ化を防ぐための解決策として，"思考の場"をできる限り多くつくることが挙げられる。「単にピアレビューの場数を増やすだけなら，新しく，刺激的な"気づき"ができなくなって，結局，飽きがくるだけじゃないか。マンネリ化が進むだけだ」と，読

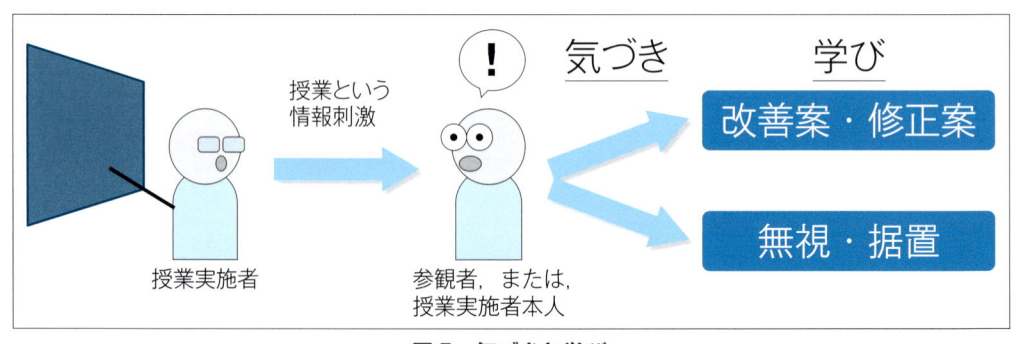

図5　気づきと学び

者の方々に怒られそうだが，この解決案は次項にまわすとして，ここでは1度のピアレビューで3度の学びができる（1度で3度おいしい）効率的な学びについて解説したい。

学び方には，3つのタイプがある[9]。1つ目は「他人に教わることで学ぶ」，2つ目は「自分がもうひとりの自分に教えることで学ぶ」，そして3つ目は「他人に教えることで学ぶ」である。この3つの学びのバランスがとれていることが重要である。ピアレビューは，授業を実施する教員（以下，授業実施者と略す）と授業を参観する教員（以下，参観者と略す）という2つの立場が関わっているが，それぞれの立場に立つことによって1回のピアレビューで3つのタイプの学びが可能であり（図6），それぞれが偏ることなくバランス良くなされることが重要である。

授業実施者の立場にとって，1つ目の「他人に教わることで学ぶ」は，参観者から良かった点や改善すべき点など，気づいた点を指摘してもらうことによる学びである。授業後に，授業実施者が参観者の指摘を受けた上で（または報告書を受け取った上で）考えを巡らす"思考の場"を設けることで学びが成立する。これは，一般的によく見られる"思考の場"である。

2つ目の「自分がもうひとりの自分に教えることで学ぶ」は，授業計画・授業中・授業後の各段階において，「ここは，もう少しこうすれば良いかな」「この方法は学生の反応が今ひとつだったなぁ……」と自分自身の頭の中で内省することによる学びである。いわゆる自学自習で，自分の授業について熟考するための"思考の場"を設けることで学びが成立する。

【学び方の3タイプ】
①他人に教わることで学ぶ
②自分がもうひとりの自分に教えることで学ぶ
③他人に教えることで学ぶ

図6　学び方の3タイプからみたピアレビュー

---

[9] 森毅「塾で学力がつくか」『児童心理──特集 学力を高める──』第38巻，第1号，1984年，pp. 105-111。

3つ目の「他人に教えることで学ぶ」は，授業実施者が授業の意図や工夫等を参観者に伝えることによる学びである。授業後に，授業実施者が参観者にそれらについて考えを巡らしながら伝える"思考の場"を設けることで学びが成立する。ここでのポイントは，意図や工夫等を伝えられた参観者は当然のことながら，それらを伝えた授業実施者にも思考が巡り，学びが成立するところにある。他人に何かを伝えるためには，頭の中にある考えを整理してから言語化する必要がある。整理し言語化することで，漠然と考えていたことが明瞭になり，記憶に定着しやすく，かつ，これまで気づいていなかった新たな点に気づくこともある。この3つ目の"思考の場"は，ピアレビューでは意外と設けられないケースが多い。

　ピアレビューでは，3つの学びは実施者の立場での学びだけで終わらない。参観者の立場でも3つの学びの機会があり，そこにも"思考の場"は成立する。詳細は，上述した実施者にとっての"思考の場"と基本的に同様である。参観者にとっての「他人に教わることで学ぶ」は，授業実施者から授業の意図や工夫等が伝えられる場であり，「自分がもうひとりの自分に教えることで学ぶ」は，授業見学中・見学後に気づいたことについて独自で思考を巡らす場であり，「他人に教えることで学ぶ」は，授業で気づいた点を授業実施者に伝えるために自分の頭の中を整理し言語化しつつ思考を巡らす場である。

　ピアレビューは，授業実施者か参観者かのいずれか一方に"思考の場"が存在するわけではない。授業実施者にも参観者にも，それぞれに3つの学び方に沿った3つの"思考の場"が存在する。この3つの"思考の場"を意識することは，"気づき"の機会を増やすことに繋がる。優れた教員になるためには，まずは3つの"思考の場"を設け，授業に関する"気づき"の機会を増やすことから始めることが大切である。

4.2.2　ピアレビューに役立つ"思考の道具"

　前項では，3つの"思考の場"が授業に関する"気づき"の機会を増やすことを説明したが，単に機会を増やせば良いというものではない。それなら「単にピアレビューの場数を増やせば，優れた教員になる。だから，とにかくピアレビューの数をこなしなさい」という理屈が成立してしまう。この理屈には，恐らく多くの読者の方々が違和感を覚えるだろう。私もそのひとりである。理由は，ピアレビューのマンネリ化のところで説明した通りである。

　では，どうすれば良いだろうか。私は，授業に対して"敏感になる"ことが大切であると考えている。ピアレビューの場数が量の問題だとすれば，敏感になれるかどうかは，ピアレビューの質の問題である。では，授業に対して敏感になるとはどういうことか。それは，ピアレビューに集中して取り組むとか，アンテナを広げて見学するとか，授業実施者や学生の一挙手一投足を見落とさないとか，広い視野を持ってピアレビューに挑むとか……というような漠然とした表現で表されることではない。

　ここで，敏感になるということを，もう少し整理してみたい。私は，授業に対して敏感になるためには，ピアレビューに挑む前に，頭の中に"思考の道具"を入れておくことが大切だと考えている。ここでいう"思考の道具"とは，何かを考えたり，発想したり，創造したりと

いった知的活動の助けとなるような，いわば考え方の基準となるようなものである。"思考の道具"を頭の中に入れて，それを基準とした知的活動ができれば，ものごとを単に漠然と眺めるのではなく，より多くの観点から，もしくは，ひとつの観点に絞ってより深く観察し，思考を巡らすことができる。そうなれば，これまで気づかなかった新しく，刺激的な"気づき"を得ることが期待できる。

ピアレビューにおいて，私が考える最も重要な"思考の道具"は，視座・視点・価値観[10, 11]である。では，ピアレビューにおける視座・視点・価値観とは何か，以下に説明してみよう。

(1) 視座

視座とは，物事を視る立場のことである。ある物事について思考を巡らすときは，その物事にどれだけの立場の人が関わっているかをできる限り数多く意識し，その立場に立って考えることが大切である。できる限り数多くの視座を意識するためには，視座図（図7の(a)）を描いてみるのが良い。視座図は，まず図の中心に思考の対象となる物事の名称を書いて，それを円で囲む。その円の周りに，その物事に関わる人（＝立場）を書き，その立場から中心の円に向かって（その立場に立ってその物事を視ている感じで）矢印を引く。そして，関わっている別の立場を，思いつく限りどんどん挙げていくのである。

視座図を描いた後は，これを"思考の道具"として活かすことを考える。例えば，「今日はこの立場に立ってみよう」「明日はこの立場に立って考えてみよう」といった感じで，異なる立場から思考を巡らすのである。この視座図が"思考の道具"となり，より思考の幅を広げるきっかけになる。

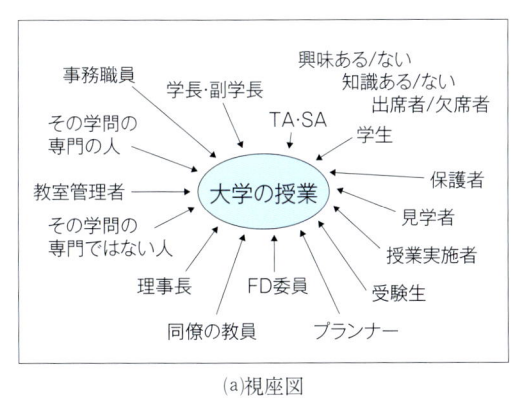

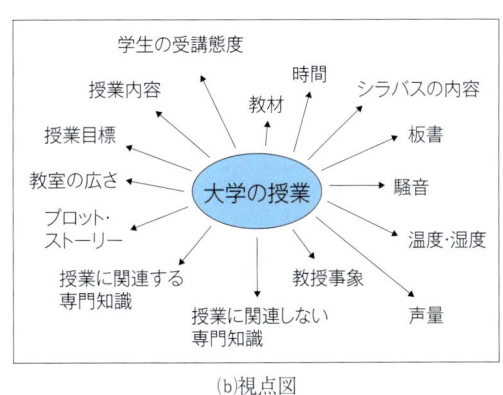

(a) 視座図　　(b) 視点図

図7　ピアレビューの視座・視点・価値観の一例

---

10) 上級 SE 教育研究会編『上級 SE 心得ノート』日刊工業新聞社，1995 年。
11) 石桁正士，渡邉寛二監修，教育理学研究会編著『すぐに使える問題解決法入門』日刊工業新聞社，2005 年。

ピアレビューにおける視座について考えてみよう。この場合，授業にどれだけの立場の人が関わっているかを数多く列挙する。その一例が図7の(a)である。この図に描かれたいずれかひとつの立場で良いので，一度，その立場に立って授業を眺めて頂きたい。恐らく，今の自分の立場とは違った観点から，授業を捉えることができるのではないだろうか。これが，視座が"思考の道具"となり得る所以である。この"思考の道具"を使うことが，思考の幅を広げることに繋がり，新しい刺激的な"気づき"が生まれるきっかけとなるのである。

(2)視点

　視点とは，物事を視るときの注目点や関心事，目の付け所のことである。ある物事について思考を巡らすときは，その物事にどれだけの視点があるかをできる限り数多く列挙し，それぞれの視点について考えることが大切である。できる限り数多くの視点を意識するためには，視点図（図7の(b)）を描いてみるのが良い。視点図は，視座図と同様に，図の中心に思考の対象となる物事の名称を書いて，それを円で囲む。その円の周りに，その物事に関わる視点を書き，視点に向かって中心の円から（その物事から視点が引き出されている感じで）矢印を引く。そして，その物事に関する別の視点を思いつく限りどんどんと挙げていくのである。

　視点図を描いた後は，これを"思考の道具"として活かすことを考える。例えば，「今日はこの視点について考えてみよう」「明日はこの視点に注目して物事を視てみよう」といった感じで，異なる視点から思考を巡らすのである。この視点図が"思考の道具"となり，より思考の幅を広げるきっかけになるのである。

　ピアレビューにおける視点について考えてみよう。この場合は，授業に関する注目点や関心事，目の付け所がどれだけあるかを数多く列挙する。その一例が，図7の(b)である。確認してもらいたいのは，読者の方々がこれまで授業を見学した際，もしくは，授業実施者として授業改善を考えた際，同じ視点ばかりで授業を捉えてはいないだろうか。もしそうであれば，思考の幅は狭くなり，新しく，刺激的な"気づき"は生まれにくい。どのような些細な視点でも良いので，とにかく数多くの視点が列挙された視点図を描くことが，これまでの偏った思考の幅を大きく広げることに繋がるのである。これが，視点が"思考の道具"となり得る所以である。

(3)価値観

　価値観とは，面白いこと，楽しいこと，役に立つこと，得意なこと，守りたいこと，大切にしたいこと，優先順位を高くしたいことなどで，価値に対する考え方である。前述した視座や視点を意識した上で，価値とどう関わり，価値をどう実現するかが，価値観で大切なことである。

　ピアレビューにおける価値観について考えてみたいが，まずはその前に，授業に対する価値観について考えてみたい。授業に対する価値観とは，「○○のような授業ができるようになりたい」「△△をすると，面白い授業になりそうだ」「学生に，□□と思われるような授業ができ

る教員になりたい」「××を大切にした授業を展開することが重要だ」というように，教員自身が理想と考える授業や未来の教員像について考えることである。このような価値観が明記できれば，それがその教員の授業に対する今後の行動や思考，意識，態度等の基礎になるのである。それは，その教員が進むべき道・目標が明確になるだけでなく，授業に対する努力を継続するきっかけにもなる。逆に明記できなければ，授業に対する行動や思考，意識，態度等はその時々で揺れ動き，進むべき道・目標が定まらず，努力の方向が不明確で迷うことになる。そのため，授業に対する価値観を明記することは，非常に重要なことである。

授業に対する価値観は，ピアレビューに対する価値観に深く影響を与える。なぜなら，ピアレビューは時間と労力を費やす活動であり，授業に対する価値観が明確になっていないとそこに価値を見いだすことが難しくなるからである。理想と考える授業について考え，未来の教員像を思い描き，進むべき道・目標が見えていて，それに向かって努力を継続しているからこそ，ピアレビューに対する価値観も浮かび上がってくるのである。授業に対する価値観は，ピアレビューに対する価値観の基盤となるものである。

では，ピアレビューに対する価値観とは何か。それは，「ピアレビューは●●だから大切なのだ」「ピアレビュー後に▲▲のような授業ができるようになりたい」「ピアレビューの対象者には，■■についてレベルアップして欲しい」というように，ピアレビューで何をなすべきか，何を考えれば良いか，自分はどうなりたいのかなどについて考えることである。この価値観が，ピアレビューの行動や思考，意識，態度等の基礎になる。この価値観が明確になっていると，ピアレビューに費やされる時間や労力が，将来への投資，誰かの役に立つという役割・貢献，目指すべき道や目標に向かって前進しているという充実感に繋がり，努力は継続できる。価値観は，その後の決断や行動や時間の使い方に大きな影響を及ぼすのである。ピアレビューに対する価値観が明確になっていないと，時間や労力ばかりが消費される感覚に陥り，生産性は上がらず，いつまでたっても目的にあわない活動をしてしまうことが考えられる。そのため，ピアレビューの価値観を明記することは，非常に重要なことである。

しかし，授業やピアレビューに対する価値観がはっきりしている教員は，どれだけいるだろうか。S. R. コヴィーがミッション・ステートメントの大切さと難しさについて述べているように[12]，実は，価値観をはっきりさせて明記することは難しいことである。一度書いてみて，それを何度も見直して，加筆・修正を繰り返すことによって少しずつ完成に近づいていくものである。

価値観は，ともすると前述した視座・視点よりも先に明確にすべき事項かもしれない。価値観の明記には，内容や分量に関するルールは特にない。まずは，気軽に思っていることを書き出していくことから始めるのが良いだろう。

---

[12] スティーブン・R. コヴィー著，ジェームス・スキナー，川西茂訳『7つの習慣——成功には原則があった！——』キングベアー出版，1996年。

4.2.3 既存の視点セットでピアレビューを考える

前述した視点図は，授業を多角的な観点から捉えることができる有効な"思考の道具"となりえる。有効な"思考の道具"とするためには，数多くの視点が挙げられた視点図を描かなければならない。もちろん，自分の手で視点図を完成させるに越したことはないが，世の中には授業に関連する様々な「視点のセット」が提案されていて，これらをピアレビューに役立てない術はない。ここでは，数多くの既存の視点のセットの中からいくつかをピックアップして，それらをピアレビューに活かすことを考えてみたい。

(1) 9つの教授事象[13]

9つの教授事象とは，学習を促進するために設計されたインストラクショナルデザインのモデルのひとつである。R. M. ガニェが提唱したモデルであり，認知学習理論に基づいた学習者の情報処理の仕組みとプロセスを効果的に支援するように設計された教授活動の順序である。ここでは，教授事象として示された9つの視点のセットを表1の(a)に示す。

必ずしも表1の(a)の順序で授業を展開する必要はない。しかし，9つの視点の中の2つから3つに注目してピアレビューを行うこともできるし，順序とその組み合わせを意識しながらピアレビューを行うのも良い。

(2) ARCSモデル[14,15]

ARCSモデルとは，学習者の意欲に影響を及ぼす要因をまとめたモデルである。J. M. ケラーが提唱したモデルであり，学習意欲に関する文献の詳細な調査から共通する属性に基づいた概念のクラスタリングにより統合されたものである。ここでは，ARCSモデルとして示された学習意欲に関する4つの視点のセットを表1の(b)に示す。

多くの授業実施者が最も気になり，最も悩んでいることのひとつは，恐らく学習者の意欲ではないだろうか。その意味で，ピアレビューをするときにARCSモデルを"思考の道具"として頭の中に入れておく意義は大きい。4つの視点それぞれにおいて，意欲を刺激・保持するための方略が，授業の中にどのように取り入れられているかを意識しながらピアレビューを行うと，これまでと違った意義深い議論ができる。

---

13) R. M. ガニェ，W. W. ウェイジャー，K. C. ゴラス，J. M. ケラー著，鈴木克明，岩崎信監訳『インストラクショナルデザインの原理』北大路書房，2007年。
14) 同上。
15) J. M. ケラー著，鈴木克明監訳『学習意欲をデザインする――ARCSモデルによるインストラクショナルデザイン――』北大路書房，2010年。

(3)授業実践力評価スタンダード（鳴門スタンダード）[16]

　授業実践力評価スタンダードとは，鳴門教育大学が優れた教育実践の省察力をもつ教員の育成を目指して開発した，評価の段階指標である。この指標は，授業実践力を客観的に評価できる基準となるものである。その基準を表1の(c)に示す。

　授業の展開だけでなく，構想や評価まで含めると，実に26もの視点が挙げられている。これらの視点を視点図に描くと，"思考の道具"として多くの刺激を与えてくれる。この26もの視点を一度のピアレビューですべて漏れ落ちなく確認しようとすると，逆に注意力が散漫になる可能性が高い。それよりも，実施者と参観者が事前に打ち合わせをして，「今日はこの視点を中心に見て欲しい（見ていきたい）」と，焦点を絞って議論を深めた方が良いかもしれない。事前の打ち合わせやピアレビュー後の議論の際には，この26の視点のセットは"思考の道具"として役立つ。

(4)「わかる知力」と「できる知力」[17]

　授業において目標を設定することは当然である。教員は，「授業が終わった後は，学生にはこのようになっていて欲しい」という変化を期待し，それを実現するため，授業に様々な方略や工夫を凝らすのである。授業の核である目標を見つめ直して，その根源を深く意識することは有意義である。

　目標の根源を深く意識するためのひとつの"思考の道具"として，「わかる知力」と「できる知力」の2つの視点のセットを考えることも有益である（表1の(d)）。佐伯は，知力を「わかる知力」と「できる知力」に大きく分類し，この2つのジグザグ運動が人間の「理解」の深まりと広がりのダイナミズムであるとしている。「わかる知力」とは，何かをわかろうとするとき，どのような原点に戻ればよいのか，どのような根源的表象の世界をつくり，そこにどのような操作を加えればいいのか，また，その操作によって生じた新しい事態をどのようにことばや記号の世界におきかえるか，ということを，忍耐強く，自由自在に多様に試みる重要な知力であるとしている。それに対して「できる知力」とは，当面必要なことだけは「わかったこと」にして，その上で，どうすべきかを受け入れ，あとはひたすらなすべきことを正確に，迅速に，できるようになる知力であるとしている。要領よく，無駄なく，必要最小限のことだけに集中する，慣れる……等が含まれる。最適な手続きを「機械的に」実行し，それを反復することで効率的に操ることができる知力である。

　「わかる知力」と「できる知力」が人間の理解の根源であると考えた場合，授業の目標として「わかる知力」を目指しているか，「できる知力」を目指しているか，それとも2つのジグザグ運動を目指しているか，という視点を持つことは，目標の根源を深く意識することに繋が

---

16) 鳴門教育大学　http://www.naruto-u.ac.jp/05_kyoumu/0555_gp/standard.html　2014年9月26日アクセス。

17) 佐伯胖『コンピュータと教育』岩波新書，1986年。

表1 ピアレビューの参考となる既存の視点セットの例

(a) 9つの教授事象
1. 学習者の注意を喚起する
2. 学習者に目標を知らせる
3. 前提条件を思い出させる
4. 新しい事項を提示する
5. 学習の指針を与える
6. 練習の機会をつくる
7. フィードバックを与える
8. 学習の成果を評価する
9. 保持と転移を高める

(b) ARCS モデル
1. Attention（注意）
2. Relevance（関連性）
3. Confidence（自信）
4. Satisfaction（満足感）

(c) 授業実践力評価スタンダード（鳴門スタンダード）

授業実践力		評価項目
A. 授業構想力	1. 学習者の把握	1) 学習者の実態把握
		2) 学習への構え・ルールづくり
	2. 目標の分類と設定	
	3. 授業構成	1) 教育内容の構成
		2) 教材（題材）の選択・構成
		3) 授業過程の組織
		4) 学習法・学習形態の選択・組織
	4. 単元計画（授業計画）	1) 単元（授業）計画の作成
		2) 学習指導案の作成
		3) 学習評価計画の作成
B. 授業展開力	1. 基礎的・基本的な授業態度（音声・表情・所作等）	
	2. 教授活動の構成と展開	1) 個や集団への配慮
		2) 説明
		3) 助言・指示
		4) 板書
		5) 教材・教具の活用
		6) 演技・表現性
	3. 学習活動の喚起と促進	1) 授業の流れや分節化への考慮
		2) 発問
		3) 子どもの発言・行為への対応
		4) 学習環境の構成とマネジメント
		5) 学習活動への即時的対応
	4. 学習活動に対する評価	1) 形成的評価
		2) 机間巡視
		3) 学習評価法の工夫
C. 授業評価力	自己の教育・社会観，教育目標，授業構成論，指導法に対する省察・評価と授業改善	

(d) 2つの知力
1. わかる知力
2. できる知力

(e) 教育課程の基本的構成

1. スコープ（展望）	1) 学問の今後の発展
	2) 学問と社会との関わり
2. シーケンス（連続性）	

る。「わかる知力」と「できる知力」とそのジグザグ運動という"思考の道具"を頭の中に入れておくと、また違った見方ができる。

「できる」という視点だけに注目してもう少し深く考える。「できる」には、大きく2つの意味が含まれている。ひとつは、「CAN」という意味での「できる」であり、もうひとつは「WILL」という意味での「できる」である。「CAN」は、物事を学べる力、いわば「能力」のことである。例えば、「Yes, I can do it !」というのは、私はそれをする能力があります、という意味となる。一方で、「WILL」は、物事を学ぼうとする力、いわば「意思」のことである。例えば、「Yes, I will do it !」というのは、私はそれをする意思があります、だからできると思います、という意味となる。授業の目標としての「できる」が、「能力」を磨くことに重点を置いているのか、それとも「意思」を磨くことに重点を置いているかによって、授業の見方も変わってくる。

このように、目標というひとつの視点だけを見ても、それを深く掘り下げることが可能なのである。深く掘り下げることができれば、視点図は、さらに意義深く、質の高い"思考の道具"となる。あとは、その"思考の道具"を頭に入れて、目標に沿った授業ができているか、目標を達成するための授業方略、教材等は正しいのかといった思考を巡らせると、これまでにない新しく刺激的な"気づき"が得られる。

(5)スコープとシーケンス

教育課程の基本的な構成に、スコープ（Scope：展望）とシーケンス（Sequence：連続性）がある。スコープとは、学習の範囲や領域のことであり、どのような内容をどこまで達成させるかを考える視点である。このスコープは、さらに2つの視点に分類することができる。ひとつは学問の今後の展望という視点であり、授業で教えている内容が今後どう発展するかについて触れることである。もうひとつは、学問と社会との関わりの展望という視点であり、授業で教えている内容が社会とどう関わっていくかについて触れることである。いずれも、受講生にとっては興味深い視点であると考えられ、それらが授業の中でどのように展開されているかをピアレビューでチェックすると、違った見方ができる。

シーケンスとは、学習の内容をどのような段階や順序で行うかを考える視点である。これは、教育課程を編成する際に考慮すべき概念であるが、良い授業の条件として応用することもできる。

教員は、当然、学習者の能力向上を目指して授業を展開する。その際、教員は、学習者にどの程度の実力があるかを予測して、授業のレベルを想定する。予測した学習者の実力が、想定した授業のレベルと同程度であれば問題ないが、仮に学習者の実力が低い場合は、何らかの修正をする配慮が必要となる。学生のレベルと授業のレベルとのマッチングである。図8に示すように、シーケンスでは、教員が予測した学習者の実力、もしくは、現実の学習者の実力に対して、次のステップアップをどのレベルに設定するかを考える。

図8の①のように一気に高いレベルにステップアップ（1段だけのステップ）すると、ただ

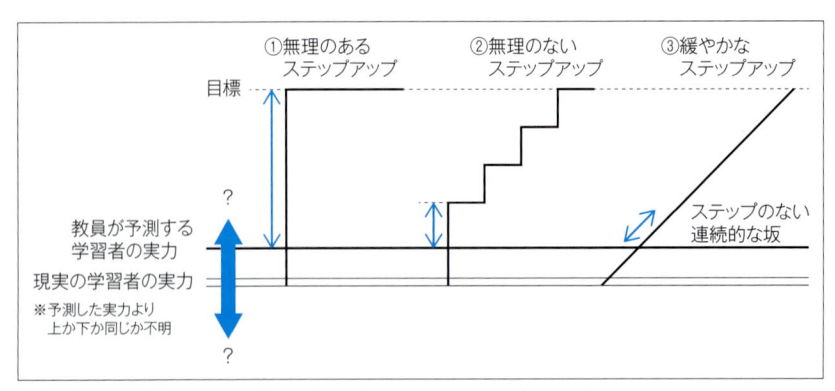

図8 シーケンスのステップアップ

でさえ教員が予測する学習者の実力からしても無理のあるステップアップだが，現実の学習者の実力が予測よりも低いとなると，さらに無理が出る．図8の②では，ステップアップを無理のないように何段階かに分けて設定しているが，現実の学習者の実力が予測よりも低い場合は，やや無理が出てくる．このように，階段状にステップアップを設定すると，マッチングをはかってもどこかで無理が出る可能性がある．

シーケンスとは接続性のことで，図8の③に示すように，ステップアップをできる限り坂のように連続的に設定するよう配慮することが理想である．こうすることで，マッチングもステップアップも無理なく行うことができる．このようなシーケンスに対する配慮がどこまでできるかという視点も，ピアレビューの"思考の道具"として有用である．

■ 4.3 アクティブ・ラーニングのピアレビュー

4.3.1 アクティブ・ラーニングのピアレビューをするときの課題

20世紀の大半において，大学の授業といえば，教員の説明を学生がただ座って聴くという講義形式（パッシブ・ラーニング）のものであった．そこで重要視されていたのは，効率的な知識の移転・伝達の方法であった．授業評価やピアレビューにおいて，「教員の説明は分かりやすかったか」，「教員の声は大きかったか」，「板書は見やすかったか」といったことが中心となっている間は，その伝統的で古い視点からなかなか抜け出せないでいる典型的な例である．

現在，世界的な大学教育の流れは，アクティブ・ラーニングに移ってきている．「受動的な学び」から「能動的な学び」へ，「教員中心の教育」から「学習者中心の教育」へ……である．しかし，アクティブ・ラーニングという概念は，これという明確な教育手法を指すものではない．能動的な学びができていると判断できる授業は，全てアクティブ・ラーニングとして捉えられることが多い．ゆえに，協調学習／共同学習，課題探求学習／問題解決学習，さらには，コメントや質問を書かせたり，小テストやミニレポートを書かせたりする授業もアクティブ・

ラーニングとして捉える考え方もある非常に大きな（大ざっぱな）概念である[18]。

教員中心の授業のピアレビューでは，実施者の一挙手一投足を確認することに集中できる。しかし，学習者中心の授業，すなわちアクティブ・ラーニングとなると，中には，教員はほとんど説明をせず，学習者に課題だけを与えて，あとは各自が自由に学習活動を行い，チャイムと同時に教室に帰って来るという授業も考えられる。では，そのような授業のピアレビューを考えた場合，一体何に注目すれば良いのだろうか。これからの大学教育の主流がアクティブ・ラーニングになることを想定すれば，当然，この課題を解決しないといけない。本学でのピアレビューでも，当然，この課題に正面からチャレンジする必要がある。

4.3.2 アクティブ・ラーニングのピアレビューでの注目点

アクティブ・ラーニングのピアレビューをする際に，私たちは何に注目すれば良いだろうか。私は，以下の3つが，とくに注目すべき内容であると考える。
(1)学習成果の確認の方法
(2)課題の適切性
(3)アクティブ・ラーニング導入の適切性

(1)学習成果の確認の方法

アクティブ・ラーニングで大切なことは，教員が何を教えたかではなく，学習者が何を学んだかである。「教えるから学ぶへ」という近年の大学教育の変遷は，このことを指している。溝上は，学生が何を学んだかという内容は，決して知識の習得だけではなく，技能や態度へも広がっていることを述べ，その上でディープ・ラーニング（深い学び）の重要性を指摘している[19]。ここでいうディープ・ラーニングとは，概念を既有知識や経験と関連づけるバリエーション理論のことである。アクティブ・ラーニングが学習の形態を強調しているのに対し，ディープ・ラーニングは学習の質を強調しており，ディープ・ラーニングにこだわってこそアクティブ・ラーニングに価値が出てくるのである。すなわち，どのような学びが成立したのか，学習者は何を理解し，どのような技能を獲得し，どのような態度の変遷が見られるのか，といった学習成果（Learning Outcomes）が何よりも重要視されるのである。

アクティブ・ラーニングの学習成果は，記憶の定着に留まるのではなく，むしろ学習者自身による概念の形成・知識の体系化に重点を置くべきであると，私は考える。その意味では，アクティブ・ラーニングは，学習者の「生活的概念」から「科学的概念」への発達を促すようにすべきであり，逆に，「科学的概念」から「生活的概念」への発達を促すようにすべきである[20,21]。

---

18) 河合塾編著『「深い学び」につながるアクティブラーニング――全国大学の学科調査報告とカリキュラム設計の課題――』東信堂，2013年。
19) 同上。
20) ヴィゴツキー著，柴田義松訳『思考と言語』新読書社，2001年。

「生活的概念（自然発生的概念ともいう）」とは，生活の中で自然と身についていく概念を意味する。生活的概念は，普段の生活の中で，様々な物事に直接的に触れることによって形成されるため，具体性と経験の領域に関する概念である。そのため，普段の生活で自然に使うことはできても，理論的な定義や応用的な使い方までは成熟しておらず，自覚的，随意的に操作することはできない。一方で，「科学的概念」は，生活的概念とは逆の道を辿りながら発達する概念であり，物事の直接的な触れあいではなく，間接的な関係により形成される。授業の中で，概念間の論理的な関係を打ち立てることにより形成される。そのため，その概念の理論的な定義や応用的な使い方ができ，自覚的，随意的に操作することができる。しかし，具体性や経験としては乏しい。

この2つの概念は，対立的路線，すなわち，生活的概念では物事（具体性や経験）から概念（自覚性と随意性）へ，科学的概念では概念（自覚性と随意性）から物事（具体性や経験）への発達こそが，より深い学び（ディープ・ラーニング）に繋がるのである。

学生の多くは，既に豊富な生活的概念を持っている。それに，初等・中等教育において，ある程度の科学的概念を持って入学している。一方で，大学は，科学的概念を膨大に蓄積している宝庫である。優れた教員の役割は，学生が持っている豊富な生活的概念（＋ある程度の科学的概念）と，大学が持っている高度で豊富な科学的概念とを出会わせ，具体性や経験から自覚性と随意性への発達に貢献することである。もちろん，その逆への発達に貢献することも重要である。このことにより，学生の中で概念の再構築が起きて，概念が洗練化・高度化していくことが期待できる。

このような学習成果は，学生が自らの概念を意識して操作することが重要なので，アクティブ・ラーニングの役割は大きくなる。そうなると，アクティブ・ラーニングのピアレビューとして注目すべきは，授業後の学習成果をどのように確認するかという点であろう。確認するためには，学習者が授業で何を認知し，何を学んだのか，どのような概念の変遷が起きたのかということを言語化，あるいは，図式化させる必要がある。これをどのような方法で実現させているかが，アクティブ・ラーニングのピアレビューでの重要な議論のひとつであると考える。

(2)課題の適切性

アクティブ・ラーニングでは，能動的な学びを成立させるために，学習者に様々な課題を与えることが多い。課題の質は，ディープ・ラーニングに影響を及ぼす要因のひとつである。

赤堀は，課題の出し方について，現実との関わり合いが重要であると述べている[22]。すなわち，教室で学ぶ内容（理論）と社会生活での内容（現実）とが結びついていると実感できたところに，学問の面白さや探究心，学習意欲が生まれるとしている。能動的な学びには，学問の面白さや探究心，学習意欲は必須であり，これらを刺激するような課題であるかどうかが，

---

21) 柴田義松『ヴィゴツキー入門』寺子屋新書，2006年。
22) 赤堀侃司『教育工学への招待 新版』ジャムハウス，2013年。

アクティブ・ラーニングのピアレビューのひとつのポイントであろう。このことは，前述した生活的概念から科学的概念への発達に関する説明にも深く関連するところである。

　上述が課題の内容についての議論とするならば，次に説明する議論は，課題のレベルについてである。あまりにレベルが高すぎたり，逆に低すぎたりする課題は，学習意欲を削ぎ落とし，学びが成立しない危険性が高い。適切なレベルの課題を提示すべきである。

　課題のレベルの適切さについて参考になるのは，発達の最近接領域[23]の理論である。これは，まず，学習者が自主的に解ける問題がその学習者の現下の発達水準（今日できること，今日すでに成熟している水準）とする。そして，自主的には解けないが共同学習やヒント等によって解ける問題の水準と，現下の発達水準との差を発達の最近接領域とし，この領域は，知能の発達や成績の動態により直接的な意義をもつことを示している。すなわち，課題のレベルは，学習者の発達の最近接領域内に設定すべきであるということである。現下の発達水準程度の課題を出すことや，共同学習やヒント等によっても解けないような，発達の最近接領域を超える課題を出すことは，学びには繋がらない。アクティブ・ラーニングのピアレビューのひとつのポイントは，課題のレベルが発達の最近接領域の内にあるかどうかを確認することである。

⑶アクティブ・ラーニング導入の適切性

　アクティブ・ラーニングで陥りやすいことは，単にアクティブ・ラーニングを行っているだけ，という状況になることである。「今，流行だから」「この方法は最近よく聞くから」「誰かがやっているのをみて何となく使ってみた」という安易な考えでアクティブ・ラーニングを導入することは，学習効果が低くなるどころか，逆効果にさえなる危険がある。教員は，授業に対してそれぞれ固有の概念を持っているが，それが多くの授業経験から形成されたもののみである場合は，生活的概念で留まっている可能性がある。授業の内容に関する概念は科学的概念として持っていたとしても，授業で用いている手法や戦略は，無自覚で随意的ではないかもしれない。

　アクティブ・ラーニングに限ったことではないが，様々な授業手法や戦略は，科学的概念に則って，すなわち，自覚的，随意的に使うことが理想である。授業で使っている手法や戦略をどこまで自覚的，随意的に用いているかについてピアレビューで問うことは，授業に関する生活的概念が科学的概念へ発達するきっかけになる。

　このように考えると，ピアレビューにおいて，アクティブ・ラーニング導入の適切性，すなわち，「なぜ，ここでアクティブ・ラーニングなのか」「他の手法の方が効果的ではないか」という観点から議論する意義は大きい。この議論は，アクティブ・ラーニングを自覚的，随意的に使えるようになるための概念を形成する。こうなると，アクティブ・ラーニング導入について理論的に言語化・記号化することが可能となるため，ピアレビュー後の報告書は重要性が増

---

[23] 注20）参照。

す。すなわち，このような報告書が蓄積されることで，非常に大きな（大ざっぱな）概念であるアクティブ・ラーニングが本学のなかで体系化されていき，多くの教員が自覚的，随意的にアクティブ・ラーニングを使うことができるようになるのである。

■ 4.4　学ぼうとする力が"気づき"を生む

　私は，過去にこのような経験をしたことがある。私の授業を見学してくれたある先生が，授業終了後，私に声を掛けてくれた。「いやぁ〜，先生の授業，拝見させて頂きました。素晴らしい授業でしたね。楽しかったです。私も，先生の授業を参考にしたいのですが，残念ながら参考にはなりそうにありません。なぜなら，先生の真似はできそうにないからです。この授業は，先生のキャラクターがあってこそのものだから……」この話を聞いたときは，正直，驚いた。しかし，その場では反論できなかった。なぜなら，私もピアレビューをしたときに，同様の感想を抱く経験を何度もしたからである。

　見学してくれた先生は，授業に対して非常に意欲的で，素晴らしい先生である。その先生から頂いた言葉だからこそ，私はこの問題について真剣に考えた。その結果として得た知見が，この節でまとめた内容である。視座・視点・価値観を"思考の道具"として頭の中に入れることにより，キャラクターや教員のパフォーマンスに偏らない授業の見方ができるはずである，というのが，今の私の答えである。このような知見を得られたきっかけを頂いた先生に感謝したい。

　しかし，ピアレビューが成功するかどうか，マンネリ化から抜け出せるかどうかは，結局は授業に対して「学ぼうとする力」が大切である。「学ぼうとする力」がないと，"気づき"は生まれない。Apple 社を創設したスティーブ・ジョブスが，2005 年のスタンフォード大学卒業式でのスピーチの中で，次のような言葉を卒業生に贈った。

"Stay hungry, Stay foolish. And I have always wished that for myself."

　人間という生き物は，ついつい楽な方向に進みたがるものである。ピアレビューという面倒くさい道を進まなくても授業はできるだろう。しかし，そんな弱い気持ちになりそうなときこそ，少しでも多くのことを貪欲に，愚直に吸収したいという気持ちを忘れてはならない。私は弱い気持ちになりそうなときに，このスティーブ・ジョブスの言葉を思い出している。"Stay hungry, Stay foolish." この気持ちひとつが優れた教員の必要な条件であり，この気持ちを持続することが優れた教員の確固たる土台となるのである。土台さえしっかりしていれば，多少のことでぐらつくことはない。あとは，羅針盤の指す方向へ進んでいくだけだ。

5 国際環境工学部のFDと授業ピアレビュー

　国際環境工学部は平成13年4月に北九州学術研究都市（若松区ひびきの）に九州工業大学大学院や早稲田大学大学院と共に開設され，2年後に大学院国際環境工学研究科（博士前期，後期課程）が設置された。開設時からGPAやCAP制度，担任制を導入し，全ての授業科目について授業評価アンケートを実施している。当時の国公立大学では数年後の大学法人化を控え，大学教育環境が大きく変わろうとしている時期でもあった。本学部では，完成年度を過ぎた平成17年頃から入学後の学習習熟度や勉学意欲がさらに多様化していく中でいかに学生に高大接続と高度な専門教育を提供していくかが課題であった。

　5.1項では本学部FD活動の取り組みについて表2を参照しながら概説する。FD活動を啓発期，組織的活動期，自主的活動期に区分すると本学部の啓発期は学部開設から平成20年度までと捉えられ，授業評価とFD先進大学の視察や研修会が活動の中心であった。FDが大学設置基準で義務化された平成20年度からの組織的活動期ではテーマ特化型研修や教育力向上プロジェクトと銘打った公開授業によるピアレビューを始めた。そして平成24年度からの自主的活動期では一部の学科や教員が独自のピアレビューや自主的啓発に取り組み，授業評価，研修会，ピアレビューの3つの柱を軸にFD活動を続けている。現在，ピアレビューはFD活動の中心的な役割を果たしており，その具体的な実施方法やその成果について5.2項で紹介したい。

表2　これまでの国際環境工学部のFD活動

時期／区分	国際環境工学部の主なFD活動	学内の主な出来事
平成13年4月 ——啓発期——	平成13年4月　授業評価アンケート実施	平成13年4月　国際環境工学部開設
		平成15年4月　国際環境工学研究科開設
		平成17年4月　公立大学法人化
	平成18年7月　成績評価ガイドライン策定	
	平成19年1月　学部FD・SD委員会設置	平成19年4月　宿泊オリエンテーション開始
	平成19年12月　第1回FD研修会	平成19年4月　補習授業開始
平成20年4月 ——組織的活動期——	平成20年4月　人事委員会FD部会に改名	平成20年4月　学部と研究科改組
	平成20年10月　ピアレビュー試行実施	平成20年4月　FDの義務化
	平成21年4月　ピアレビュー開始	平成21年4月　全学的にピアレビュー開始
	平成22年4月　少人数テーマ特化型研修開始	
平成24年4月 ——自主的活動期——		平成24年3月　環境技術研究所設置

■ 5.1 国際環境工学部のFD活動

5.1.1 啓発期（開設時から平成20年度）

　開設当時，授業改善は教員個人の自発的努力に委ねるべきで組織的に行うべきでないという考えを持つ教員も少なからずいた。しかしゆとり教育を受けた学生が入学し始めた平成18年頃から学生間の学習習熟度差が顕在化し始め，教育の質保証や授業の進め方について議論することが増えた。そこで平成18年4月から9ヶ月間の準備期間を経て，平成19年1月に本学部のFD活動の支援・推進を目的にFD・SD委員会を立ち上げた。以来，FD活動の自己点検評価結果を年度活動報告書としてまとめている。最初は習熟度や学習意欲が異なる学生に対する授業の進め方や成績評価のあり方などについて意見交換を行い，課題や問題点を共有した。その中で①成績評価ガイドラインの作成，FD委員自らによる②FD先進大学視察，そして平成19年12月に本学部の全教員に対して初めて③FD研修会を開催した。なお，研修会終了後にはFDアンケートを実施し，その集計結果を基に翌年度のFD活動を企画することにしている。一方，学習習熟度が異なる学生に対しては，勉強の習慣付けと高大接続を目的に1年次前期の月曜から金曜日の講義終了後の5，6限目に数学，物理，化学の補習授業を行い，現在では入学生の約45%がこの補習を受講している。またFDが義務化された平成20年度から④授業評価やFD研修会に加えて教育力向上プロジェクトの一環としてピアレビューを企画した。

①成績評価ガイドライン

　平成18年度から全授業科目の成績評価結果を常任委員会で公表し，評価の妥当性（科目毎の極端な偏りの点検など）について検討している。なお，成績評価基準の策定では絶対評価と相対評価で多くの議論を要したが，相対評価を基本としながらも絶対評価を盛り込む形でガイドラインの作成に至った（表3参照）。また平成19年度からは学科および学年毎のGPAと累積GPA分布を全学生に公表しており，学生は自分の成績結果からどの位置にいるのかを判断できるようになっている。

②FD先進大学視察

　FD活動を開始した頃は，FD委員自らがFD先進大学の取り組みを知る必要があるとの考えから岡山大学や愛媛大学のFD研修会に参加した。特に岡山大学では3人のFD委員が分かれて岡山大学と京都大学それぞれの取り組みについての特別講演および分科会に出席した。当時の教員の意識改革は難しく，岡山大学でも10年かかっているとのことであり，改めて地道にFD活動を続け，賛同者を徐々に増やしていくことの重要性を感じた。

③FD研修会

　FD先進大学視察結果を参考にして平成19年12月に本学部でFD研修会を開催した。第1回目は同じ工学系である九州工業大学から講師を招き，「九州工業大学情報工学部のFDの取り組み」と称して講演会を開催し，終了後に国際環境工学部における今後のFD活動についてパネルディスカッションを開催した。以来，毎年FD研修会を開催している。

表3　国際環境工学部成績評価ガイドライン（学部用）

授業形態	目安	10%程度	20%程度	40%程度	20%程度	実状	実状	備考
	平成18年度以前	A評価(100〜90)	B評価(89〜80)	C評価(79〜70)	D評価(69〜60)	F評価(59〜50)	G評価(49〜0)	
	平成19年度以降	S評価(100〜90)	A評価(89〜80)	B評価(79〜70)	C評価(69〜60)	F評価(59〜50)	G評価(49〜0)	
講義系科目（期末試験実施）		期末試験，中間テスト等を考慮しての素点評価	期末試験，中間テスト等を考慮しての素点評価	期末試験，中間テスト等を考慮しての素点評価	期末試験，中間テスト等を考慮しての素点評価	期末試験，中間テスト等を考慮しての素点評価	期末試験，中間テスト等を考慮しての素点評価	期末試験の想定平均点を70〜75点に設定
講義系科目（期末試験なし）		講義内容を，完璧にマスターしている	講義内容を十分に理解している	講義内容を概ね理解している	講義内容の理解度は高くないが，重点箇所は理解している	講義内容の理解度が全体的に低く，再度復習が必要である	講義内容を理解しておらず，再履修の必要がある	

授業形態	目安	10%程度	40%程度	30%程度	20%程度	実状	実状	備考
	平成18年度以前	A評価(100〜90)	B評価(89〜80)	C評価(79〜70)	D評価(69〜60)	F評価(59〜50)	G評価(49〜0)	
	平成19年度以降	S評価(100〜90)	A評価(89〜80)	B評価(79〜70)	C評価(69〜60)	F評価(59〜50)	G評価(49〜0)	
演習・実習・実験・設計型科目		授業に対する積極性やリーダーシップ・協調性・成果が特に優れている	授業に対する積極性やリーダーシップ・協調性・成果が高い	授業に対する積極性やリーダーシップ・協調性・成果が平均的である	授業に対する積極性やリーダーシップ・協調性・成果が低いがかろうじて合格点である	授業の出席回数がやや少なく，また出席していても課題提出等があまり守られておらず，再度，復習の必要がある	授業の出席回数が少なく，また出席していても課題提出等が守られておらず，再履修の必要性がある	

④授業評価

学生による授業評価は単に授業手法や進め方の巧拙だけでなく，クラスの履修生数や開講時限，授業の属性（基礎科目や専門科目，講義主体や演習主体など），教室（大きさや設備）などによって影響を受ける。例えば，大人数クラスでは評価は比較的低く，少人数クラスでは高くなる傾向にある。また遅刻や欠席に厳しく，宿題を頻繁に課すような授業の評価も厳しい傾向にあるため教員の授業評価に対する考え方や受け入れ方も異なる。一方，学生からみると全科目について同じ設問であるため学生の負担だけでなく対応もマンネリ化が起きていた。そこで評価アンケートの対象となる授業科目数や設問項目数の削減について検討したが，全科目対象は当面継続し，平成19年度から設問項目数を18問から8問に削減した。

5.1.2　組織的活動期（平成20年4月から平成24年3月）

平成20年4月に全学FD委員会が設置され，本学部FD委員会はFD部会と改名した。そして2年間の総括を基に，①授業評価の実質化と②ピアレビューについて検討し，新たに③少人数テーマ特化型FD研修を実施した。

①授業評価の実質化

授業評価も長年続けていくと教員の受け止め方も変化する。例えば，数年にわたり評価が改善しないと問題点の改善方法を見出せずに悩む教員もいたし，貴重なコメントをくれた学生に

どのようにフィードバックすればよいのかを考える教員もいた。一方では評価が低い状態を長年続けている教員もいた。そもそも担当科目の評価点と学部平均値だけの情報だけでは，いずれ教員自身もマンネリ化することになり学部全体の教育力向上に結びつかない。そこで表4のように評価結果に対する教員の意見やコメントを学内LANにアップし，また授業評価結果が低い教員に対するピアレビュー実施と授業改善検討会を行う制度を平成21年度から導入している。授業評価結果とピアレビューおよび授業改善検討会の実施フローを図9に示す。参考のためにFD部会から常任委員会へ報告した文書を図10に示す。

表4 報告書のフォーマット

国際環境工学部FD　教育力向上プロジェクト　報告書	
提出者について	学　科　名： 氏　　　名：
聴講した授業について	授　業　名： 担当教員： 受　講　日：　　　月　　　日　　　限目
	感想・コメント（建設的な内容をお願いします） ○良かった点 ○改良できる点
公開授業について	授　業　名： 公　開　日：　　　月　　　日　　　限目

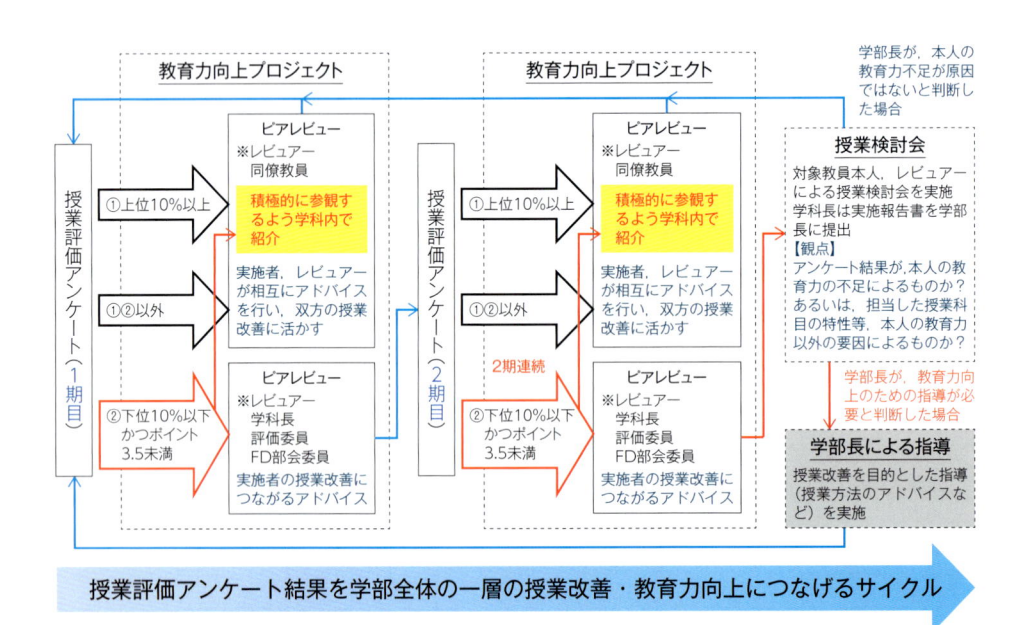

図9　学生による授業評価アンケート結果に基づくピアレビュー・授業検討会の実施フロー

平成 21 年 3 月 6 日

国際環境工学部常任委員会
委員長 梶原 昭博 様

国際環境工学部人事委員会 FD 部会
部会長 梶原 昭博

学生による授業評価アンケート結果の授業改善・教育力向上への活用について（報告）

　中期計画推進会議ひびきの WG による中期計画番号 38-2 にかかる報告に基づき，本学部において，学生による授業評価アンケートを教員にフィードバックし，もって授業改善・教育力向上に資するための制度について，人事委員会 FD 部会において検討いたしました。
　つきましては，下記のとおり報告いたします。

記

（Ⅰ）報告
　本学部では，今年度から「教育力向上プロジェクト」として授業のピアレビューを実施している。来年度以降も全学科・全教員を対象にピアレビューを実施する予定としている。この制度に合わせて，学生による授業評価アンケートにおいて，2 期連続で評価の低い教員に対し，学科長，評価委員，学科 FD 部会委員によるピアレビュー及び授業検討会を実施し，必要に応じて学部長の指導の実施を義務付ける制度（次項に制度案を示す。）を導入し，もって学部全体の一層の授業改善・教育力向上につなげるサイクルを確立することを提案する。
　この制度は，「学生による授業評価」を「教員個人及び学部全体の授業改善・教育力向上」に繋げることを目的とするものであり，教員個人の勤務成績の評価・査定等のために行うものではない。

（Ⅱ）制度（案）（実施の流れ）
　別紙「授業評価アンケート結果に基づくピアレビュー・授業検討会の実施フロー」参照
　①教務委員会から授業評価アンケートの集計結果を所属学科長及び教員本人に通知する。
　②アンケートにおいて下位 10％以下と評価された教員（以下「対象教員」という。）は，所属学科長，評価委員，所属学科 FD 部会委員をレビュアーとするピアレビューの実施を義務付ける。
　③ピアレビュー実施後，対象教員に対して授業改善に向けたアドバイスを行う。
　④対象教員は，ピアレビュー実施報告書を当該学科の FD 部会委員に提出する。
　⑤前項までの授業改善策を実施したにもかかわらず，次の授業評価アンケートにおいても下位 10％以下と評価された場合には，所属学科長に上記②のピアレビュー及び授業検討会の実施を義務付ける。
　⑥授業検討会では，授業評価アンケート結果及びピアレビュー実施報告書に基づき，対象教員とレビュアーで授業改善に向けた対策を検討する。ただし授業評価アンケートの結果が，主に教員の能力に起因するものか，あるいは担当する科目の特性等（※）対象教員の能力以外に起因するものなのかという観点についても検討を行うこととする。
　⑦所属学科長は，授業検討会実施報告書を学部長に提出する。
　⑧提出された報告から，対象教員に対して教育力向上にかかる指導が必要と判断した場合は，学部長が対象教員の指導を実施する。
　⑨対象教員は，授業検討会・学部長指導の結果を受けて，授業改善に向けたレポートを，所属学科 FD 部会委員を通じて，学部 FD 部会に提出する。

　（※）「科目の特性によるもの」とは，受講学生数が大人数であるなど授業科目の特性上，学生が満足度等を低く回答する傾向が認められる場合を想定

図 10　授業評価結果の活用に関する依頼文（常任委員報告文書）

②ピアレビュー

　平成20年6月，授業評価が低い教員だけでなく全教員の教育力の向上に繋げようとの観点からピアレビューや模擬授業について議論した。模擬授業についてはどの学科も消極的であったがピアレビューについては一定のルールを決め，希望した教員の授業のみ公開することで賛同が得られた。ピアレビューは当時，経済学部でも行われていたのでFD特命教授のアドバイスを受けながら実施方法について検討した。なお，報告書作成では聴講する教員のマナーとして感想や建設的なコメントを出すようにお願いした。平成20年後期の各学科別実施状況を表5に示す。45の授業が公開され，全員が聴講した学科や複数回聴講する教員もいた。また報告書には良かった点や改善できる点について多くのコメントが出され，カリキュラムの観点から問題提起するコメントも報告された。以来，ピアレビューは教育力向上プロジェクトとして継続することになった。内容としては
- 年間（第1，2学期）を通して実施する
- 全教員は授業公開と授業参観を各1回実施する
- 実施方法については各学科で取り決める

である。また平成22年度に「重点項目設定シート」を導入し（図11参照），授業公開者がどこに重点をおいて授業に取り組んでいるのかを参観者に対してわかりやすくした。授業公開者は具体的な取り組みをシートに記入し，授業参観者に配布する。一方，参観者がピアレビューした評価シートは公開者に返却され，公開者はその評価シートを基にピアレビュー実施報告書を作成する。これにより公開者と参観者共に効果的なピアレビューを行うようになった。

表5　平成20年度後期のピアレビュー学科別実施状況

学科名	所属教員数（人）(a)(※1)	参加数（人）(b)(※2)	参加率（%）(b)÷(a)	受講数（回）（のべ回数※3）	公開数（回）（のべ回数※3）
第1学科	15	6	40.0%	4	6
第2学科	12	12	100.0%	11	4
第3学科	18	13	72.2%	10	10
第4学科	12	12	100.0%	14	12
第5学科	14	10	71.4%	11	13
学部計	71	53	74.6%	50	(※4) 45

（※1）長期出張等でプロジェクト期間中不在または個別理由により対象外の教員を除いた専任教員数
（※2）他教員の授業を聴講，または自分の授業を公開した場合に参加とカウント
（※3）一人の教員が複数回受講，複数回公開した場合は，のべ回数を算定
（※4）各学科とも，公開対象の授業について，聴講者がなかったことなどにより報告書が未提出の場合は，公開数に算定されていない場合がある。

第2章 授業のピアレビュー

ピアレビュー・授業公開のための重点項目設定シート（平成　年度　学期）

平成　年　月　日提出

授業名		学科		参観者氏名	
授業参観日	平成　年　月　日			公開者氏名	

重点項目	項　目	具体的な取り組み内容	評価（感想・コメント）
	板書やパワーポイントの字の大きさを学生にわかりやすいものとする		
	当日の講義内容の位置づけを初めに説明する		
	プロジェクター等の視覚教材を活用し、理解度をあげる工夫をする		
	一方的な講義ではなく、質問の時間を設ける等、学生とのやりとりを積極的に行う		
	話す声が明瞭で聞き取りやすく、講義を進めるスピードを学生にわかりやすいものとする		
	復習や小テストを行う等、学生の理解度を把握しながら授業を進める		
	丁寧な説明を行う		
	学生にとって関心のある、あるいは得意な分野から例を取り上げる		
	目標を「高すぎないけど低すぎない」「頑張ればできそうなもの」にする		
	一度身につけたことを使う／活かすチャンスを与える		

「重点項目」…項目欄から重点的に取り組む項目を2～3選んで○をつける。うち、特に重点的に取り組む項目に◎をつける。該当する項目がない場合は可能な限り内容が近い項目を選ぶ。近い内容の項目がない場合は下の空欄に記入する。（欄が足りない場合は別紙を添付）

「評　価　欄」…具体的な内容を記入する。

「作業フロー」…①ピアレビュー・授業公開者は重点項目を2～3定め、具体的な取り組みを記入　②授業公開者は記入したシートを授業参観者にコピー配布　③授業参観者は配布されたシートを参考にピアレビューを実施し、評価欄に記入　④授業参観者は評価欄を記入後、授業公開者に速やかに返却　⑤授業公開者は返却されたシートをもとにピアレビュー実施報告書を作成し、シートをFD委員会に提出

※様式について各自が選んだ重点事項以外の項目は削除して他の記載欄を広く使用しても構いません。

図11　ピアレビューのための重点項目設定シート

③少人数テーマ特化型 FD 研修

　学生の自律的学習時間の少なさが指摘されて久しいが，やはり大学教育の本質的課題は学生の自律的学習を作り出すことであり，そのためには学生の学習意欲を引き出す授業（双方向や誘導型授業）が必要である。そこで平成 22 年度から学部全体の FD 研修会とは別に少人数によるテーマ特化型 FD 研修を開始した。テーマについては学習意欲を引き出すだけでなく，効果が実感できるような実践的テーマに限定している。これまでのテーマを表 6 に示す。

5.1.3　自主的活動期（平成 24 年 4 月から現在まで）

　FD 活動の中で重要なことは評価とその後の改善が取り入れられ，教育の質向上に結びついているかである。本学部では FD 部会を中心にピアレビューと授業評価に対する評価結果の分析，ピアレビュー結果との関連性などについて検討してきたが多くの教員から意見や課題などが指摘され，平成 24 年度に「授業評価アンケートとピアレビューについて」と題して意見交換会を初めて開催した。この頃になると一部の学科や教員が独自の自主的啓発に取り組み，授業評価も学期途中で何度も実施する教員もいた。現在，ピアレビューは教育力向上プロジェクトとして FD 活動の中心的な役割を果たしており，その具体的な実施方法やその成果について 5.2 項で示す。

■ 5.2　国際環境工学部における授業のピアレビュー

　平成 20 年度に試行的に実施したピアレビューは翌年から前期と後期の年間を通して行われ，今では教育力プロジェクトとして FD の中心的な活動となっている。一般に学生からの授業評価だけでは授業への評価観点が狭く，また授業評価とは本質的に異なる個人的心情も大きく作用し，不十分であった。そこで学生からの授業評価に加えて他の教員からの客観的かつ精通した意見やコメントを取り込むことにより多角的な授業改善に結びつけている。

表 6　少人数テーマ特化型 FD 研修のテーマ

開催年度	FD 研修テーマ	講　師
平成 22 年 8 月	学生のモチベーションを引き出す授業設計	鈴木克明（熊本大学）
平成 24 年 3 月	「授業設計マニュアル」の導入で効果的な授業を！	寺嶋浩介（長崎大学）
平成 25 年 2 月	「授業設計マニュアル」の導入で効果的な授業を！（北方キャンパスでも開催）	寺嶋浩介（長崎大学）
平成 26 年 3 月	Moodle を使いこなそう	佐藤　敬（北九州市立大学）

5.2.1 実施方法

現在，実施しているピアレビューは前期と後期の年間を通して各教員が授業公開を1回以上，授業参観を2回以上実施することを基本目標に掲げている。その実施方法は下記のとおりである。

- 学部や大学院の講義，実習，演習セミナー等で授業公開と授業参観を実施
- 「授業公開のための重点項目設定シート」を活用
- 全教員が授業公開と授業参観の両方に参加
- 授業公開と授業参観の両方について参加教員は報告書を作成し，各学科のFD部会委員に提出
- FD部会委員は1年間に実施したピアレビュー報告書を作成

なお，実施方針は科目の属性や学科の特徴により統一することは難しく，現場に即したより効果的なピアレビューを実施するために毎年度学科毎に方針の策定を行っている。

5.2.2 実施結果

平成25年度に授業公開した教員が設定した重点項目への設定上位項目を図12に示す。多くの教員が丁寧な説明と工夫（①，③，⑤），双方向の授業運営（⑥）を心掛けている。しかし，

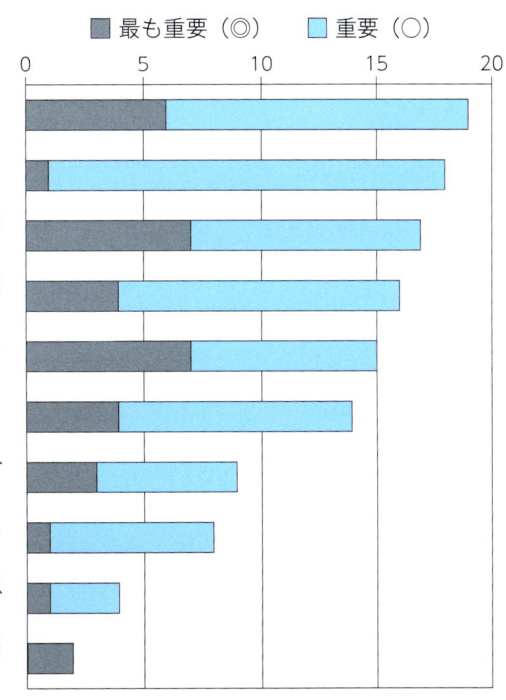

図12 重点項目への設定上位項目

学生の勉学意欲や習熟度差に大きな改善は見られず，今後は学生の勉学意欲を掻き立てるための双方向の授業運営を増やす必要がある。次にピアレビュー報告書の一例として平成25年度の機械システム工学科の報告書および学部全体の集計結果を表7に示す。学科によって参加率は異なるが平均すると85％の教員が参加している。また平成21年度からの参加率の推移を図13に示すが，年度や学科によるバラつきはあるものの平均すると増えている。

5.2.3 授業評価結果が低い授業のピアレビュー

これまで学生による授業評価結果が全授業数の下位10％の教員に対して次年度の授業公開の義務化，さらに2年連続で下位10％の教員に対しては学科長やFD委員によるピアレビューおよび授業検討会を義務化していた。しかし平成24年度のピアレビュー検討会で一律下位10％という相対評価から絶対評価への変更案が提出され，平成25年度から条件を「下位10％かつ授業評価ポイント3.5未満（最大5）」に変更した。この条件変更に伴い，対象となる授業科目は大きく減少した。これは，ピアレビューなどのFD活動により授業評価結果（平均評価ポイント）が毎年改善されているためであり，各教員が授業改善に心掛けていることを如実に表している。

以上の結果からピアレビューの実施により各教員の授業が改善されているが，各教員のFD活動が教員集団として有機的に働き，学生の習熟度や意欲に結びついているとは言い難いのが現状である。

今後は，優れた学生を社会に輩出するために双方向授業など学生の勉学意欲や知識・理解に結びつくようなFD活動が必要である。

表7 ピアレビュー実施報告書の集計結果

学科名	所属教員数（人）(a)（※1）	参加数（人）(b)（※2）	参加率（％）(b)÷(a)	受講数（回）（のべ回数※3）	公開数（回）（※4）（のべ回数※3）
第1学科	16	11	68.8%	13	6
第2学科	12	12	100.0%	37	4
第3学科	19	19	100.0%	40	21
第4学科	14	12	85.7%	10	10
第5学科	14	8	57.1%	9	7
学部計	75	62	82.7%	109	48

※1～4は表5に同じ

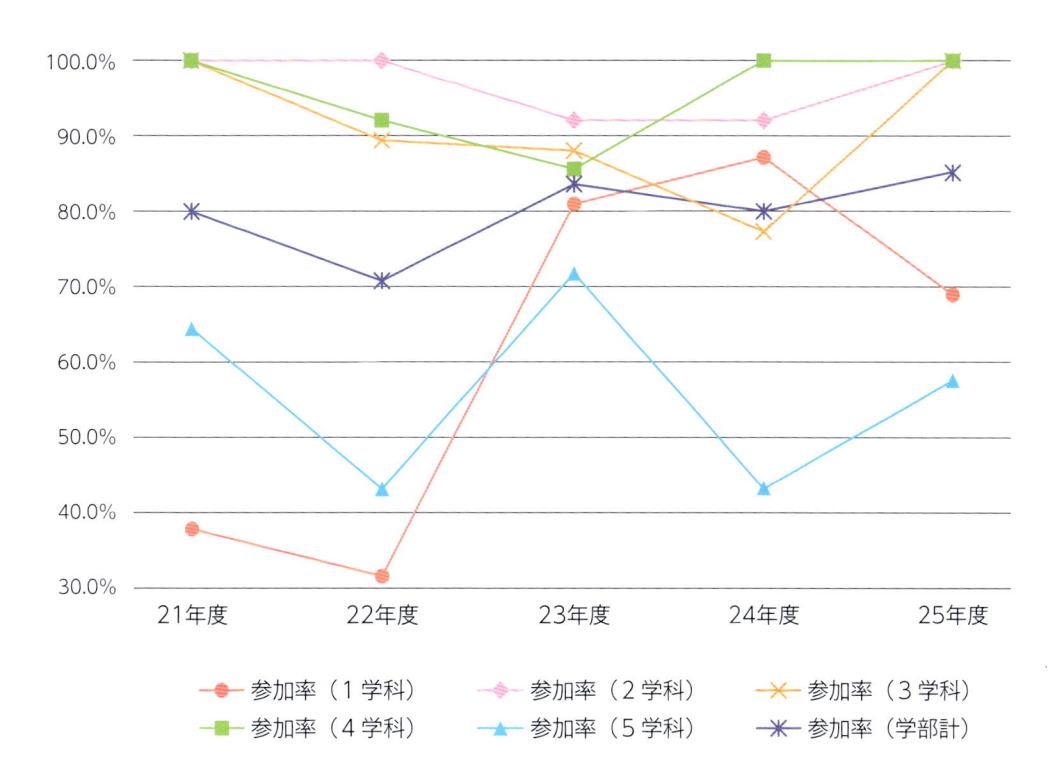

図13　ピアレビュー参加率の経年推移

第3章 北九大の教員は授業でどんな工夫をしているか

■ 授業のベストプラクティス──授業担当者へのインタビュー

「授業のベストプラクティス」とは，学生による授業評価の高い授業，ある面で，"学生の授業へのニーズ"を満たしてくれる授業のことを言う。この章は，本学で学生を対象として行っている『授業評価アンケート』の結果から，アンケートのスコアが上位にランクされた教員にFD委員がインタビューし，その結果をまとめたもの，および各学部においてユニークな授業を実践している教員にFD委員がインタビューしその結果をまとめたものである。インタビューでは，「事前準備」「実際の授業の進め方」「授業評価アンケート結果の活用法」「改善の自助努力」などについてお聞きした（授業評価アンケートとは，183-184ページの表１に示されているような質問項目からなる授業に関する調査であり，すべての授業についてその授業の受講学生から回答を求めたものである。詳しくは，第６章「授業評価アンケートの分析」参照）。

以下，ベストプラクティスとして選ばれた教員への「インタビュー報告」およびインタビュー記事に対する各教員からのコメントを平成23（2011）年度から平成25（2013）年度まで年度毎に紹介する。

■ 平成23年度

平成23年度は，以下の５名の先生が選ばれた。
　平野圭子先生（外国語学部：科目「社会言語学」）
　後藤宇生先生（経済学部：科目「産業組織論」）
　田島　司先生（文学部：科目「社会心理学」）
　廣渡栄寿先生（基盤教育センター：科目「エンドユーザコンピューティング」）
　赤川貴雄先生（国際環境工学部：科目「近代建築史」）

　　　　　（インタビュワー：板谷俊生，松本　守，佐藤眞人，北　真収，中溝幸夫）

創意工夫に裏打ちされた楽しい授業に取り組む平野圭子先生（外国語学部—社会言語学）

はじめに
　平成23年11月21日にインタビューを実施しました。門外漢の私にも理解できるように，楽しい雰囲気の中で多くの貴重なお話をしていただきました。

1．事前準備
・「社会言語学研究」の講義に関する資料作成等の準備には常に十分な時間をかける。できるだけ多くの事例を紹介するために複数の文献から資料を収集し，具体的な調査結果を示す会話例や表，グラフ等を多く提示するようにしている。またインターネットを利用し，テーマと関連する適切な画像や動画があれば資料の一部として取り入れている。

・この科目では年によって異なるテーマを設定している。伝えたい内容がたくさんあり半期のみでは時間が足りないため，数年かけて一通りのことを講義する形式を取っている。社会言語学に興味を持ってくれた学生に，（単位にはならないが）翌年も続けて受講してほしいという期待もある。以前の資料ももちろん使用するが，その場合は少しずつ内容を改訂している。

2．実際の授業の進め方
・講義にはプレゼンテーション用ソフト（パワーポイント）を利用している。学生には授業時にパワーポイントのスライドを印刷したものを資料として配布するが，キーワードや重要事項など一部空所にして，授業中に学生自身が書き込むように作られている。資料だけ受け取っても，きちんと講義を聞いていないと大事な所がわからないようになっている。また居眠り防止の役割も兼ねている。

・授業中は講義が一方通行にならないよう，なるべく多くの学生に質問をしている。学生間にマイクを回し，例題を読んでもらったり，質問に答えてもらっている。学生は授業中にマイクが回ってくるので緊張感が保てるようである。時折教室内を巡回し，学生の顔を見ながら講義するよう心がけている。

・毎回始業前には教室に入り，始業ベルと同時に講義を開始し出席簿を回している。欠席するとマイナス点になること，極力遅刻や途中退席をしないよう学期の最初に注意喚起を行っている。おかげで遅刻者はごく少数で，早退の必要な学生は事前に知らせてくれる。講義を早く始める分，その日の講義予定を終えれば早く終わるようにしている。私語は全くなく，学生の真剣な受講態度には常に感謝している。

3．理解を促進する工夫
　講義内容を具体的に理解してもらえるよう，例題を可能な限り多く提示するようにしている。また紹介する研究者や調査地，研究内容に関連する写真や音声（CD），映像（DVD等）を利用し，授業内容がより深く学生に記憶されるよう工夫している。さらに学生に疑問を投げ

かけたり，調査結果の表やグラフを提示して学生に解説してもらう等，できるだけ一緒に考えてもらえるよう配慮している。

4．授業評価アンケート結果の活用法

社会言語学は英語を対象とした研究が多いため，英米学科以外（比較文化学科）の学生の中には英語の発音の違い等を理解するのに苦労する人もいるようだ。よりわかりやすく伝えられるように工夫したいと思っている。大半の受講生は授業の内容や担当教員に対して比較的高い満足度を示してくれるが，受講生の予習・復習等，授業時間外においても積極的に学習できる環境作りを今後の課題としたい。

5．改善の自助努力

毎学期英米学科内の他の教員の授業を参観し，講義方法や学生との接し方などを参考にしている。英語ネイティブスピーカーの先生のように気の効いたジョークを取り入れ学生を笑わせるというのは難しいが，授業を楽しくするための工夫は私自身の講義にも取り入れていきたい。海外での経験談や失敗談など時間の許す限り積極的に紹介していきたいと思っている。

6．その他

受講生から「言葉に興味を持つようになった」という感想を聞くのが一番の喜びである。

インタビューを終えて

授業，学生に対して真摯に向き合い，楽しく効果的な授業にするためのありとあらゆる事前準備を入念に行っているとの印象を強くした次第である。

（担当：外国語学部中国学科　板谷俊生）

平野圭子先生からのコメント

授業ベストプラクティスに私の講義を加えていただき大変光栄に存じます。他の先生方のインタビュー記事を拝読し，私の授業には不足している点が多々あることを改めて実感しました。学生の興味を引き付けるための工夫や，理解度を向上させるための工夫，授業アンケートの活用方法など，それぞれの先生方が独創的な工夫をなさっており，見習う点が多数ありました。今後も授業の進め方や理解を促す方法など少しずつ改善を試みながら，受講生の好奇心を刺激し学習意欲を向上させられる講義方法を心がけていきたいと思います。

大人数講義で学生から高評価を得ている後藤宇生先生（経済学部—産業組織論）

はじめに

平成 23 年 10 月 20 日に，経済学部資料室で，産業組織論Ⅰ・Ⅱを担当されている経済学部の後藤宇生先生に講義についてインタビューを行った。後藤宇生先生が担当されている講義

図1　後藤宇生先生

は，受講者数が300人を超えることもある経済学部の人気講義の1つである。後藤宇生先生からのお話は以下の通りである。

1．事前準備
- 講義1コマ（1回）につき5時間ほどの時間をかけて準備をしている。
- 講義資料（配布プリント）については，1度配布した講義資料を講義2回にわたって使用している。講義資料はできるだけシンプルなものにするように心がけている。
- 出来る限り新鮮な情報を学生に提供するために，毎年，前年度の講義内容の1/2程度を改訂している。特に，最新の研究成果や自身の研究成果の一部を講義内容に反映させており，学生にアカデミックな面白さを伝えることも意識している。
- 学生だけでなく，講義を行っている自分（教員）にとっても退屈な講義にしないために，「世界に1つだけの講義」を行おうとする強い意識を持って講義準備に取り組んでいる。

2．実際の授業の進め方
- これまでのアンケートでの「加重平均値の最高値（4.58）を超える講義を行う」ことを常々意識して講義に臨んでいる。
- パワーポイント（スライド）を利用した講義では，どうしても学生の集中力が続かないという経験から（パワーポイントの死），学生が手を動かし，考えながら受講させるために板書による講義スタイルをとっている。
- 1回の講義では，トピックスの説明を1時間行い，その内容に関する練習問題を残りの30分で解かせるようにしている。学生が手を動かして「書く」ことや練習問題を「繰り返す」こと等については，脳科学からの知見に基づいて特に意識して講義設計している。
- 講義中には，受講者全体に質問を投げかけ，受講者全員を巻き込むような機会を入れるようにしている。
- 講義では極力ゆっくり話すように心がけている。また，講義が堅苦しくならないようにする

ために，何かしら「笑い」が起こるような話題を盛り込むように意識している。
- 講義中は板書をするため教室前方にいるが，学生に練習問題を解かせている時は教室を巡回するようにしている。その際，学生が質問しやすいように声をかけたり，積極的にコミュニケーションをとるようにしている。
- 出欠については，出題している練習問題を講義終了後に提出させることで出欠確認を毎回行っている。提出されたプリントについては，SA（student assistant）を利用して添削し，次回の講義で返却している。また，真面目に取り組んでいないと思われる，質の低い答案を提出した学生に対しては，次回も同様な答案を提出した場合には減点対象となる旨を明記し警告も与えている。
- 学生自身が課題を設定して解答する形式の問題（アイデア問題）を宿題として出している。
- 講義中における学生の私語やエスケープを防ぐために，真面目に受講していれば試験前に試験対策勉強をわざわざやらなくても困らないような講義設計をしている。また，学生が私語をして教員の話を聞き逃すと，出欠に関わる練習問題（プリント）に取り組めないようにもしている。この結果，学生の私語やエスケープはほとんどない。

3．理解を促進する工夫
- 「経済学」という学問がそもそも輸入学問であること，日本語のテキスト等ではやや数理的に傾倒したものが多いこと，洋書は解説が非常に丁寧であること等の理由から，主に洋書（テキスト等）をベースにしながら講義資料を作成している。
- 「経済学」という学問の性格上，学生にとって苦手な数理的な議論が必要になることもあるが，直観に訴える言葉・数式・グラフの3点セットで教えることで学生の理解を深めるように努力している。
- 学問的にも抽象的な話が多いので，学生にとって身近な話に置き換えることを強く意識している。例えば，学生に馴染み深い芸能人を例に挙げたり，講義内容と関連する映像を講義中に見せたりしている。また，学生の興味を喚起させるために実務家を招いて講演をしてもらったりもしている。

4．授業評価アンケート結果の活用法
　学生による自筆のアンケートを，良いコメントが書かれたものと悪いコメントが書かれたものに分類し，特に悪いコメントを熟読し，これをいかに改善するかに注力している。例えば，産業組織論Ⅰのアンケート結果であれば，産業組織論Ⅱの講義中に，産業組織論Ⅰでどういうコメントがあったのかを受講者全員に提示し，今後自分（教員）がどのように対応していくかをきちんと説明するようにしている。

インタビューを終えて
　お話の冒頭で，以前から講義アンケートの加重平均値が「4.0」を超えれば上出来だと考え

ていた私は，これまでの講義アンケートの加重平均値の最高値が「4.58」であることを聞かされ，今もなおその値を超えようと努力されていることに驚かされたと同時に，同じ教員として恥ずかしささえ覚えた。後藤宇生先生のお話を聞いて一番感じたのは，学生にとってよい講義を行おうとする意識の高さである。これは「プロ意識」といってもいいであろう。この「プロ意識」が種々の工夫を生み，多くの学生を引き付けるのではないだろうか。

(担当：経済学部　松本　守)

後藤宇生先生からのコメント

　ベストプラクティスに選出されたことは，とても光栄でしたが，自分の講義や心がけが，他の先生方より，優れているわけでもないと思っています。

　講義に対する姿勢として，以前にもまして直観的に分かりやすく伝えられるようになりたいという気持ちが強くなっています。学生に分かりやすく話せないということは，深いところから分かっていないことですから，毎回の講義が自分のテストのような気持ちです。

　講義内容に関しては，インタビューの部分でも書かれていると思いますが，毎年，構成し直し，入れ替えをしています。身近に感じないケースや，近年重要性が低いと判断したトピックは割愛し，学生の関心が強く，重要性が高いと判断したトピックはより詳細に講義するようにしています。また，進行中の研究に関するトピックや次に研究対象にする予定のトピックを講義内容に含めることもあります。

　僕の分野は，抽象的なモデルを使用するケースが多いのですが，できるだけ直観にあう形で経済学のモデルを改良して紹介しています。僕自身も経済学や事象を見る感覚が変わってきています。洋書等も含めて，学部用の教科書等が直観的に感じないケースが以前より多くなっています。そのことから，最近は，通常の教科書等で分析されている方法とは違う方法を採用しています。トピックによっては思い切って，大学院で学ぶような内容も直観的な形に変更して伝えるようにしています（上記のようなモデル変更プロセスを行いながら最近気が付いたことは，この変更が，現在研究されている高度な内容に接続しやすいことです。より現実的で直観的な方向は，学問水準を下げているのではなく，より洗練され，むしろ高度な内容につながるような方向性を持つこともあるようです）。

　残念ながら，評価が悪くなる時もあり，難しさを感じています。自分の講義が完成するということはないのだなと思います。学生自体の学力の変動ももちろんありますし，学問の進展や自分自身の成長もあると思います。このあたりも楽しみながら，教育にしっかり向かい合って，教員生活を送りたいと思っています。

ゼミと授業をつなげる工夫をされている田島司先生（文学部―社会心理学）

はじめに

　平成23年11月14日に文学部人間関係学科で社会心理学の授業を担当されている田島司先生にお話をうかがいました。

図2　田島　司先生

1．事前準備

　良い授業をするには教員が専門の研究を深めていくことが大切だが，それをそのまま提供するだけでは良い授業にはならない。教員は専門的な研究の中身を学会の研究発表のように論理の筋道を追ってそのまま話してしまいがちであるが，それでは学生の興味を引きつけられない。話を進める順番を考えておくことが大切である。最初に結論や実験結果を提示して学生に「え？　何でだろう？」と思わせてから，その種明かしをしていくといった工夫が必要である。

2．実際の授業の進め方

・授業ではパワーポイントを使いすぎないように心がけている。パワーポイントと板書を交互に行い，単調にならないように気をつけている。パワーポイントと板書の切り替えは照明の点滅やスクリーンの上げ下げが面倒であるが，それが学生にとってはよい気分転換になるのではないか。また授業中にちょっとした作業や小実験を行わせることもある。

・授業期間中に4回の小テストを行っている。小テストによって学生の理解度がチェックでき，学生の誤解を訂正できる。学生の答案には必ず全員に向けてコメントを付けるようにしている。学生が欠席した場合でも，コメントをネットからダウンロードできるようにしている。学生は他の学生がどのように考えているか関心があるようだ。

・また小テストによって自分の授業の説明の足りないところもチェックでき，すぐに補足することができる。期末試験ではこうした修正ができないので，小テストの方が効果的であると考える。授業でまだ取り上げていない問題を出すこともある。学生が自分で必死に考えてくれるので，その後の授業は関心をもって聴いてくれる。成績評価はこの小テストのみで行う。特に出席は取らない。

・教育というのは強制が不可欠だと思う。学生に強制するのが僕の仕事である。ただあからさまに強制するのでは能がないので，自分で考え，自律的に動いていけるように仕向けなければならない。その工夫をあれこれやっている。

3．授業評価アンケート結果の活用法

　アンケートのコメント部分は全部目を通している。最初の年は新鮮だったが内容はだいたい毎年同じように感じる。「もっと板書して欲しい」のような意見も書かれているが，メモを取る練習をしてほしいために意図的にそうしているところもあるので，指摘されても直していない。授業アンケートは3年に1度くらいでも十分だと思っている。

4．ゼミとの連携

　ゼミにとりわけ力を入れており，授業との連携をはかっている。新学期の4月に4年生と3年生にペアを組ませ，4年生の卒業論文の構想内容を，3年生に発表させるという課題を出す。先輩と後輩が共同作業することで，学年間の親睦が深まり発表やレジュメ作成のノウハウを学生同士で伝えていくことができる。こうして形づくられた先輩後輩関係が就職活動にも生きているように思う。3年生のゼミでは春に社会心理学の概論（教科書）を毎年1章ずつ自分たちで作成する作業をさせている。その作業は学生が自宅のネットで進められるようにクラウドのシステムを利用している。製本されるので学生も達成感を得られるようである。3年生の冬には，講義科目の中で学生自身が授業を担当するという時間を設けている。大勢の学生の前で成果を発表するということで学生は緊張感を持って真剣に取り組んでくれる。学生にとっては社会に出てからも通用するプレゼンテーション能力を身につけることができ，また学生に授業のやり方を指導することで，自分自身も授業方法に関する貴重なヒントを得ることができている。

インタビューを終えて

　ゼミと講義科目を結び付けるアイデアと考え抜かれたシステムに感心しました。研究室には学生がゼミで利用できるようにテーブル上にモニターが2台も設置されるなど，随所に学生の好奇心をとらえて積極性を引き出す工夫が感じられました。

（担当：文学部　佐藤眞人）

田島司先生からのコメント

　「教育の質」を評価する方法を模索し続けることは大切だと思うが，難問であることを日々実感している。

　例えば，私が担当する社会心理学という学問分野は，大学生にとっても日常生活とのかかわりが分かりやすく，心理学に興味を持って入学する学生がもともと多いという学科の特性も手伝って，学生による授業評価アンケートのスコアは高くなりがちだと思う。授業評価アンケートは自分自身の経年変化を知るための指標としたい。

　そこで経年変化を注意深くチェックしようとするが，これもなかなか難しい。自分の研究が年々深まっていけば，昔作った授業は浅く感じられ，今の方が良い授業をしている気になるが，新しく作る授業は知らず知らずのうちに少し高度な内容にしてしまいがちで，それを「分

かりにくい」と言われれば，学生の学力低下と見誤ることもあるだろう。

また，授業評価アンケートには「分かりやすかった」かを評価する項目があるが，あまり分かりやすい授業ばかりしていては，分かりにくい時にすぐ諦める根気の無い学生を育ててしまうのではないかという不安もある。最初は分からないことが，そのうち分かるところに成長がある。少なくとも最初は分かりにくい授業であることも重要なのかもしれない。

全学的な取り組みが始まる以前に，独自の授業評価アンケートを数年間実施していた。その結果を見返してみると，就労経験の長い社会人学生ほど，「学生の意見を参考にして面白い授業をしてほしい」という意見が弱くなり，「受けているその場で面白いよりも，後々重要性を実感できる授業をしてほしい」という意見が強くなっていた。つまり，教育の成果は直後に現れるとは限らないので，教育の直後に行う評価にあまり振り回されてはいけないのかもしれない。

学生たちの「今，知りたい事」に答える授業は，履修者も多く，授業中の質問も活発で，授業後の満足度も高いにちがいない。また，卒業後，社会人になってすぐに役立ちそうな事を教える授業も高い評価になって当然である。一方で，数十年かけて世界観や自己観を育むための種や肥料を提供するような授業は，それほど評価が高まらないかもしれない。そのような教育の成果はとらえにくいが，社会をしばらく経験した後に大学に戻って「学び直しをしたい」，大学院でさらに「研究を深めたい」などと思う人が増えることも，数十年後に得られる教育の評価の1つであると思っている。

組織的にチームFDに取り組む廣渡栄寿先生（基盤教育センター—エンドユーザコンピューティング）

はじめに

平成23年10月19日にお話を伺いました。廣渡先生は，13年間，本学の情報教育を担当されてきました。貴重なお話の内容は以下にまとめています。

1．事前準備

・「エンドユーザコンピューティング」は文科系4学部1学群の学生を対象に9クラス開講し

図3　廣渡栄寿先生

ていて，それを5名の教員で分担して授業を行っている。このため，シラバスやその内容を統一する必要があり，また，成績評価の基準も共有し合っている。
・全てのクラスでシラバスや授業内容が統一されていたとしても，教育手法については，独自に，毎年，少しずつ新しい内容や話題を織り込んでいる。たとえば，コンピュータウィルスという普遍的な内容に，最近のコンピュータウィルスがらみの事件を取り上げ，具体例を加えて現実的に対応している。
・毎回，授業終了時に授業レポートを課し，授業の要点確認の設問だけでなく，その日の授業の感想・質問・要望などを書いて提出してもらう方法をとっている。
・毎週，レポートを確認し，学生の理解度に応じて，授業内容に修正を加えている。また，全ての質問や要望には回答を準備し，次回の授業では，それを紹介したり，質問に答えたりしている。

2．実際の授業の進め方
・パワーポイントを使ったり，板書をしたり，教室内を歩き回ったり，自分なりに変化をつけるように努めている。
・基本的に，授業の重要な点をノートに書くように指導している。資料を配布することもあるが，重要な箇所を穴埋め式にし，関心をそらさないようにしている。
・私語に対しては，必ず注意をし，必要なら筆談をするように言っている。また，遅刻者に対しては，周りの邪魔をしないで静かに入るように注意している。

3．理解を促進する工夫
・最初に，「なぜこの授業を学ぶのか」について何度か説明をしている（1回説明しただけではなかなか学生には理解してもらえない）。
・毎回の授業で，その日に取り上げる授業内容のテーマやキーワードを紹介してから，授業に入っている。1回の授業で取り上げるテーマは，3つ以内になるように心がけている。
・できるかぎり，具体的な事例を取り上げ，学生にイメージしやすいように工夫を凝らしている。また，楽しい授業を心がけて，質問をしやすい雰囲気を作ろうとしている。

4．授業評価アンケート結果の活用法
・授業評価アンケートの結果は集計されるのが遅く，結局，翌年に反映するものとして運用されている。しかし，今やっている授業の中で直ちに改善していくには，毎回の授業で受講生の意見を吸い上げることが重要であると考えている。また，どのような学生が何に不満を持っているのかを知ることが授業改善の役に立つと考えている。このため，不満な点がある場合は，必ず，毎回実施しているレポートに記入するように指導している。学生が書いた不満な点については，次回の授業時に必ず紹介し，教育効果を損なわない限り，できるだけ不満に思う学生が少なくなるように授業スタイルを改善していっている。もちろん，学生が不

満な点を書きやすいような雰囲気の授業になるように心がけている。
・また，学生の不満への対応に悩んでしまうときには，他の先生に意見を聞いたり，受講生に直に聞いてみたりしている。

5．改善の自助努力
・他の先生のピアレビューをさせてもらっているが，授業の上手な人は，自然と授業の話に耳を傾けさせていける。ハイレベルな授業を展開するには，その人のキャラクターが大きな要素を占めているような気がする。
・授業を担当することは，受講生との契約だと考えている。そうした中で，授業の目的をきっちり話すこと，受講生の意見をよく聞くこと，その意見を授業の中で他の受講生に還元していくこと，悩みは教員同士で情報交換すること，この4つが大切だと思っている。

6．その他
　受講生の反応を予想して手を打ち，それが思い通りにはまってくれた時や教室全体がどっと沸いて盛り上がった時に，教えることの手ごたえを感じる。

インタビューを終えて
　情報教育の担当教員が集まったときに，授業の情報交換を行い，改善のアイデアを話し合っているそうです。これは，まさしく組織的なチームFDへの取り組みといえます。個々の授業はそれぞれの教員に委ねられて，個々に品質管理を行っているのが大学の現状ですが，「エンドユーザコンピューティング」授業では，教員によるばらつきを抑える努力が日々行われているところに，実はFD活動の本質が潜んでいるのではないかとふと感じさせられました。

（担当：マネジメント研究科　北　真収）

廣渡栄寿先生からのコメント
　当時，私が担当していた「エンドユーザコンピューティング」は，情報教育科目の1つでした。文科系4学部の1年生には必修科目であり，情報教育科目の中で，唯一コンピュータ操作を伴わない講義形式の科目でした。情報教育でありながら座学中心の講義形式にしたのは，エンドユーザに必要な知識や判断力を，より体系的に習得させることが可能だと考えたからです。しかし，受講生にとっては，コンピュータ操作を伴わない情報教育は楽しくないものだったようです。なぜコンピュータのある情報処理教室で行わないのかという質問を受けたことを記憶しています。
　実際に講義を行うと，多くの受講生がコンピュータや情報に対する苦手意識を持っていることを痛感しました。受講生の苦手意識を減少させ，情報について学ぶことは面白いと思ってもらうことが，私にとって大切な目的の1つでした。この目的を達成するために，様々なことに挑戦したことを覚えています。同僚の教員に質問や相談を繰り返しながら，自分の講義に役立

つと思った手法を取り入れていきました。苦手意識があり面白味のかける講義内容だと思っている受講生が多いからこそ，楽しんで学んでほしい，そのためには何でもしようというのが当時の心境です。この思いは，今でも変わりません。

現在担当している講義科目においても，「エンドユーザコンピューティング」の時と同じように受講生が自ら学びたいと思える講義づくりに取り組んでいます。毎回の講義の終わりに次週のテーマを予告し，そのテーマについて予習してもらったところから講義を進めています。予習を行うと理解度が違い，講義が楽しいという意見をもらっています。また，毎回提出してもらうレポートは，今でも大切なコミュニケーションツールの1つです。受講生全員と会話をすることはできないので，毎回，講義への質問や意見，要望などをレポートに書いて提出してもらいます。その記載内容により，次週の講義内容を修正することはもちろんのこと，必要に応じて講義スタイルを変更し，より魅力的で有意義な講義づくりに努めています。今や，私にとって，講義は受講生と一緒に作り上げていくものとなっています。

全員の授業参加をめざしている赤川貴雄先生（国際環境工学部―近代建築史）

はじめに

赤川先生は，近代建築史を担当されています。平成23年11月15日に伺った貴重なお話の内容は以下に整理しています。

1．事前準備

・講義の内容は，毎年，見直しをしている。穴埋め式のレジュメを配布しているが，これも毎年，見直し改訂している。
・建築史の授業は，単独に行うのではなく，設計演習（製図やデザイン）との連動も意識して行うように心がけている。
・単に知識を伝えるだけではいけないので，学生が興味を持って，次に展開してもらえるように，質問を増やして，面白くするように努めている。

図4　赤川貴雄先生

2．実際の授業の進め方

- 受講者数は50〜60人程度。
- 伝達すべき知識の範囲は広いので，説明はパワーポイントが中心である。図は板書している。穴埋め式のレジュメ以外に，グラフィックの資料や事例なども配布している。緊張感を持続させるために，授業では毎回，動画を見せる場面を作っている。
- 出欠は，名簿を回覧して記入してもらっている。遅刻者も出席とみなしている。
- 私語や居眠りに対しては，動画を示したり，受けを狙った話題や質問に切り換える。単調な講義が続くと誰でも関心をそらしたり眠たくなる。私語は叱っても効果がない。メリハリが重要。質問はクラス全体に投げかける。
- 質問や回答をしたからといって加点をすることはないが，面白い質問や積極的に答える学生に対しては，成績評価で加味している。

3．理解を促進する工夫

- 一方的に話すのではなく，受講生の反応を見ながら進めるようにしている。質問は，個別の学生を指名して投げかけるのではなく，全員に対して問いかける。何も反応がなければヒントを与える。ある程度待っても反応がない場合は解を提供する。
- 穴埋め式のレジュメは，学生の手を動かすので効果がある。わかりやすいように，ケーススタディ的な事例を見せることもある。
- 期末テスト以外にも，宿題レポート，小テスト，中間テストを組み合わせている。

4．授業評価アンケート結果の活用法

- 知識の伝達状況についての評価が中心で，あまりネガティブなことは回答されない。知りたいことは，むしろ，授業の雰囲気やどんな風に聞いているのか，印象に残ったことは何かなどの個別のコメントである。これらは，レポートやテストなどに記述してもらうことで反応を収集している。
- 必要な知識の学生への伝達量は減らせないと思うので，反応を踏まえて，効率よく伝達する方法や深く理解させる方法を追求するよう努めている。

5．改善の自助努力

　ピアレビューは学部レベルでやっているので参観している。以前，FD委員を担当していたので，いくつか授業改善の図書を読んで，授業が単調にならないよう緩急をつける工夫など，なるほどと思った点は参考にしている。

6．その他

- 海外の大学で学んだ授業では，映像を見せたり，質問を投げかける場面が多かったが，そうした経験も参考にしている。

・学生から,「海外旅行した時に,授業で教わった作品をまぢかで見ました」という話を聞くと,嬉しくなる。

インタビューを終えて
　赤川先生は,授業への参加について,個々人に委ねて,それぞれで温度差があるというよりも,全員が参加することを大変重視されている。つまり,意見や質問を言う学生よりも何も言わない学生をどのようにして授業に参加させるか,という点に彼のFDの考え方が集約されていると感じました。

（担当：マネジメント研究科　北　真収）

赤川貴雄先生からのコメント
　近代建築史という授業科目は,建築工学には関係がないように見えるが,建築の歴史を見ていくと,それは建築構法や建築材料の歴史でもあり,これらがどのような歴史的・文化的背景で生まれてきて普及したかということを知ることは建築技術者としての基礎を築くにあたって重要であると考える。また,近代建築史では,建築のデザインと,その背景となる歴史・芸術の動向との関連についても解説するように努めている。これは高校において世界史を履修していない学生に対して歴史的視点を少しでも提供し,また,不足している芸術系科目を補塡する意味もある。このように本授業内容は「非常に多くの知識の伝達」が主となってしまうので,演習科目等と異なり,学生にとって受け身な授業となってしまう危険性が当初からあった。授業を初めて数年の時,学期も半ばになり,こちらの「単調で一方的な解説」に対して「寝る」という生理現象で答える学生が増えてきた。困ったことに比較的成績の良い学生も寝だしたときに,「これは私の授業のやり方が間違っているのだ」と確信した。その時以降,興味を持って聞いている学生の数を基準にして,授業内容にさまざまな工夫を加えてきた。まずは視覚教材の質の向上であった。これは授業で使うスライドと配布物にわかりやすい画像を選択することと,画質の向上であった。次に,建築に関する知識相互の関連性を短いエピソードにまとめて,感情移入しやすいようにすることであった。例えば,「イタリア未来派」の説明をする時に,芸術運動を鼓舞するマリネッティと,その鼓舞に建築の分野で呼応したが若くして戦死してしまったサンテリアのエピソードを交えるなどである。その次は,スライド画像が続いた場合,動画を交えるという方法である。一定時間以上静止画で説明を続けると必ず眠くなるので,授業に関連のある建築作品の動画を交えるよう努力している。最後に,聞いている学生の理解度を確認し,かつ授業に参画させるための定期的な「質問」である。これは,授業の知識を活用して,また,授業の知識に関係なく常識で答えられる質問をタイミングよくすることによって,授業で説明している内容が理解可能であるものということを自覚してもらうために考えたものである。さまざまな工夫をしながら,授業の最後に,「面白かった」という顔をしている学生の数を増やすために今後も改善を図っていきたい。

■ 平成 24 年度

平成 24 年度は，以下の 7 名の先生が選ばれました。

　　アダム・ヘイルズ先生（外国語学部：科目「イギリス研究」他）
　　梅澤俊浩先生（経済学部：科目「原価計算論Ⅰ・Ⅱ」）
　　堀尾香代子先生（文学部：科目「日本語学概論Ⅰ」，「日本語の文法」）
　　植木　淳先生（法学部：科目「憲法機構論」，「日本国憲法原論」，「憲法人権論」）
　　眞鍋和博先生（地域創生学群：科目「コミュニケーションと思考」）
　　浅羽修丈先生（基盤教育センター：科目「エンドユーザコンピューティング」）
　　上江洲一也先生（国際環境工学部　科目「基礎化学工学」）

（インタビュワー：木原謙一，武田　寛，佐藤眞人，坂本毅啓，ディヴィッド・A.ストット，龍　有二，中溝幸夫）

授業の楽しい雰囲気作りに努め，多くの学生たちから支持されているアダム・ヘイルズ先生（外国語学部―イギリス研究）

はじめに

　外国語学部英米学科のアダム・ヘイルズ先生の研究室を平成 24 年 10 月 23 日に訪問しお話を伺いました。ヘイルズ先生は担当されるすべての授業において，毎学期の授業アンケートで常に高い得点を獲得されており，英米学科のゼミ選択でも常に一番人気となっています。わかりやすく，ユーモアたっぷりの授業を展開されておられます。イギリスでの 1 年間の研修を終えて帰って来られたばかりですが，さらにパワーアップしたようです。

1．事前準備

　事前準備はとても大事です。授業を新鮮なものにしておく必要があるので，毎年新しいマテリアルを用意します。学生とのつながりを持つためにいつも日本のニュースをチェックしたりしています。

図 5　アダム・ヘイルズ先生

2．実際の授業の進め方

- クラスサイズによってやり方は異なります。例えば「イギリス研究」のクラスでは100～150人の学生がいますので，講義形式になります。この授業は英語で行っています。学生が90分間英語を聞き通すことができるように，クラスの時間をいくつかのセクションに区切ることが重要になります。

  まず，20分くらいパワーポイントのプレゼンをやり，次の20分はペアワークで学生たちを指導し，それから20分は次のことをやるといった具合です。
- パワーポイントのプレゼンに関しては，たくさん画像を使うようにしています。パワーポイントのセンテンスは短くし，授業の話の中でこれを広げていくようにします。
- 授業は堅くならないようにしています。学生は私のことをアダムと呼んでいます。またジョークを言ったりして笑わせるようにもしています。こうすることで，学生が何か質問などあったときにも話しかけやすい雰囲気をつくっているわけです。
- 30人かそれ以下のクラスでは，毎回の授業で，学生一人ひとりと短い会話をすることに時間を使います。通常こうやって学生の出席を確認します。
- 事前に教材等の準備を整え，時間が無駄にならないようにしています。

3．理解を促進する工夫

クラスでは明瞭に話すようにしていますが，あまりゆっくりは話しません。いくつも言い換えをして，内容が理解できているかどうか学生をよく観察します。

4．授業評価アンケート結果の活用法

1人か2人の学生が低い評価をつけているのですが，そのような結果に注意して，そのコメントを授業改善に役立てます。良いコメントよりも悪いコメントの方が役に立ちます。

5．改善の自助努力

授業のマテリアルを作成するために，より効果的にテクノロジーを使用できるかということです。また，同じ科目を複数の教員で担当するとき，他の先生とよりうまく連携していくやり方を学びたいですね。

インタビューを終えて

アダム・ヘイルズ先生が多くの学生たちに支持されている理由のひとつに，オフィスアワーの有効利用も挙げられます。多くの学生たちが自発的に先生の研究室を訪れ，アドバイスを受け，英会話の機会を得ています。これも親しみやすい先生のお人柄が影響していると思いますが，学生一人ひとりに対する細やかな心配りの成果だと思いました。

（担当：外国語学部　木原謙一）

アダム・ヘイルズ先生からのコメント

　私が授業をするに当たって重要としているところは，私自身のためでも試験のためでもなく，学生のための授業をすることです（student-centered class focus）。学生の将来に役立ち，使える内容，キャリアにおいて活用できる英語を教授することを重視しています。

　また，よい雰囲気の授業にするためには，7割（？）が学生のモチベーションによるものと思うので，授業内容に学生が興味を示すようなトピックを選択し，笑いがあり，ミスを恐れる必要のない，全員が参加できる雰囲気をつくるよう心掛けています。また，授業中，中弛みが出ないようにアクティヴィティーをたくさん取り入れ，各セッションには約20分の時間配分，といった工夫もしています。一方，1時間英語のみでの授業のため，全員が授業についてきているか常に注意を払っています。

　そして，クラス1単位としてではなく学生一人ひとりを対象とし，一人の大人として対応します。常に学生の話を聞き，彼らの必要としているものを理解できるように努めています。

　今後も今の状況にとどまらず，さらによい質，内容の授業を目指し，日々努力と研究を続けていこうと思います。

学生のスキル取得のために授業時間を最大限に生かしている梅澤俊浩先生（経済学部──「原価計算論Ⅰ・Ⅱ」）

はじめに
・平成24年11月16日に，原価計算論Ⅰ・Ⅱを担当されている経済学部の梅澤俊浩先生にお話を伺いました。以下はその内容です。
・原価計算論の内容は，簿記2級の工業簿記に相当する。受講者は2年生が大半で，一部3年生である。受講者数は，年によってばらつきがあるが，原価計算論Ⅰ（昼夜合計）で160名から280名，原価計算論Ⅱ（昼間）で60名から200名超と大人数の人気講義である。

1．事前準備
・担当して2年目から，指定教科書に則した，独自のレジュメを作成して，これにもとづいて講義をしている。これは1年目に夜間主の授業で，板書や説明がうまくできずにいたら，社会人学生の「ダメだな，こりゃ！」というつぶやきが聞こえてショックだったからである。
・レジュメは，テキストの説明が冗長である場合やポイントが明確でない場合があるので，これを読めばどのような学生にもわかる内容になっている。これには，自分が学生時代に大学の講義を受けても内容がわかりづらかった経験が生かされている。
・レジュメは，講義中に気が付いたことはその都度メモしておき，夏休みや春休み等のまとまった時間を利用して修正をしている。
・授業開始前に，1時間ほど予習してから授業に臨んでいる。
・レジュメは学習支援フォルダにアップしており，受講生が各自で印刷して，授業に持ってくることにしている。

2．実際の授業の進め方

- 授業では，レジュメをパワーポイントにしたものを使って，テキストのポイントを説明する。その際に，心がけていることは，説明を最小限にすることである。長々と説明するよりも，むしろ手を動かしてもらうことが，スキル取得には大事であると考えている。
- 理解するためには，問題を解くことが必要なので，説明のあとに，学生に問題を解いてもらう。
- 出題は，1コマの授業で大きな問題3題程度。
- 学生が解いている間，教室を周って，質問を受けたり，教えたりする。
- 授業中にできるだけ学生に話しかけるようにしている。
- ひとりでは十分に目が届かないので，自然にできあがるスタディ・チームの中のできる学生が，自分が解けた後に，周りの学生に教える体制をとっている。
- 学生を休ませない。だいたい80〜90％の学生が問題を解き終わったのを目安にして，どんどん先に進む。
- 経済学や経営学の知見を授業の運営に活かすように心がけている。特に，学生にインセンティブを与えるようにしている（アメとムチの使い分け）。たとえば，授業の最後は，問題を解けた人から退室してよい形をとっている。

3．理解を促進する工夫

- 学生の理解を促進するために，基本形を拡張するような形で，問題の解き方が全体として統一的になるように工夫している。
- あまり長々と説明するとかえって混乱する場合があるので，なるべく簡潔に説明するように心がけている。理想を言えば，説明は90秒以内で終わるのが良いと思っている。
- 毎回宿題を課す。宿題の解答は学習支援フォルダに随時アップしていく。
- なるべく身近な例で説明するようにしている。また理論のエッセンスをわかりやすく説明している入門書の記述を参考にしている。たとえば，伊藤秀史著『ひたすら読むエコノミクス』有斐閣など。「原価計算とは……」的な抽象的説明を極力しない。
- ゼミ生に授業がわかりやすいかどうかよく聞いて，授業にフィードバックしている。

4．授業評価アンケート結果の活用法

　授業評価アンケートには，「きつい」と書かれることもあるが，それには迎合しない。講義の目的・授業中に望まれる態度（説明中の私語は認めないなど）・授業評価などを最初の授業で配るシラバスで明確に学生に伝える。ルールを明確化しているので，学生からは特にクレームは出てこない。

インタビューを終えて

　非常に密度の濃い，効果的な授業をされていると感じました。テキストを補完する，独自に

作成したレジュメやその解答を配布し授業時間になるべく手を動かして問題を解くことによって学生の理解を促進しており，この点が学生の評価が高いポイントだと思われます。

(担当：マネジメント研究科　武田　寛)

梅澤俊浩先生からのコメント

　ベストプラクティスの記事を読み返して改めて思うのは，当たり前のことを，当たり前のように，続けようとすることが大切なのだということである。

　ベストプラクティス記事に書いてあるように，教員1年目に，板書や説明がうまくできずにいたら，社会人学生の「ダメだな，こりゃ！」というつぶやきが聞こえた。私は，当時から，「テキストを読めばわかる+α以上の価値を提供できているか？」と常に自問自答していたので，あの一言は非常にショックだった。しかし，授業の質の向上は一朝一夕にはいかない。そこで，私が始めたのが，(1)事前のレジュメやパワーポイントの創り込みと，(2)PDCAサイクルによる継続的な授業の改善である。

　PDCAサイクルとは，Plan（計画策定）→ Do（実行）→ Check（成果の評価）→ Action（修正）を繰り返すことによって，継続的に業務改善することである。一朝一夕に解決できない以上，事前にしっかりと授業の準備をし（Plan），授業を行い（Do），授業アンケートなどを活用して（Check），レジュメ改訂や説明方法の改善（Action）を繰り返すことで，授業を継続的に改善するように努めている。事前のレジュメやパワーポイントの創り込みに多くの時間を費やしているが，それだけでは不十分で，このサイクルを繰り返すことが大切なのである。単純だが，意識的にPDCAサイクルを繰り返せば，確実に授業の質は向上する。継続は力なりである。

　以上のことは，みなさんお分かりのように，当たり前のことである。しかし，その当たり前のことを，当たり前のように，続けようとすることが（私だけかもしれませんが）なかなか難しいのである。ベストプラクティスの記事を読み返してその大切さを再認識できた。今後も，当たり前のことを，当たり前のように，続けていきたい。

授業見学と日々の改良の積み重ねにより学生から高評価を得ている堀尾香代子先生（文学部──「日本語学概論Ⅰ」,「日本語の文法」）

はじめに

- 文学部比較文化学科所属の堀尾香代子先生の研究室を平成24年10月5日に訪問しお話を伺いました。堀尾先生は昨年度の授業アンケートで1学期の「日本語学概論Ⅰ」と2学期の「日本語の文法」において加重集計の最高点を獲得された上，2学期の「日本語学概論Ⅱ」も第2位となっており，学生から抜群の高い評価を得ています。
- 「日本語学概論Ⅰ・Ⅱ」は1年次から受講できる教職必修科目であり，古代語から現代語までを扱い，「日本語の文法」は2年次から受講でき，受講者は100人超という科目です。

1．事前準備
- 「日本語学概論」は教職必修科目なので，ある程度扱う項目に縛りがあるが，「日本語の文法」は毎年3分の1から半分程度内容を変えている。既にこの科目を履修済みの学生が連続で受講することもあるので，物足りなさを感じないよう配慮している。
- 教室には3分前に入室して準備を始める。遅刻は1限の授業以外ほとんどない。私語もそれほど気にならない。

2．実際の授業の進め方
- 国語学は日常生活の身の回りのすべてが言語資料であり研究対象になる。そのため，可能な限り身近な事例をあげて日本語に対する関心を持たせるようにしている。特に古代語は多くの学生にとってあまり興味のわかない時代のことばであるが，現代の身の回りのことから話を始めると関心を持ちやすく，授業に入り込みやすいようである。
- 自分たちは日本人なのに日本語のことをあまり知らないという事実に気付かせるとともに，日本語と向き合うことは自分自身を知ることであるということを理解してもらえるよう心がけている。学生には日本語を通して私たち（日本人）を知ることの楽しさを伝えられればと思っている。
- 基本的に教壇付近に立って授業する。学生にはマイクを手渡して参加意識を持たせるようにしている。時折考えさせる質問を出し，適宜挙手して発言をしてもらう。学生には自分の意見と他人の意見とを比較してみたいという願望があるようである。発言が少ない場合はマイクを回すなどする。マイクを回しつつ，学生の考えていることなどを授業に取り込んでいくことにより，教室に一体感が出る効果もあるように感じる。
- プリントを読む→板書をする→パワーポイントを見せるというように，切り替えをして気分転換させ，メリハリを持たせるようにしている。
- 1年生の段階からゼミとの連携を考えながら授業を行い，授業を通して本質的に何を考えてほしいのかを少しずつ理解してもらえるよう心がけている。

3．理解を促進する工夫
- 授業の後，片付けをしながら教室に残るようにしていると何人かが集まってきて質問をしてくれる。すると他の学生達も集まってきて質疑の内容を聞いている。
- 学生の生の声を聞くことによって，事例や話題の不適切な部分を修正する機会にするとともに，次回の授業で前回の授業の後で出た質問を紹介し説明を行い，皆で質問内容を共有して理解を深めるようにしている。
- 理解度の低い学生の指導や能力差を考慮した指導をするよう心がけている。特にマイクを回した際，わからないという回答をする学生に注意を払って授業で対応していく。理解度の低い学生にどう理解させるか，違った事例をいろいろあげて話す。

4．ノートの取り方の指導

・1年生はメモを取る習慣が身についていないが，どこが重要か，どこがポイントか理解してノートできるようになってほしい。ノートの取り方の基本がうまくできていない学生が多いので，どこが重要か出来るだけ話しぶりで理解できるよう心がけているが，最初のうちは板書をやや丁寧にするようにしている。次第に板書量を減らし，自力でメモを取れる能力を養っていくようにしている。
・話を聞く中で重要なことがわかってくるようになると，メモの取り方も身についてくるようである。次第に板書量を減らす理由や，なぜ自分でメモをとる力が必要なのかの理由を説明するようにしている。

5．授業評価アンケート結果の活用法

・アンケート結果はあまりうまく活用できていない。自由記載欄に「よく理解できた」というコメントが多数あっても，テストの答案を読むと理解してほしい事柄の本質を理解していない場合が少なからずあるので，アンケートをどう活用していくのか，今後の私自身の課題でもある。また近年1コマであつかう内容量が多いとコメントする学生が増えてきている。学生の学力の低下によるものか，他の原因によるものかを見極めていかねばならないと思っている。
・アンケートだけでなく，ゼミの親睦会などカジュアルな場で素直な意見をもらって授業改善に反映させるようにしている。

6．FD の取り組み

・20年ほど前に初めて教壇に立った年度は，年間60コマほどの授業を自発的に見学した。その中で基本的な授業スタイルが固まっていった。
・本学に赴任後は学外研修の機会などを利用して，同じ専門分野の他大学の先生の講義を聴講し，自身の授業改善に役立てた。講義の上手な教師は学生の発言に対する切り返し方が上手で，自身の授業の中に取り込んでいくための参考になった。

インタビューを終えて

　堀尾先生に対する学生の高い評価は，大学の教壇に立たれてから現在まで，たゆまず熱心に授業の改良に励まれてきた成果だと思いました。学生の質問を聞いて講義の内容を修正したり，学生の反応を見てパワーポイントに工夫を加えるなど，アンケートだけに頼らず，学生を観察し細かい改良を重ねていることがわかりました。板書の方法などにも細かい工夫もしているようなので，是非今度ピアレビューをお願いしたいと思います。

（担当：文学部　佐藤眞人）

堀尾香代子先生からのコメント

　ベストプラクティスのインタビューのお話をいただいた時は，お受けするかどうかかなり迷った。例年，授業アンケートの自由記載欄は参考にする点も少なくないが，ベストプラクティスの選定基準と説明された「満足度」はほとんど気に掛けたことがなく，自身の加重平均値には無自覚であったこと，また，授業アンケートの満足度は，説明の仕方や構成などテクニカルな側面への評価となる傾向があるように感じているため，個人的には，授業の成果は，満足度よりも，定期試験の答案やレポートなどの成果物によって見極めることが多いためだ。ただ，今回は私が授業で行っている工夫をいささかお話しする形で構わない，ということだったのでインタビューをお受けすることにはした。

　授業では，できるだけ学生が自分自身で積極的に考える機会を設け，また，それを発言し，他者のものと比較する機会を取り入れるようにしている。とりわけ日本語学は身の回りのことば全てが言語資料であるため，毎週，授業に関連のあるテーマを特定して言語観察を行ってくるよう課題を出し，授業内容とリアルな言語生活とを結びつけつつ，授業を展開していくようにしている。学生たちは観察の過程で，従来とは違った視点を得たり，ことばに対する見方に変化が現れてきたりするようで，現在もこの方法をいくつかの授業で試みている。授業によっては，パワーポイントも使用するが，スクリーンが黒板の大部分を覆ってしまうため，パワーポイントで絵や写真を見せながら板書することができず，難儀をしている。この点は現在良い方法を模索しているが，なかなか妙案が浮かばないでいる。

　また，時折，「日本系の科目は苦手なため，履修登録するとGPA（用語集参照）が下がるので，次学期も先生の授業を受講したいが，迷っている。単位は不要なので，履修登録せずに受講してもよいか」と聞かれることがある。近年このような話を耳にする機会が増えてきており，GPAが学生の関心の足かせになっているのかと，少し危惧している。また，近年，授業アンケートに，毎学期全授業で授業アンケートを書かされることへの不満が書かれているのを目にする。学生・教員ともに30分程かかるこの一連の作業を負担に感じている感は否めない。FDに関しては，個々の授業の改善はもちろんであるが，設備やシステムなど全体の問題や，学生・教員の自主性との兼ね合いなども併せて改善・検討していかねばならないと実感している。

「法律は言葉の学問」だからこそ，わかりやすい授業構成を考える植木淳先生（法学部――「憲法機構論」，「日本国憲法原論」，「憲法人権論」）

はじめに

・平成24年12月6日に，法学部で「憲法機構論」，「日本国憲法原論」，「憲法人権論」を担当されている，植木淳先生にお話をおうかがいしました。
・なお，植木先生は「授業アンケートに対して評価が高い講義が良い講義とは思わない」，「私の講義がベストプラクティスとは思わない」というお考えをお持ちだということを，あらかじめ書き記させていただきます。

1．事前準備

- 科目によって，Ｂ４用紙で６〜８ページ程度のレジュメを用意している。レジュメは最新判例と重要な法律改正を補うという点を毎年度更新している。授業前にはレジュメにメモをして，授業で話す内容を確認するという作業を 60 分程度はするように心がけている。
- レジュメは授業の構成上，しゃべりきれなかったとしても，資格試験の受験者を意識して準備だけはしておくようにしている。例えば，後から公務員試験を受けるときに見直せば，いちおう最低限必要な判例が出てくるようなイメージを持っている。

2．実際の授業の進め方

- 専門として研究しているテーマについては，講義ではいっさい話さない。おそらく法学部の特質だと思われる。資格試験を受験する学生にとっては，まんべんなく聞く必要があり，教科書を全域押さえるということをしないと困る。だから憲法を担当している教員はまんべんなく人権論をしゃべる。
- パワーポイントは使わない。レジュメとしゃべり，そして板書の書き取りを組み合わせた方がわかりやすいと思っている。領域によっては絵的に理解をするということが必要だろうが，法律は言葉の学問だと思っている。

3．理解を促進する工夫

- レジュメでキーワードと資料を用意している。キーワードについてはしゃべり，メモをさせながら理解させている。資料については読んで理解させるという組み合わせをしている。資料とは具体的に，法律だと条文と判例そのものであり，現物を挙げないと正確な理解にならないので，読み上げて若干の説明で補うようにしている。重要なキーワードについてはなるべく書かせるようにして理解を促している。判例の部分は読んで「ふむふむ」と言ってもらうことを狙っている。
- キーワードを書かせるという点については，条文を読んで，レジュメの余白に板写を書きとらせたり，ゆっくりとしゃべって書かせたりしている。そして判例で内容を確かめるという流れになっている。
- レジュメにあらかじめ書いておいた内容を，翌年は消す場合もある。これは，板書して書かせた方が理解しやすいと感じた時にしている。例えば，「これが認められるための三要件」というのがあったとする。三要件が認められたらこうなるということを，①，②，③と書くというのは，最初から準備するのではなく，書かせた方が理解しやすいと思う。ただし，あんまり長く書かせて，時間をいっぱい使わせるのは時間がもったいないし，テンポも落ちるので，このバランスを考えることが大事だと思う。
- 教科書に書いているような正確な説明はレジュメに書いて，若干くだけたような説明を板書で書かせるようにしている。その理由は，後からレジュメだけを見て，「これは不正確だ」と言われないようにしているためだ。レジュメに残るのは正確な，教科書に書いているよう

なかっちりとしたことを書くけれども，学生にわかりやすくなるように，ちょっと不正確でも良いから，もう少しわかりやすい表現を板書で書いたり，しゃべって書き取らせるようにしている。

4．授業評価アンケート結果の活用法
　自由回答欄はちゃんと目を通している。特に批判的なコメントの割合だけちゃんとチェックしている。私の場合，必ず「早口だ」というのが出てくる。それが例えば300通のうち，30通ぐらいだったら「今年は失敗したな」というように，問題点の確認に使うようにしている。

5．改善の自助努力
・学生の様子を見て，レジュメにあらかじめ書いておくよりも，板書を通して書き取らせた方が理解しやすいような内容については，レジュメから削除して，書き取らせるように変更をすることがある。
・常に「法律は言葉の学問」というのを意識した，授業展開を心がけている。

6．その他
　今まで自分で意識しなかったような話を，このインタビューを通してしゃべるということで，一番授業改善になったような気がする。自分で自分の授業について，少し分析をすることができたと思う。

インタビューを終えて
・実は今回のインタビューについて，植木先生は受け入れるかどうするか，悩まれたそうです。しかし，お話しいただいた内容はとても示唆に富み，最後には「その他」でご紹介させていただいたように，「今が一番授業改善になった」とまでおっしゃっていただきました。大変ありがたいことです。
・常に学生目線で「どうすれば理解できるか？」ということを考えていらっしゃっていて，分野は違えども「社会保障」という科目で社会保障法制度について講義を担当している私にとって，とても勉強になる時間でした。
・学生指導のお忙しい中，お時間を割いていただいたことに心よりお礼申し上げます。

（担当：地域創生学群　坂本毅啓）

植木淳先生からのコメント
　インタビュー記事冒頭で示唆しているように，大学の講義に関して，アンケート調査などを通じて，「わかりやすい」ことが最優先の評価対象となるような傾向が広がることには強い疑問を感じている。大学の講義には研究者による研究成果の伝達という意義があり，特に優れた研究者による講義は「わかりにくい」ものであっても知的好奇心をかきたてるという重要な価

値を持っているように思われる。また，受講生の評価の「平均点」が問われることによって，独自性のある特異な講義が行われにくくなる傾向があることは憂慮すべき問題であるように思われる。その意味で，アンケート調査の結果を教育に関する評価の中心にすることには反対である。

その一方で，アンケート調査が教育改善の目安・方法として活用されることには一定の意義があるように思われる。第1に，大学の講義の受講者は，教育サービスの享受者でありながら，教員による評価を受ける存在であるため，提供される教育サービスの質に関して直接に異議申立をしにくい状況にある。その意味では，匿名のアンケートによって受講者の意見を聞く機会は貴重なものといえる。第2に，全ての教員が，自身の教育実践に関して説明責任を負うべきであり，自由回答欄等で寄せられる批判などに関して，応答することが求められるように思われる。

自分自身の教育実践に関して言えば，赴任以来12年間にわたって，基本的な講義方針を変更していないことの是非が問題になっているように思われる。自分自身では抜本的な見直しを行う必要性を感じているが，授業評価アンケートの結果等を見れば大幅な方針変更に躊躇いを感じる。この点に関しては，憲法学を講じることの社会的意義は何か，受講者のどのようなニーズを重視するか，自分自身の技量をいかに高められるか，などの根本的な問題から熟慮していきたいと考えている。

大学教育の中で実社会のリアリティの反映を追求されている眞鍋和博先生（地域創生学群――「コミュニケーションと思考」）

はじめに
・平成24年12月5日に，地域創生学群で「コミュニケーションと思考」や実習教育の統括を担当されている，眞鍋和博先生にお話をお伺いしました。
・お伺いした内容は，担当されている「コミュニケーションと思考」の授業実践と，地域創生学群における実習統括としての教育実践の2点です。

図6　眞鍋和博先生

1．事前準備

- 科目「コミュニケーションと思考法」では，外部講師の協力を得て授業を展開している。15回のうち，7回程度をお願いしている。外部講師にお願いする部分については，授業の目的や後半の「思考法」へのつなぎの部分，そして学生にどのようなことを学んでもらうかやどんな能力を身に付けてもらうかという教育観を，複数のパートナー企業と話をする中ですりあわせている。その中で，私が考えている授業の目的やねらい，教育観をご理解いただけるパートナー企業にお願いする形式をとっている。
- パートナー企業の方と自由に話をしながら，「その人やその企業がどういう思想をもって教育をしているのか」，あるいは「ミッションはどのようなものか」等を確認しつつ，その企業が抱えている講師の質も確認しながら決めている。
- 特に授業前半の「コミュニケーション」の部分については，専門的なパートナー企業が入ることで常に内容がブラッシュアップされる。今まさに社会で通用する授業が展開される。そういう意味で，講師個人に対して外部講師をお願いするよりも，組織的な依頼の方が良いと思っている。
- 前年度の振り返りメモなどを参考に，授業内容を変えている。前週の授業の感覚やレベル感を調整しながら授業を行っている。

2．実際の授業の進め方

- プロジェクトルームで授業を行っている。音楽をかけたり，SAが撮影した写真をムービーにして流したりしている。外部講師がすべての授業を終えた後にお礼を言うと，泣いている学生がいたりして感動的だ。
- 後半の「思考法」にはテーマはいくつかあって，論理的思考，批判的思考，ディスカッションの手法，KJ法，ブレーンライティングというアイディアの出し方，ワールドカフェなどである。

3．理解を促進する工夫

- 基本的には学び合い。チームやペアになってもらい，作業の手続きとポイントを説明して，授業の中で実際に実践してもらうことをしている。ロジカルシンキングであれば，例えば演繹法になるように空白や括弧内を埋めるなど，簡単な問題にも取り組んでもらう。このように実践を重視しており，説明2対実践8ぐらいのイメージである。
- 実習教育においては，どこまで教員が関与し，どこから学生の自主性にゆだねるのかという加減が難しい。しかし現時点では理想的な関わりができていないと感じている。もっと学生と向き合って，進捗管理などをしっかりと行っていきたい。
- 地域創生学群に馴染めていない学生が，わずかであるが実際には存在している。このような学生達をどうするべきか。相当パワーがかかるが，教育機関として少しでも成長させなければならないと思っている。現時点ではゼミ担当教員と実習担当教員が情報を共有して，学生

の指導をしている。教育実践や課題の共有が必要で，仕組み化できれば良いと思う。

4．授業評価アンケート結果の活用法
　授業評価アンケートには，「楽だから点数が高く出る」というのもあるだろうから，数値が高ければ良いというものではないと思っている。アンケートの結果とかよりも，どれぐらい学生が満足して成長したか，あるいは変わったかを見ている。

5．改善の自助努力
・できるだけ，実社会のテーマを取り扱うリアルさとライブ感を大事にしている。授業内容は状況に応じて柔軟に対応できるようにしている。
・自分よりも優秀な学生を育てなければいけないと思っている。教員ができないことができる学生が大勢いると思うので，学生の得意な領域を伸ばしていくような教育を展開したいと思っている。
・実習教育のプログラムにおいては，地域の方の半歩先を行くようなイメージを心がけている。半歩先を行くには，自分が歩調を合わせなければならない。

6．その他
・社会に出たら正解が存在することの方がまれである。正解だけを追い求めていたら失敗する。正解がない中で取り組み，試行錯誤しながら芽を少しずつ見つけていくというのが仕事のすすめ方だと考えている。
・キャリアに関する学問というのはどんどん変化する。社会が変化したら産業が変化して，産業が変化したら組織も変化し，そして組織が変化したらキャリアのあり方も変化する。だから，常に新しくなっていくものだというのが前提にある。

インタビューを終えて
　とても印象的だったのは「企業から離れて5～6年経ったら，民間企業だったら30年ぐらい遅れている感じ」というご発言。それを意識して，できるだけ学生に実社会で役に立つような教育を心がけられていると思いました。それがリアルさとライブ感とを活かした授業になっていると思いました。そして何よりも，授業は学生のためにあるということを意識した授業の組み立て方をされている姿勢に，教員としての刺激を受けました。

（担当：地域創生学群　坂本毅啓）

眞鍋和博先生からのコメント
　この科目は平成19年度に開設した一連のキャリア科目のうちの1つである。平成25年度からは新カリキュラム「コミュニケーション実践」として1年次後期に開講している。
　「コミュニケーション」のパートの目標は，コミュニケーションに慣れ，実践的なコミュニ

ケーション技術を修得することである。前期キャリア科目「キャリア・デザイン」でのコミュニケーションワークを中心としたアクティブ・ラーニングを発展させている。講義は外部講師とパートナーシップを結んで行っている。講師は元航空会社の客室乗務員という経験を活かし，相手のことをしっかりと聴き，思いやるコミュニケーションができるようになることを目標に，学生たちを床に直接座らせたり，ゲームなど様々なアクションを交えながら実践的な講義を展開している。コミュニケーションとは何か，敬語丁寧語の使い方，プレゼンテーション，傾聴スキル，非言語的要素を駆使する等，コミュニケーション能力を涵養するために多岐にわたる内容が組み込まれている。

「思考法」のパートは，演繹法や帰納法といったロジカルシンキング(論理的思考)の基本的な考え方をはじめ，多面的にものごとをとらえることや，データから真実を見抜くクリティカルシンキング(批判的思考)といった本質をとらえていく際に必要な思考法について取り上げ，例題を解きながら進めている。また，KJ法，ブレインストーミング，ブレインライティングなど仕事を進めていく上での整理術やディスカッション技法などを受講生の体験を重視しつつ講義を進めている。

平成25年度からはコミュニケーション部分に特化し「コミュニケーション実践」として開講している。これは従来の「コミュニケーションと思考法」のコミュニケーション部分に，障がい者とのコミュニケーションや，社会人としてのマナー，就職活動時の面接練習などの内容を加えて，コミュニケーション能力のさらなる向上を目指した講義となっている。

この講義はその性格上，1クラス50名の定員制として講義内でのコミュニケーションの活性化を担保している。しかし，例年1,000名以上が履修登録を希望し，受講できない学生から不満が出たため，平成25年度からは週12クラスを開講している。

講義の成果を検証することは非常に難しいが，授業評価の結果，数多くの履修希望者の存在から，学生にとってニーズの高い講義となっていることがうかがえる。また，受講生同士の仲が良くなることも特徴であり，大学に対する帰属意識や大学生活への満足感の醸成に寄与していると考える。

学生とのコミュニケーションを重視した授業に取り組む浅羽修丈先生（基盤教育センター「エンドユーザコンピューティング」）

はじめに

平成24年11月1日に，基盤教育センターで「エンドユーザコンピューティング」など情報関連科目を担当されている，浅羽修丈先生にお話をお伺いしました。

1．事前準備

・「エンドユーザコンピューティング」は文科系4学部1学群の学生を対象として，複数教員の担当による，複数クラス開講にて行われている。各教員がバラバラのことを教えていたらおかしいということになるので，担当教員が綿密に打合せをした上で共通のキーワードを出

図7　浅羽修丈先生

している。そのキーワードに沿って，授業を展開している。後は，各教員が教材を用意している。
・毎回，学習シートというものを配布し，授業終了後に回収している。
・学習シートには，1回の授業毎に，学生は授業前にどれくらいやる気があったのか，どれくらいその授業に満足したのかを5段階で評価してもらっている。そして，何か意見や質問があった場合は，自由記述方式で書いてもらっている。この学習シートすべてに目を通し，学生からの自由記述方式のコメント全てに返事を書き込んでいる。だいたい丸1日はかかる。ここで得た情報は，次回以降の授業に活かしている。
・学習シートとは別に課題を出しているので，その採点も行っている。これもだいたい丸1日はかかっている。
・どうすれば学生が食いつくのか，日々，提供する話題の収集に努めている。

2．実際の授業の進め方
・学習シートを回収した次の授業からは，コメントを書き込んだ学習シートをまず返却している。受講者数が多いので，裏面を向けた状態で最前列の机の上に並べている。学習シートの裏面には，各学生が自分の学習シートと見分けがつくような目印をつけてもらっている。こうすることで，学生のプライバシーを守ることができている。
・授業の冒頭で，学習シートに書かれていた質問事項などに対して，5分程度で多くて3つほど回答している。このような質問はリアルな質問であると考えている。教員がこういうことを教えたいというのは，勝手に思っていることである。リアルな質問というのは，学生自身が持っている疑問であり，それに対して答えるということは，その疑問を感じている学生だけではなくて，その他の学生も実は意識下で感じている疑問に答えることであったりする。そうすることで，授業に対する興味・関心を引くことが可能であると考えている。

3．理解を促進する工夫
・毎回，学習シートというものを配布，回収，返却することを繰り返している。すべてにメッ

セージを書いてやりとりすることによって，メンタリングという教育手法を取り入れている。
- メンタリングを導入することで，学生がその授業に単に身を置いているだけではなくて，ちゃんとそこに参加している，教員は学生一人ひとりのことをちゃんと見ているんだよというメッセージを送ることができる。これによって，受講の状態を向上するような働きかけをしている。
- 大学というのは，大人数の授業になればなるほど，教員と学生とのコミュニケーションが少なくなってくる。そのコミュニケーションを補う手法として，学生の意見などを集める方法を取り入れている。
- 毎回，授業時間内にやってもらう課題を出している。10分から15分程度のものである。その模範解答は，次の授業で公開している。おもしろい答案があれば，その紹介などもしている。

4．授業評価アンケート結果の活用法
- 授業評価アンケートの結果についてはすべて見ている。授業評価アンケートについては，それほど参考になったという記憶はない。ただし，1つだけ参考になったことがある。大人数の授業で，以前はマイクを使わずに地声で授業を行っていた。しかし，「マイクを使ってくれ」という意見が多かったので，マイクを使うようになった。
- 授業評価アンケートのコメントというのは，良いことしか書かないという傾向があるように思う。楽しかったなどポジティブな評価は書くが，ネガティブな評価は空白で出すことが多いように，私は受け取っている。だから，何かを感じたり，参考にしたりというのは少ない。

5．改善の自助努力
- 学習シートで，授業に対する満足度ややる気の度合いを5段階で毎回とっている。前回「5」だったのに，今回はなぜ「4」になったのかを考えたりする。どちらかというと，授業評価アンケートよりも学習シートの内容を随時参考にして役立てている。
- 準備，ネタ，そして学習者特性を把握することが重要だと考えている。学生がすでに持っている知識や経験と，新しい知識とをいかに結びつけるかを意識している。

6．その他
　半年間授業を終えると，疲れ切る。もうちょっと楽にしようかと思うこともあるが，学生が「楽しかった」というコメントを学習シートに書いていると，来年もがんばろうかと思わずにはいられない。

インタビューを終えて
　学習シートを活用して学生一人ひとりの特性を把握し，それをフィードバックすることで毎回の授業を通して，授業の改善に努めていることがとても印象的でした。教育工学で研究され

ていることを，実践的に授業の中で活用されており，模倣したいものばかりでした。

(担当：基盤教育センター　ディヴィッド・A. ストット)

浅羽修丈先生からのコメント

　私が平成23年度に担当した「エンドユーザコンピューティング」が，ベストプラクティスに選ばれたときは，正直に言って驚きました。文科系の学部・学群が集まるキャンパスでの情報関係の科目，しかも，100名以上の受講生がいる座学中心の必修科目（地域創生学群除く）ともなれば，受講生はあまり積極的に授業を受けてくれないのではないかという不安が，常につきまとっていたからです。ベストプラクティスに選ばれるほど，受講生から高い評価を頂いたのは，同じ基盤教育センター情報教育部門に所属する先生方から，授業に関する議論やアドバイス等を受ける多くの機会を頂いたおかげであると，感謝の念に尽きません。

　「エンドユーザコンピューティング」は複数の教員が担当する授業なのですが，その中でも特に私の色が強く出せたのは，受講生とのコミュニケーションの部分だったと思います。授業であっても，教員と受講生との人間関係の構築は欠かせないものです。教員が，受講生がどんな人たちなのか知りたいと思うのは当然ですし，受講生の多くも，教員がどんな人間なのか知りたいと思うでしょう。お互いがお互いを知って，人間関係が構築できて，そして，初めて効果的な情報の伝達ができる（意思の疎通ができる）と考えます。それが，大学の授業，特に，大人数の受講生が集まる授業ともなると，人間関係が希薄になりがちです。いや，希薄になるのが普通である，仕方がないという考えが，伝統的に残っているような気がします。

　私は，それを少しでも打破するための工夫を授業に取り入れたいと常に考えています。その成果のひとつが，インタビュー記事でも記載されている「学習シート」です。受講生からのコメント1件1件に目を通し，全てに返信を書くのは大変ですが，意義のあることだとも考えています。

　残念ながら，「エンドユーザコンピューティング」は，平成25年度からスタートした新カリキュラムからなくなりましたが，この授業を通じて学んだことは，現在の授業での取り組みにも大いに役立っています。例えば，「iConversation」というシステムを共同研究者（研究代表者：東京国際大学　斐品正照准教授）と共に開発し，さらに効果的な受講生とのコミュニケーションの手段を模索しています。これからも，受講生との人間関係を大切にした授業を忘れずに，さらに精進していきたいと考えています。

技術者としての生身の実力を養う授業をめざす上江洲一也先生（国際環境工学部──「基礎化学工学」）

はじめに

　平成25年1月7日に，国際環境工学部で基礎化学工学を担当されている上江洲先生にお話を伺いました。基礎化学工学（2年次第1学期）の受講者数は約100名であり，国際環境工学部の工学科目としては大人数講義になります。

図8 上江洲一也先生

1．事前準備

　講義ノートは作っていない。授業で使用する教科書『基礎化学工学』（化学工学会編）を見ながら，講義範囲やキーワードを確認し，さらに，毎回実施する小テストの作成を行っている。なお，この教科書は上位学年において他の教員の講義でも使用している。

2．実際の授業の進め方

- 卒業後，化学工学の知識が必要になったときに，教科書を知識習得の手がかりにしてほしいので，教科書以外の資料は配布していない。本講義を通じて，教科書を理解できるようになってもらいたい。板書による説明のみで，パワーポイントは使用しない。
- 受講生の集中力を高めるためと前回講義を思い出させるために，講義の最初に小テスト（前回の授業内容について，範囲も具体的に指定しておく）を毎回行っている。この方式は，50名クラスだったときに効果があったので続けているが，受講生が100人になっても同様の効果があるようである。
- 授業において，小テストも含め，多くの計算問題を解かせている。その際，電卓やパソコンを使用せず，手計算によって答えを出させる。手計算ができない人は，途中がブラックボックスになり桁違いなどの計算ミスを起こしやすい。これは実務では非常に危険なこと。手計算により，化学工学の感覚的な部分（工学者としての数値的オーダーに対する感覚）を習得してほしい。技術者としての基礎体力をつけるために，ひたすら手計算をさせている。また，試験問題量はかなり多く，電卓使用不可なので，手計算に慣れていないといけない。
- 期末テストの成績を重視しているが，出席状況や小テスト，中間テストの成績も適宜参考にしている。私語については，講義をまじめに受けたい学生の邪魔になるので注意するが，居眠りや途中退室などは，本人の理解度が低下するだけなので全く気にしていない。

3．理解を促進する工夫

- 板書の仕方：字を大きく丁寧に書くよう心がけている。チョークの色（4種類）を使い分けて，頭の整理をしやすくする。気をつけているのは，化学工学ではプラントの一部を切り

取って計算するが，できるだけ，システムを図に書いて説明している（教科書には文章と化学式しか書いていないケースが多い）。学生にも，図を書いてプラントやシステムでのエネルギーや物質の流れを理解するように指導している。
・説明の仕方：大事な点は，1回の講義中に，時間を置いて3回以上強調する。
・講義内容の絞り込み：1回の講義で暗記してほしいものを3つ以下にする。
・実際の現場での体験談：自分の実務における現場経験，特に，鮮烈に覚えている現場でのトラブルのことを話し，たった1つのヒューマンエラーが莫大な損失につながり，うまく対処しないとトラブルを大きくすること，そして，そのとき，最終判断は電卓やコンピュータではなく人の手計算であることを伝える。また，この講義内容が実務において実際にどのように役に立つのかを説明するようにしている。これは，講義内容の本質的な部分を理解する場合には重要だと思っている。
・受講生への質問：講義内容について，ゆっくり考えてほしいときに，受講生に簡単な質問をしながら，講義を進めている。

4．授業評価アンケート結果の活用法
・アンケートの各設問に対する点数はあまり気にしていない。授業内容を理解したかどうかは，期末テスト（解答に至る途中経過もすべて記述させている）の結果で判断可能なので，授業評価アンケート結果からは，自由記述欄のクレームだけを参考にしている。よほどの不満がないとこの欄に記述することはないと想定して，これまでいくつかのクレーム内容を改善してきた。
・授業評価アンケートで満足度が高いのは，授業の中で何をやればいいか，何をスキルアップするのか，明確に目標を決めているからだと思う。理系では積み上げ方式のカリキュラムになっているので，消化不良になると後に続く授業に影響する。最低限これだけやらなければと思ってシラバスを決めている。

5．改善の自助努力
・講義に対する学生の耳の傾け方や，講義室内の空気を，できるだけ敏感に受け止められるようにしている。集中した場の雰囲気からどの程度ずれているかを，講義ごとに判断しながら，15回講義をまとめるようにしている。授業のやり方や，授業で何を主眼にするかが決まるのに5，6年かかった。ここ数年は，特に問題はないと感じている。
・今後は，1年次の数学科目との関連や，上位学年の化学工学関連科目との連携（この授業が他の授業でどう役に立っているか）についても考えていきたい。

6．その他
　便利な道具（パソコン，電卓）を自分の力と過信せず，計算のプロセスを理解し手計算できる人材，すなわち，人間が生身でできるホントの力を持った人材を輩出したい。

インタビューを終えて

　一般に，工学系の大人数講義で理解度を上げるのは難しいと言われますが，基礎化学工学は授業評価アンケートで非常に高い評価を受けています。今回のインタビューでその秘密の一端を紹介できたのではないかと思います。パワーポイントを使う授業が多くなっている中で，板書と手計算を主体に授業を進めるというスタイルは，かえって新鮮に感じました。

（担当：国際環境工学部　龍　有二）

上江洲一也先生からのコメント

　大学生の頃，一生懸命理解しようと努めたのにもかかわらず，結局頭の中で整理できずに終わった講義がいくつもありました。大学卒業後，そのうちのいくつかは，実務における必要性から再挑戦して，本質を理解できたのではないかと思えるものもあります。大学教員となって，私自身が講義を担当するようになり，受講する学生に，新しい概念を含む科目をどうやって理解してもらえるのかと思案していたときに，その再挑戦して理解するまでのプロセスについて，それがどのようなものであったかを，ずっと考えました。そのプロセスについてある程度整理されたので，受講生には，その道筋を辿ってもらうことにしました。

　体系化された工学分野の学問では，まず，その分野で必要な専門用語となる【定義】，実験データから導かれた【法則】，実験データはないけれども，ここから始めないと話ができない【原理】，実用的なものとなる【方程式】を区別して覚える必要があると思います。それらについては，学生に丸暗記しなさいと言っています。さらに，その分野の本質的理解のためには，【理想化されたモデル】がどのようなものかを最初に理解する必要があります。圧倒的な具体事象の積み重ね無くして，抽象化能力を獲得することはできないと思っていますので，受講生には，毎回の小テストで具体的な値の算出をさせています。また，その分野の偉人の業績である法則と原理が，どのような【過程】で成立したかを知ることで，研究者や技術者の日々の実験の積み重ねによって，事象を理解するための指標が築き上げられるということを感じられるようになるのではと期待しています。これらのプロセスを経て，【実用的な値】を算出できるようになることが，私の講義での目標になります。

　このような講義方針を決めてからは，期末テストの結果や授業評価アンケートでのコメントから，講義で伝えたかった「新しい概念」を受講生に概ね理解してもらえるようになったと感じています。今後は，担当する科目を理解していく上記のプロセスをまとめて，教科書を作成したいと思っています。

■ 平成25年度

　平成24年度までは，受講者50名の科目の授業アンケートのスコア上位者を対象としたインタビューを紹介してきました。今年度は，講義型に限らず，特徴的な授業を取り上げ，また学部以外にも対象を広げ，インタビューを行いました。これまでの年度報告書のベストプラク

ティスとあわせて FD 活動の参考にしていただければと思います。

　石塚　優先生（社会システム研究科博士前期課程地域コミュニティ専攻）
　阿部容子先生，大平　剛先生，篠崎香織先生，下野寿子先生，久木尚志先生，尹　明憲先生（外国語学部：科目「入門演習」）
　片岡寛之先生（地域創生学群：科目「地域創生実習Ⅰ・Ⅱ」
　高　偉俊先生，深堀秀敏先生（国際環境工学部：科目「地域環境情報演習」）
　松永裕己先生（マネジメント研究科：科目「ソーシャル・ビジネス」）
　　　　　　　（インタビュワー：恒吉紀寿，北　美幸，廣川祐司，龍　有二，城戸宏史）

社会人や留学生への大学院指導に取り組む石塚優先生（社会システム研究科博士前期課程）

はじめに

　平成 25 年 12 月 25 日に社会システム研究科博士前期課程（地域コミュニティ専攻）で高齢者福祉研究などを担当されている石塚優先生にお話を伺いました。

１．大学院受講者の特徴と指導の工夫

　授業は，少人数授業である。受講生は社会人や留学生が多く，ストレートマスターは少ない。
　当初は体系的講義を心がけていたが，授業で対話を取り入れることによって，講義開設型の授業からの脱却を工夫するようになった。授業では問題提起を行い，院生自身の研究テーマと関わらせて参加してもらうスタイルをとっている。
　大学院は学際的な構成になっているので，授業（専門分野，領域）によっては学部レベルの授業の修得にバラツキがある。また留学生においては，日本の福祉制度に関する理解が少ない院生もいる。
　こうした実態の中で，大学院レベルの授業を行うには，それぞれの研究関心と授業内容をつなげる工夫が必要だと感じた。雑談の中で，社会人院生の場合は，課題に追われ研究時間をと

図 9　石塚　優先生

れない悩みを聞いたことも影響し，授業と研究指導，課題についてバランスを検討するようになった。

その結果，授業の展開よりも，導入などイントロダクションを充実させ，関心を引き出し，自身の研究につながる授業内容になるよう配慮している。そのことで，履修者の知識・関心を確認することができ，意欲・態度を引き出す指導ができるようになった。

例えば，中国からの留学生の例で言えば，授業では日本の高齢者福祉に関して歴史的説明を詳細にするよりも，概略とポイントを示し，中国の実態との比較を指摘してもらう。その違いを確認しながら，類似性と特徴をやりとりする。そうすると，自分から中国の資料を集め持参するようになり，比較を通して日本への関心・理解も深まっていく。講義が演習に近いスタイルに変わり，日中比較の内容が加わっていくことになるが，主体的参加が促される。

このように，履修者の状況に合わせて授業の改善を図ってきた。

２．理解を促進する工夫

受講生が少ない（１人）場合は，講義内容に関連した調査結果をパワーポイント等で紹介しながら講義を進めている。実際の調査やその結果を紹介する過程で，院生が自己の研究と関連づけて，調査の方法や研究テーマとの関連で気付くことがあれば，と考えて行っている。

大学院ということもあり，学部に続く，より高度な内容の修得ということを意識しながらも，研究指導という観点から授業の工夫改善を試行錯誤も含めてたえず行っている。

インタビューを終えて

大学院での研究指導や授業については，教員は自分の狭い体験をもとに組み立てていくことが多い。そのため，自身がストレートマスターであったならば，社会人への指導など試行錯誤しながら，効果的な指導について工夫を行っていくことになる。

大学教育や大学院教育を，社会人を中心とした成人教育と考えた場合，いくつかの工夫が必要となる。院生の研究が自身の職業と関わっている場合は，知識がないわけでなく，スキルアップや研究として整理したいニーズを持っている。そのため，新たに修得するのではなく，自分の価値観や経験を修正していく作業とあわせて学習を行っていく。批判的考察と再構築が必要となる指導は，履修者とのやりとりが欠かせない。

私自身も，履修者の状況にあわせて修正や工夫を行ってきているが，石塚先生へのインタビューを行って，大学院指導においては，より高度な学習を提供することを心がけながらも，院生自身の研究関心との関わりを意識した授業の工夫が求められていることをあらためて考えさせられました。

対話型授業の取り入れということだけでなく，院生の研究関心と授業への関心をつなげていくことを意識して授業を工夫していくことで，完成された授業ではなく，そのコマ毎に充実させていく授業の面白さを教員も実感していく喜びを見出すことが大切さだと感じました。

（担当：文学部・社会システム研究科　恒吉紀寿）

石塚優先生からのコメント

　1．記事に対する感想

　専攻長のため聞き取りを受けることになったと思いますが，とりとめもない話の内容を聞き取りされた先生がきれいにまとめられていることに感心しました。また，聞き取りをされた先生も大学院の講義を担当していることで，大学院の講義のややこしさが分かっているとも思いました。聞き取りを担当された先生のご苦労を推察いたします。

　2．専攻の特徴

　社会システム研究科の中でも地域コミュニティ専攻には留学生も在籍していますが，院生自身が専門職の社会人が多いのが他専攻と異なる点です。これまで，特に教育系，看護・リハビリ医療系，福祉系の専門職が多く，自身の専門を核にした研究を試みる場合が多く認められました。地域コミュニティ専攻に限定すると，専門職である院生は熱心ですが，大学院前期課程の目的の修士論文を作成するための研究とその方法（科学的手続き）が，日頃考えていた問題を明らかにする方法とずれている場合が多く，この点にとまどう場合もあります。

　3．授業の工夫

　大学院の講義は，ある意味では論題を絞り込んでいくための視点や問題意識，研究の方法，進め方等に一部分でも寄与し，論文を書くための共通事項に配慮をしつつ進めたいと考えています。特に視点や方法，結果や残された問題・課題をきちんと捉えられるように配慮しつつ進めたいと考えています。そのため，これまで実施した調査等を活用する場合も多くあります。ただし，これらのことは論文指導により十分になされることですから，踏み込み過ぎないようにしています。

　一方，大学院の講義には顕在的機能と潜在的機能があると感じています。講義中に何かをテーマに雑談になってしまう場合もありますが，受講者の専門が多様な場合や専攻分野が多様で履修程度に違いがある場合などは，意見を交わす過程で自分の論題について問題意識をまとめ，視点を明確化すること等に特に効果的だと感じます。これらが研究意欲を継続的に保持したり，研究視点のきっかけを作ったりするのは潜在的機能でしょう。しかし，意図した通りに授業は進まず，シラバス通りにも進まず，時間だけが過ぎる場合も多いことが今後の課題です。

学生のアカデミック・スキル習得のため，授業改善を重ねられる国際関係学科の先生方（外国語学部──「入門演習」）

はじめに

・平成25年11月20日，「入門演習」を担当されている外国語学部国際関係学科の先生方6人（阿部容子先生，大平剛先生，篠崎香織先生，下野寿子先生，久木尚志先生，尹明憲先生）にお時間をいただき，お話を伺いました。

・「入門演習」は，国際関係学科1年次2学期に開講される必修の科目で，6クラスに分かれ，1クラスの受講生は13〜14人程度です。

図10　阿部容子先生

- 大学で学習を進める上で最低限必要となる技法の習得を目指すために行う演習形式の科目で，「調べること」，「書くこと」，「レジュメを作ること」，「プレゼンテーションを行うこと」に重点を置いて指導しています。

1．事前準備
- 事前準備には大変力を入れている。
- 基本方針の決定，共通課題（文章の要約）の決定，途中経過報告，単位認定の仕方等，担当教員の打ち合わせを1学期間に6回ほど行っている。
- 教員個人の専門に偏らないような課題文・課題文献を探すことにも時間を費やしている（クラス分けは学籍番号順）。

2．実際の授業の進め方
- 学生一人ひとりの名前を覚えるのが大変。とはいえ，学期の終わりには全員覚え，卒業するまで覚えている。
- 3，4年生と違い，1年生はカチカチに緊張しており，発言を促すのに時間がかかる。グループワークをさせると仲良くなり，クラスが活気づく。
- 1年生は自信を持たせるのが一苦労。
- 2学期開講科目だからたるんでいるのか，遅刻が多い。

3．理解を促進する工夫
- グループ（班分け）は毎回変え，クラスの全員と話せるようにしている。
- プレゼンテーションをビデオ録画し，コメントを寄せ合う。
- チェックシートを作成し，学生相互でプレゼンテーションの仕方やレジュメの作り方を評価し合うようにさせる。
- 課題を出すときに，評価のポイントを明確に伝える。レポート返却時には評価を明記する。
- 原則，褒める。気がついたことは授業直後に呼び出して伝える。欠席者には授業内容と次回

の準備についてメール連絡する。
・執筆のトレーニングの際，しっかりした構成で書けた受講生がいたので，その学生が書いた文章をコピーして配布した。身近なモデルがある方が意欲が出るようだ。

4．FDの取り組み
・担当教員の打ち合わせの際，欠席者についても報告し合い，学生の就学状況・生活全般にも気を配っている。
・レジュメの作り方，プレゼンテーションの方法などについて，学科独自で入門演習用のテキストを作成し，テキストとして使用している。
・特に，その中で剽窃（盗用）について触れ，授業中にも扱うようにしたところ，基盤科目も含め国際関係学科学生のレポートの剽窃行為が大幅に少なくなった。

インタビューを終えて
・非常に密度の高い，効果的な授業をされていると感じました。筆者自身，国際関係学科の所属で，旧カリキュラムの同科目を担当したことがありますが，入門演習の導入以来，様々なアカデミック・スキルの基礎が既に身についているため，3年生の演習，4年生の卒業論文作成がずいぶんスムーズになりました（また，3年生の専門ゼミが始まるまで図書館を利用したことがなかった，というような学生も，当然いなくなりました）。
・授業の事前準備，実際の授業，レポート添削・評価等，先生方のご負担は大変なものですが，この授業は確実に国際関係学科学生の学力向上に貢献していると感じました。

(担当：外国語学部　北　美幸)

久木尚志先生からのコメント
　平成25年度からの科目編成は，平成24年4月に役割分担を決め，検討を開始した。旧課程「入門演習Ⅰ・Ⅱ」でも，担当者による打ち合わせに加えて，授業途中と終了後の2回にわたり報告書を作成し，学科会議で審議し，改善点を洗い出してきた（これらFD資料は学内イントラに掲載している）。その中で科目名と授業内容の見直しが提起され，種々議論の末，旧課程「入門演習Ⅰ・Ⅱ」を統合し，1年次2学期に「入門演習」を設置することが決まった。この再編に伴い，新たに「基礎演習」（2年次1学期）を置き，全学年に演習科目が配置されることになった。こうした位置づけであることから，「入門演習」では学科内FDを積極的に行うだけでなく，受講生情報を共有し，学生指導を充実させるための科目にもなっている。
　最初の「入門演習」に向けたFD活動は，次のように進んだ。平成24年10月，2年次の「基礎演習」との関係が整理され，1年次には新聞など比較的平易な教材を用いて，レポート・レジュメ作成，プレゼンテーションについて指導を行うことになった。12月下旬までにシラバスが作成され，平成25年2月末には新たなテキストの構成も決まった。新年度に入り，予想される問題について6月までにメールを通して洗い出し，7月に担当者で成績評価の詳細を

詰め，初回に400字で要約を行うための共通課題文を選定すること，最終課題（レポート）の字数を2,000字とすることなどが合意された。9月には「入門演習」から「基礎演習」への引き継ぎ方法(学生のパフォーマンスに関する評価を含む)などが決定され，準備が完了した。平成25年10月に授業が始まり，11月には中間報告，平成26年2月には最終報告を行い，各担当者から詳細な授業内容が報告された。これらを通じて，担当者による内容の偏りや成績評価の違いが出ないよう努めた。また，「入門演習」を含む新設科目の事務手続きが煩雑になってきたため，それらの流れを時系列的にまとめた資料が年度末に作成された。

初年度の経緯を振り返ると，「入門演習」は，旧課程「入門演習Ⅰ・Ⅱ」の6年間にわたる実践があったとはいえ，手探りで進めた部分も少なくはなかった。担当者が持ち回りであるため，引き継ぎが円滑にゆかないケースも見られた。しかし国際関係学科のFD活動を通じて，そうした問題はある程度解消することができたと考える。今後も各担当者の個性を生かしつつ，全体として統一感のある科目として「入門演習」を充実させてゆきたい。

本気で地域社会の再生と創造を担える人材の育成に向けて活動する片岡寛之先生（地域創生学群——「地域創生実習Ⅰ・Ⅱ」）

はじめに

・特色ある授業として，今回は「地域創生実習Ⅰ・Ⅱ」を取り上げる。
・インタビュー対象者は，地域創生学類長であり，地域マネジメントコースの実習プログラムの統括を中心的に担っておられる片岡寛之先生であり，研究室でお話をお伺いした。
・地域創生学群では，地域で必要とされる活動の実施，イベントの企画，ボランティアへの参加など，地域が抱える様々な問題や課題の解決に向けた活動を展開している。そのような様々な活動を通じて，①地域の方々との交流を深め，自分には何ができるのか，何をしなけ

図11　片岡寛之先生

ればならないのかを考えること，②社会人として必要な「地域創生力」を身につけることが，この実習授業の目的であるとされている。
- またこの実習では，正規の授業時間外（土曜日や日曜日，夏期や冬期の休暇期間を含む）にも地域活動に取り組んでいる。

1．事前準備
- 学生を受け入れてもらう地域団体や企業は，地域創生学群の教育理念を理解し賛同してくれている主体に限る。
- 学生を地域社会の労働力不足を補うために必要としている主体ではなく，学生の能力やスキルを向上させるための教育的効果が担保されている地域活動であることが証明できる活動しか，実習プログラムとして採用しない。

2．実際の授業の進め方
- 片岡先生が指導している実習プログラムは，「小倉商店街活性化プロジェクト」である（地域創生学群全体では20個の実習プログラムが実施されている）。
- 実習ではプロジェクトごとに，毎週のリーダー会と月1回の全体会が開催されている。そこでは学生同士の情報共有とともに，片岡先生も参加し「何のために地域活動をしているのか」という目的意識の醸成と，イベントや企画の終了後の振り返りを実施し，自発的な学びを得るための指導を行っている。
- 本授業は，大学の授業で得られる「学問的知識」を実践の場で活かすことで，より実学的な視点やスキルを身につけるためのプログラムの構築を行っている。
- また，実際に地域社会に出て実践活動を行うことで，地域課題の解決に向けて必要な知識を得るために，目的意識をもって大学の授業を受講することが可能となる。
- 大学→地域→大学という活動の循環を通じて，知識→実践→知識という主体的に学習意欲を向上させることを学生に意識させるような指導体制を地域創生学群の専任教員で整えている。
- その成果として，実習授業時間外に学生同士でチームミーティングや勉強会を企画・開催し，主体的な学びの体制を自主的に構築しつつある。

3．成果
- 地域活動が5年目になるプロジェクトが多く，地域社会の関係者とのつながりが深くなってきている。
- 地域創生学群の地域活動が多くのメディアに取り上げられ，行政関係や住民組織，地元企業を中心に認知度が飛躍的に高まっている。
- 地域活動における「活動の仕組み」が構築され，ルーチンワーク化されることによって，やるべき仕事が明確になり，先輩から後輩に知識やスキルが継承されてきており，地域活動の

質が向上している（中には地域のお手伝いではなく，実際に地域課題を解決しつつある実習プログラムも出てきている）。

4．課題
- 実習のカリキュラムは教員が用意した枠組みで活動しているに過ぎない。
- 実際に地域課題や社会課題を解決するためには，学生が自分で人（仲間や協力者）や金（資金），情報等すべてを集めなければならない。自ら主体的に一からこれらの要素を獲得できる能力と知識，スキルを身につけた学生の育成が必要となる。

5．新たな実習プログラム（授業カリキュラム）の構築
- 平成27年度から「地域創生学群チャレンジプログラム」が始動する。
- 「起業トライアルプログラム」：お膳立てされた大学という環境から離れ，自らの力で事業を企画し，1年間にわたってそれを実施するというプログラム。お金，人，場所など，あらゆるリソースを自ら集め，事業を構築し実施する。
- 「リアル就職プログラム」：実際の企業における長期インターシッププログラム（9〜1月，週3〜4日でフルタイム勤務，残りは大学で授業を受ける）で，言い訳のできない環境に身を置き，即戦力を目指すというもの。実際に入社して社員のように働くというプログラム。
- 試行版として平成26年度に実施したリアル就職プログラムの受入協力企業は，①株式会社不動産中央情報センター，②株式会社 ギラヴァンツ北九州の2社である。

インタビューを終えて
　地域創生学群では設立5年目を迎え，実習活動は地域社会の中で一定の成果を出しつつある。学群の特徴ある地域活動は，近年さらに高度化しつつある。今回，その推進役である片岡先生にインタビューし，学部として実際に地域社会の再生と創造を担える人材の育成が可能となるカリキュラムの構築ができつつあると感じた。

（担当：地域創生学群　廣川祐司）

片岡寛之先生からのコメント
　この「地域創生実習Ⅰ・Ⅱ」は，地域創生学群での教育における大きな柱の1つであるため，ベストプラクティスの1つに取り上げられて嬉しく思っている。この実習科目の特徴は，①1〜3年生の混成チームで活動する点，②地域側の視点に立ち通年で活動する点，③課題解決型学習と地域での奉仕活動を同時並行で実施している点にある。現在，実習メニューは20を超え，私はその1つである小倉活性化プロジェクトを担当している。このプロジェクトでは，小倉のまちのイメージ向上と若者が集まるまちを目指し，メンバー全員が参加して来街者へのおもてなしを行う「まちなかコンシェルジュ」をはじめとして，チーム単位で様々な活動を展開している。実習の指導方法としては，週に一度のミーティングを設けて進捗状況等の確

認を行いつつ，それ以外の場面で随時相談を受けている状況である。

これまでの5年間を振り返ると常に試行錯誤の連続であった。まず，最も頭を悩ませたのが，学生との距離感である。スタート当初は地域との関係性構築と活動の定着が最優先であったため，プロジェクトの進め方等に関してかなり介入するケースが多かったが，その反動で学生がいつの間にか受動的になってしまうこともあった。そこで，学生の主体的な活動を引き出すために，基本的には活動を見守りながら，いかに適切なタイミングで「ツッコミ」を入れるかという点について気を遣うようになった。

次に，活動の意義の共有である。長く活動をしていると本来の目的を見失い，手段であるはずの活動自体が目的のようになってしまう傾向にある。したがって，事あるごとに本来の目的は何かを問いかけ，何かを判断する際にはそこに立ち返るよう，繰り返し伝えている。

最後に，受け入れ先である地域との関係構築の面で強く意識したことについても触れておく。最も大切なのは，自分自身が様々な形で常に地域に顔を出すことである。これまで，各種実行委員会や協議会への参画，NPO法人の理事への就任等を通じて自ら活動しながら人脈を広げ，2年前には大学から兼業許可を得て仲間数人と出資して株式会社を設立することで活動の幅を広げるなど，これまで以上にまちに深くコミットしている。このように自分自身が実践しながら指導することが，地域との関係性構築だけでなく，学生たちにとっての刺激にもなる。そして，そこで得た人脈を学生たちに引き継ぐことが私自身の大きな役割だと感じている。

実践的演習により課題解決能力の向上をめざす高偉俊先生と深堀秀敏先生（国際環境工学部——「地域環境情報演習」）

はじめに

平成25年2月10日に，国際環境工学部で地域環境情報演習を担当されている高先生と深堀先生にお話を伺いました。地域環境情報演習（3年次第2学期）の受講者数は10～20名程度であり，少人数の専門科目です。

図12　高　偉俊先生

1．事前準備

- 学期全体の授業の流れは，地理情報システム（GIS）の基本を理解したうえで，北九州市や福岡市などの具体的な都市計画について GIS 分析を行い，最終課題として，例えばヒートアイランドの原因と対策について定量的に検討するといった実践的な都市計画や環境問題に関連したテーマを課している。
- 講義では，パワーポイントの資料を毎回配布している。また，GIS の操作ガイドをその都度作成・配布している。さらに，学生が授業でアクセスできるサーバに受講生の個人フォルダを作成し，講義内容に沿った演習問題や資料等を保存している。演習課題には連続性があり，前回の授業の演習で作成し個人フォルダに保存したデータを次の授業で利用してさらに先に進む方式である。

2．実際の授業の進め方

- 毎回の授業はパワーポイントと板書による説明で対応している。演習がメインであるので，受講生の作業状況を細かく確認し，目の動きを追うなどしながら授業を進めている。私語や居眠りについては，必ず声かけを行っている。選択科目であるが 15 名を超えるとやや効果に疑問が残る。
- 授業は，90 分 × 2 コマであるが，学生の集中力が 90 分続かないので，全体を 3 分割（時間は概ね 1 時間）で構成し，約 20 分を講義時間，40 分を演習時間としている。演習問題は必ず時間内に完了できたかの確認を行っている（講義後，サーバ上のデータを確認する）。

3．理解を促進する工夫

- 板書は，字を大きく丁寧に書くよう心がけている。色を使い分けて，重要な点を強調している。
- パワーポイントにおいて大事な箇所は，画面を拡大し，ペイントマーカーで強調している。
- 1 回の講義では概ね 1 テーマとし，講義内容を絞り込んでいる。進捗状況に応じて講義の時間配分は柔軟に変更している。
- 演習における処理ストレス(待ち時間)がないように，最適化したデータを作成している（例えば，北九州市全体のデータから小倉駅周辺だけを抽出することによって適切な容量のデータを作成し，演習データとして与えるなど）。
- 時には意図的に誤った結果になるデータを与えて，受講生に疑問（ちょっとした問題意識）を抱かせ，こちらから簡単な質問をしながら，講義を進めることもある。学生からの質問も多い。学生にはあまり考えすぎずに解らなかったらすぐ質問するように伝えている。演習中に質問を受けた時は，その質問内容を噛み砕いて全員に説明し，全員に対して答えるような形をとっている。

４．授業評価アンケート結果の活用法

・アンケートの各設問に対する点数は気にしていない。講義内容の理解度については，毎回の演習問題の作成経過で判断している。期末のレポートは，卒業論文の作成に役立つように，卒業論文梗概と同じ様式・構成としている。授業評価アンケート結果では，自由記述欄，特にクレームについて参考にしている。

・授業評価アンケートで満足度が高いのは，その回の講義テーマを絞り，何のスキルを習得するのか，明確に目標を決めているからだと思う。

５．改善の自助努力

５年目の授業であるが，当初は授業内容を盛り沢山にして，結局，消化不良を招いてしまった。不要な部分を削ぎ落とし，現在の授業内容と構成ができあがった。欲張らない，何でも教えようと思わないことが肝心と思っている。

インタビューを終えて

　GIS は都市計画や自治体業務で活用され始めた新しい技術であり，大学の授業に本格的に組み込んだ例は少ないようです。本授業は，単なるソフトウェア実習に留まることなく，受講生は GIS を利用しながら，それまでに学修した建築や都市に関連する専門科目の知識を総合して課題に取り組むよう最終課題が設定されています。今回のインタビューによって，成績責任者として全体の授業計画を練る高先生と，地域情報環境に関する実践及び自治体 GIS の経験が豊富な深堀先生が，協力・連携しながら，独自の教材や演習用データを作成し，きめ細かな演習授業を実現していることがわかりました。

（担当：国際環境工学部　龍　有二）

高偉俊先生，深堀秀敏先生からのコメント

　本授業では，地域環境，建築，都市計画等に関する様々な課題をテーマにして，地理情報システムの習得や問題解決手法を演習中心に行っている。

　地理情報システムは，阪神淡路大震災の復興復旧支援のために本格的に導入された技術で，その後の大規模な災害においても迅速かつ正確な解析が行えるシステムの改良・改善がなされており，災害支援には不可欠なものとなっている。近年は，行政や民間のデータが飛躍的にオープンデータ化されたこともあり，ビジネス，医療，公益サービス等に広く活用されている。

　このような社会情勢の変化に必要な技術習得を目的として，５年前にスタートした「地域環境情報演習」の当初授業計画では，地理情報システムと CAD は構造的に似通っているので CAD 技術を習得した学生には比較的容易に受け入れられると考え，多くのメニューを用意した。ところが受講生から，CAD は設計支援ツールであり，自身が設計した建物等が作業が進むに連れて形となって現れるので内容が難しかったり，作業時間が長くなっても集中力はあま

り途切れないが，地理情報システムは，施策支援ツールであり道路，建物，人口，交通量等の多岐にわたるデータがすべてがパーツであり，データ作成技術はある程度理解できるが自身の施策に沿ったパーツを適正に選択するマネジメントが難しいとの意見があった。

そこで，授業で使用するデータをできる限り身近なもの，話題性のあるもの，シンプルなもの，処理時間の短いもの等に毎年変更を行い，演習中は，受講生の作業状況を細かく確認し，質問については，全員に内容及び回答を説明し情報の共有化を図っている。また，演習に使用するデータ等は事前の準備に時間を要するが，個人フォルダを設けて処理の迅速化及び作業データのチェックが容易にできるようにしている。

最終レポートの課題は，北九州市や福岡市などの実践的な都市計画，環境問題から選んでいる。レポートは，地理情報システムを使って分析を行い，解決策を含むまとめを卒業論文の梗概様式で提出させている。

少人数の演習中心の専門科目が，ベストプラクティスに選ばれたことは大変光栄に思っている。

今年度からスタートする新たな5カ年も活力ある授業を目指し，改善に取り組んでいきたいと考えている。

自作のケーススタディにより学生の満足を得ている松永裕己先生（マネジメント研究科――「ソーシャル・ビジネス」）

はじめに

・平成26年2月8日に，ソーシャル・ビジネスを担当されている大学院マネジメント研究科の松永裕己先生にお話を伺いました。以下はその内容です。

・ソーシャル・ビジネスは大学院マネジメント研究科の1年生に配当されているエグゼクティブ科目である。平成25年度1学期の受講者数は18名。授業アンケートの満足度に対して7名（38.9％）が「非常に満足した」，11名（61.1％）が「満足した」と回答している，極めて満足度の高い授業である。

・個別の学生ヒアリングによると，ソーシャル・ビジネスの満足度の高い要因には，ケースス

図13　松永裕己先生

タディの活用が指摘された。よって，ケーススタディの活用方法を中心に話しを伺った。

1．事前準備
- 本授業では最終的に各学生にソーシャル・ビジネスの企画を作成しプレゼンテーションをしてもらうことにしている。よって，その道筋をきちんとプランニングしている。
- また，各学生が企画を考えるにあたって，陥りそうなところを具体的に想定している（特に，社会的課題を事業化する部分）。
- 本授業では，ケーススタディを活用して，議論を深めるとともに，企画作成の際のポイントを学習してもらっている。また，ケースはオリジナルのものも活用している。
- オリジナルのケースの作成にあたっては，ケースの対象となるNPO法人の実際の事業の立ち上げの現場に立ち会って，ミーティングにも参加している（2年間で十数回）。

2．実際の授業の進め方
- 本授業では最終的な企画のプレゼンテーションまでに4回のケーススタディを実施している。4回のうち2回のケースがオリジナルで，残りの2回は慶應義塾大学が提供しているケースである。オリジナルのケースは北九州地域に根付いたものということもあって，慶應義塾大学のケースに比べて学生の反応は良いと感じている。
- ケースは事前に配布し，学生にはしっかり読んで，課題の回答についてはメモしてくることを義務づけている（メモの提出までは求めていない）。
- ケースの設問に対するディスカッションは，基本的には授業参加者全員（約20名）で実施しており，ディスカッションのポイントはKJ法で黒板に書き出すことで「見える化」している。そして，そのうえで「課題抽出」を行っている。
- なお，授業参加者全員のディスカッションで意見が出にくい場合は，意見を出しやすくするために，グループでディスカッションをさせている。その辺はその場の雰囲気をみながら臨機応変に対応している。
- 本授業の最終的な成果物であるソーシャル・ビジネスの企画は，個々人によるものであるが，その過程ではグループでのディスカッションを実施している。学生には良い企画については褒めることを心がけさせている。
- 授業全体の中で，レポートの提出は最終的な企画案を含めて3回実施している。1回目は地域課題の設定について，2回目はビジネスモデルの企画，3回目が最終的な企画案である。これらのレポートについては，すべてコメントを書いて学生に返すようにしている。

3．授業評価アンケート結果の活用法
- 授業評価アンケートのコメントはよく読んで参考にしている。その結果，「体系的な知識」と「ツール」へのニーズについては，強く意識して授業を行うようにしている。
- 授業評価アンケートのコメントの中には，「最終的に何を学んだのかよくわからない」とい

うものがあったので，ケースの設問の意図をきちんと伝えることを心がけている。また同時に，設問そのものを見直すことも心がけている。

インタビューを終えて
- 大学院マネジメント研究科（ビジネススクール）の特異性を十分に踏まえた授業をされていました。とりわけ，ケースを自分で開発するなどしてリアリティを高めていることは特筆されるものと思います。また，そのケースの設問の意図が学生にきちんと伝わるように，日々心がけている点も見習うべきことと感じました。
- 松永先生の授業は，手間隙をかけて，少人数教育であるビジネススクールの良さを引き出している点に，学生の高い満足度の要因があると感じました。

(担当：マネジメント研究科　城戸宏史)

松永裕己先生からのコメント

　マネジメント研究科はいわゆる「ビジネススクール」で，主に社会人を対象に実践的な教育を行うことを目的としています。一口に社会人といっても，年齢，職業，経歴，キャリアビジョンなどは多様です。50代の会社経営者もいれば，学部からそのまま進学してきた学生もいます。勤務医やアーティストや美容師などの専門職もいます。もちろん企業に勤めるビジネスパーソンもいます。当然，学びたい領域も身に付けたいスキルも将来のキャリアプランも異なっています。歩んできた道も将来の方向性も違う学生が集まって授業を受けるわけですから，講義の設計には気を遣います。

　ソーシャルビジネスの講義では，ケースメソッドと呼ばれる手法を使っています。これは事例（ケース）を受講者が事前に読み込んできて，ディスカッションするというやり方です。授業ごとに設定された学びのテーマについて，議論する中で受講生自らがそれに気づき思考を深めていくということが理想ですが，実際にはなかなか理想通りにはいきません。想定していたような意見が出ないことはしょっちゅうですし，講義設計とディスカッションの方向がずれていくこともあります。去年はうまくいったのに，今年はうまくいかないということもしばしば生じます。こうした状況にどう対応し内発的な気づきを引き出すかということに苦労しています。試行錯誤しながらやってきて重要だと思うことがふたつあります。ひとつはできるだけ現場に足を運び自作のケースをつくるということです。既存のケースには優れたものがたくさんありますのでそれらを使用することもありますが，時間をかけ事業の現場を観察し経営者にインタビューをして作ったケースの方が，ねらい通りの効果が生まれることが多いようです。ふたつめは講義の設計とシミュレーションをしっかり行うことです。講義の流れを作り込み多くの議論のパターンを予測することで「想定外」という状況をできる限り少なくし，学生に対する対応の「引き出し」を用意しておくことが重要だと感じています。どちらも「そんなの当然だ」と思われることかもしれませんが，突き詰めようとするとどこまでやってもきりがなく，毎回トライアルアンドエラーの連続です。

一方でディスカッションが嚙み合った時，多様な意見のぶつかり合いの中から斬新なプランが生まれてきた時などは，レクチャー方式の講義にはない充実感を得られることがあります。それを目指して，理論と実践の融合が求められるビジネススクールならではのやり方を模索していきたいと思います。

第4章 新任教員のFD研修

1 新任教員FD研修プログラム

　本学では，公立大学法人化した平成17（2005）年度以降，毎年度4月初旬の2日間，および8～9月の適切な時期に1日間の新任教員に対する研修を行っている。これら2回の研修には，大学で3年以上の授業経験をもつ新任教員以外は原則として参加することが必須となっている。新任教員が着任する4月（および前年度10月に着任した教員を含む）に行われる研修を「春季新任教員研修」，8～9月の適切な時期に行われる研修を「夏季新任教員研修」と呼んでいる。春季新任教員研修は，「制度研修」と「FD研修」とに分かれており，それぞれのプログラム内容が表1に示されている。この章では，FD研修について詳述する。

■ 1.1　春季新任教員研修

　表1に春季新任教員研修のプログラムを，図1～図3に研修風景を示す。

■ 1.2　夏季新任教員研修

　春季新任教員研修を受けた新任教員は，4月初旬～8月初旬までの1学期の間に，複数科目の授業を担当する（教員によって科目数は異なる）。第1学期の授業が終わると，大学は夏季休暇（8月中旬～9月末）に入る。この夏季休暇の間に，第1学期の授業を"振り返る"ための研修を行っており，これを「夏季新任教員研修」と呼んでいる。
　平成26年度の夏季新任教員研修のテーマは，「授業の振り返りと授業工夫の共有化」であった。この研修の目的は，「1学期に新任教員自身が行った授業について，〈授業設計〉〈授業工夫のポイント〉〈授業実践結果（学生の反応などを含む）〉〈授業改善事項〉などを報告し，報告内容について質疑応答することによって，授業設計のやり方や授業方法，学生への対応などの"工夫"をお互いに学び，共有化すること」である（平成26年度春季新任教員研修において，各自が1学期に担当する授業1コマの計画を提出しており，その授業計画に基づいた授業

表1　春季新任教員研修プログラム（平成26年度版）

制　度　研　修			
	内　　容	担　当　者	
1	北九州市立大学の現状	学長	
2	本学の組織構成・教員の服務	教育研究担当副学長	
3	基盤教育センターの位置づけ	基盤教育センター長	
4	学生サービスの基本的な考え方	学生部長	
5	ハラスメント	教育研究担当副学長	
6	個人情報保護・情報セキュリティ	情報総合センター長	
7	不正防止	研究委員会委員長	
8	研究支援の取り組み	研究委員会委員長	
9	入試・広報	入試広報センター長	
10	教員評価	評価室副室長	
11	教員の教務関係の仕事	教務部長	
12	事務オリエンテーション （北方キャンパス・ひびきのキャンパス）	北方キャンパス：各担当課 ひびきのキャンパス：学務第二課	

Ｆ　Ｄ　研　修	
内　　容	担　当　者
1	北九州市立大学におけるFD事業への取り組みと展望	FD委員長
2	授業の質をステップアップするために	FDアドバイザー
3	立命館大学オンデマンドビデオ講義の視聴と解説	FDアドバイザー
4	模擬授業観察と講師との質疑応答	担当教員
5	グループ討論と発表 　テーマ「授業をよくするための工夫： 　　　　ビデオ講義や模擬授業から学ぶこと」	コーディネーター （FDアドバイザー）
6	個人ワーク ・授業計画とは ・授業計画の立案	
7	新任教員交流会	

実践を振り返って報告する）。

　夏季新任教員研修のプログラムは，以下の通りである。

1．開会挨拶と研修内容・やり方の説明
2．1学期授業の報告：新任教員の個人発表と質疑応答
3．立命館大学FDオンデマンド講義視聴&討論
4．アンケート記入
5．閉会

図1　新任研修でグループ討論の結果発表

図2　新任研修風景

図3　新任研修グループ討論風景

2 北九州市立大学におけるFD事業への取り組みと展望

■ 2.1 本学におけるFDの取り組み

私が担当した平成25～26年度においては，15分という短い時間ではあるが，本書第1章で概説した内容をパワーポイントを用いて説明した。具体的には，文部科学省および本学におけるFDの定義，学校教育法において大学が7年に1度受審することが義務づけられている認証評価，および認証評価を行う評価団体（「大学基準協会」「大学評価・学位授与機構」など）における評価項目との関係などを概観し，引き続いて本学における種々の取り組みを紹介した。

本学でのFDの具体的取り組みとしては以下のものが挙げられる。
- シラバス整備
- 授業評価（アンケート（公開）および報告書）
- 卒業生アンケート
- GPA
- 教員による授業参観・ピアレビュー
- FD講演会（外部講師）
- FD報告会
- 学部・学群・センターによる企画
- 先進大学の調査

それぞれについては，第1章を参照されたい。

■ 2.2 新任FD研修で提起した課題

新任FD研修では，日本および本学におけるFDに内在する課題を指摘した。

2.2.1 日本の大学システムとFDをめぐる課題

第1に，そもそもFDは欧米型の大学運営に立脚しているという点である。欧米，特にアメリカでは，大学専任教員の雇用形式はtenure-track制が中心である。つまり，採用当初は終身被雇用権（tenure）は有しておらず，いわば試用期間なのである。多くの場合，任期は3年で，その状態で2期勤務する。それぞれの任期の最後には当該教員の教育・研究・管理運営についての審査（review）があるが，特に最後の任期終了時の審査は終身雇用審査（tenure review）で大変厳しい。それを通って初めて終身被雇用権を獲得する。そのため，そもそもFDを組織的に行わずとも，各教員が終身被雇用権獲得のために，大変な努力と工夫を行うのである。現在では日本でも認証評価等を通して義務づけられている「授業評価（course evaluation）」にしても，アメリカでは早くから行われており，それらも当然審査の際の資料と

なるため，試用期間中の教員は授業にも大変な労力をかけている。ちなみに「授業評価」では当該授業の補助を行う Teaching Assistant（後述）も評価の対象となる場合がある。

さらに，特に研究大学（research institutions）といわれる大規模州立・市立大学および私立大学は大学院の充実度が高い。一般に，アメリカの大学の授業料は日本のそれとは比にならぬくらい非常に高い。その代わり，大学院では正規の博士課程在学生であれば特に学部生の授業料，州政府や National Science Foundation（NSF：日本学術振興会に相当）から大学，あるいは研究者への補助金（grants），さらには個人・団体からの寄付金により，授業料免除（tuition waiver）に加えて，それらの院生を Teaching Assistant あるいは Research Assistant として採用することにより，TAship・RAship（stipend と呼ばれる報酬）が支払われる。業務内容は大学や研究科によって異なるが，多くの場合は次の4つが含まれる。

1．担当する科目の授業に毎回出席
2．オフィス・アワーを設け，受講生の質問等に答える
3．資料の印刷
4．課題・小テスト（quizzes）・期末試験の作成（場合によっては採点）

日本の保育・教育機関において，資格（保育士資格・教員免許等）が不要なのは大学・短期大学・専門学校のみである。しかし，アメリカ等では，このような TA 制度が充実しており，機能している。その結果，教員も学生に対してより多くの課題や小テストを課すことが可能となる。また，大学院生は一種の On-the-Job-Training（OJT）あるいは研修を経験することによって，将来教員として職を得た時の授業運営への理解を深めることができるのである。そのような循環を通して，アメリカの授業の質・内容・方法は維持されているということができる。

日本でもここ 20 年ぐらい，TA 制度が導入されている。しかし，アメリカとは次の 2 点で大きく異なる。第 1 には，日本ではその範囲および科目数が比較的限定されていることである。第 2 には，報酬額の相違である。私が大学院に留学していた 1988〜1993 年度のうち，ロータリー奨学金により授業料が支払われた初年度を除く 4 年間は，授業料（当時約 15,700 ドル）免除に加え，TAship および RAship として，授業開講中の 9 月から 6 月まで月額約 1,000 ドルを受給していた。もし，2 科目の TA となると，さらに 1,000 ドル増額であった（当時の為替レートは US＄1.00＝約 250 円）。

このような状況なので，大学院生は授業料や生活のためにアルバイトなどをする必要がなく，自身の学習・研究と担当する科目の TA に専念することができる。

ひるがえって，日本においては，たとえば本学の場合，1 学期 TA として勤務したとしてもせいぜい 30,000 円程度であり，また，科目等も限られている。このような状況では，たとえ教員が学部生によりきめ細かな指導を行いたいと考えても，そうすることは結局自らの研究時間あるいは余暇時間を削減することにつながってしまう。それでも，教育の質の改善を担保するため（大学の内部質保証），日本では授業評価が行われている。しかし，後述するように，場合によっては形骸化したり，機能不全に陥ったりしていると思われる。

いずれにせよ，現状はまさに「木に竹を接ぐ」状況（竹はアジア的であるとすれば，「竹に木を接ぐ」か）と言わざるを得ない。

2.2.2　本学における FD の課題

本学においては，授業評価および研修に関して，以下のような課題が考えられる。

まず，授業評価については，平成 20 年度より全学的に授業評価アンケートを実施してきている。しかし，開始後 6 年を経て，回答する学生も，また，結果を受け取る教員もややマンネリ化している感もある。さらに，近年とみに「自由記述」において教員に対する正当な評価の範囲を超えたコメント（「死ね」「教授に値しない」「劣っている」など）も見受けられる。また，第 1 章でも触れたように，平成 26 年度より「原則として全科目で実施」することが義務づけられた。そのため，平成 25 年度にこれまでの「授業評価アンケート」の方法・内容（質問項目など）を振り返り，問題点を挙げ，改善すると共に，少人数科目においても匿名性を担保するため，新たに「報告書」方式を策定，合わせて「授業評価」として平成 26 年度 1 学期より実施を開始した。

次に，研修については，部局間で出席率にばらつきがみられる。これについては，部局の専門科目等との兼ね合いから，興味・関心が異なるということもあるため，平成 23 年度までの全学的研修から，部局ごとの研修に切り替えた。それにもかかわらず，出席率はなかなか上がっていない。本来 FD は教員の自発的・内発的取り組みであるべきだが，このような状況が継続するのであれば，法令で定められている以上，出欠を把握し，場合によっては部局長による指導や，あまりに出席率が芳しくない場合には教員評価への反映も考えなくてはいけないかもしれない。

最後に，FD を教育領域のみならず，研究・管理運営などにも拡大するとすれば，今後は取り組むべき課題に応じて，FD 委員会と他の委員会等が有機的に連携して調査を行ったり，研修を企画・実施したりすることも望まれる。例えば，よりよいシラバスの書き方などであれば，FD 委員会と教務部委員会が協働すると相乗効果が生まれるであろう。また，授業における学生支援などについては，FD 委員会と学生部委員会，学生サポート委員会の連携が不可欠である。また，外部資金獲得に向けた支援（研究組織の作り方・申請書作成への助言など）については，すでに地域・研究支援課研究支援係が中心となって行われているが，学生の試験・レポートにおける不正行為防止，ひいては研究者の研究倫理向上等については，FD 委員会，学生部委員会に加え，研究委員会も加わった議論が必要となってこよう。最後に，本学も平成 26 年度より採択された「教育再生加速プログラム（AP）」における「テーマⅡ：学修成果の可視化」の実現については，FD 委員会・教務部委員会のみならず，情報総合センター・教育開発支援室など学術情報を統合するシステムを構築・管理する部局とも緊密に連絡を取り合う必要が出てくると思われる。

3 授業の質向上のための5つの提案

新任教員研修では、以下のような授業の質向上のための5項目を提案した。
①教育のプロフェッショナルとして"授業の質"に関心を持とう
②他の教員の授業から学ぼう
③自分の授業を批評してもらおう
④学生の反応から学ぼう
⑤とにかく授業設計を工夫しよう

■ 3.1　教育のプロフェッショナルとして"授業の質"に関心を持とう

　最も重要なことは、自分の授業の質に関心を持つことである。一般的に言うと、大学教員は、自己の研究（研究業績）に対する関心に比較すると、自己の教育活動に対する関心が薄い。その主な理由は、研究業績（論文の質と数）は"評価されて"自己の昇進、ひいては給与に直接関係してくるが、教育活動は評価することが非常に難しく、学生の評価（授業アンケートなど）を除けば、公的にはほとんどまったく評価されず、昇進にも関係していないからだ。したがって、ほとんどの教員は、研究に比べて教育に対する関心が薄い。ある意味、それは当然のことと言えるかもしれない。

　しかし、大学教員が小・中・高教員と同じように、自己の教育活動に関心をもつことは、プロの教員として当然のことである。そこで、第1の提案は、「教育のプロフェッショナルとして"授業の質"に関心をもとう」である。私の意見では、研究と教育に対する関心の程度が五分五分であることが望ましい。

■ 3.2　他の教員の授業から学ぼう

　たとえどんな授業であっても、他の教員の授業を視聴すれば、必ずそこから何かを学ぶことができる。第2章で述べたように、他の教員の授業を学生の立場に立って聴講することによって、いろいろなことを学ぶことができる。第2章4節の浅羽論文を参照してほしい。

■ 3.3　自分の授業を批評してもらおう

　同僚に自分の授業を参観してもらい、忌憚のない意見をもらうことは、自分の授業の質を見直すという点で、大いに効果がある。第2章3節「チームティーチングと授業のピアレビュー報告」で述べたように、専門分野が同じ同僚の教員から自分の授業を聴講してもらい、忌憚のないコメントをもらうことによって大いに学ぶことができる。

■ 3.4 学生の反応から学ぼう

　大学教育において，授業の主役は「学生」である。学生は一般的にどんな授業を好むのだろうか。関西地方にある3つの大学（京都大学，大阪大学，大阪外語大学）の学生658名を対象にして，講義・演習に対する学生のニーズを調査した梶田叡一は，以下の5項目を提案している[1]。

(a)学生にとって有効・適切な授業。
(b)学問・研究の世界に目覚めさせてくれた授業。
(c)教官の熱意や良い人柄が伝わってきた授業。
(d)学生の自主性，参加意識を満たす授業。
(e)よく工夫され，準備された授業。

　以下，それぞれの項目について，梶田(1997)の調査結果からその内容について説明してみよう。(a)学生にとって有効・適切な授業とは，(1)学生の興味や知的好奇心を満足させる，(2)学生の将来に役立つ，(3)自分を振り返ることができる，(4)実際生活に役立つ，以上のような授業である。

　(b)学問・研究の世界に目覚めさせてくれた授業とは，(1)新たな知的世界に意識が広がったり，(2)新たに何かを考えるきっかけになったり，(3)自分自身，新たな知的能力が身についたり，(4)研究の世界に目が開かれたりするような授業である。

　(c)教官の熱意や良い人柄が伝わってきた授業では，(1)文字通り，先生の授業への熱意が伝わってきたり，(2)先生の学問・人柄に惹かれたり，(3)先生の語り口・話術が良かったり，(4)先生に，個人的魅力があったりすることである。

　(d)学生の自主性，参加意識を満たす授業では，(1)少人数できめ細かな指導がある，(2)学生同士の話し合いが大事にされている，(3)グループ学習の機会がある，(4)レポートにまとめることが重視されているような授業である。これらの項目は，いわゆるアクティブ・ラーニングを取り入れた授業ということである。

　最後の(e)よく工夫され，準備された授業とは，(1)講義の組み立てに計画性・目的意識がある，(2)文字通り，よく準備されている，(3)講義方法や教材がよく工夫されている，(4)わかりやすく説明してくれる，(5)板書が適切であるような授業である。

　以上は，学生が要望する授業の要素であるが，逆に学生は教員のどんな点に不満をもっているのだろうか。これについても梶田(1997)の調査結果が示している。学生の要望は，次のような項目である。(1)教育者・講義者として自覚をもってほしい／研究者である前に教師であってほしい／大学教員として，もっとやる気をもってほしい，(2)授業をもっと工夫してほしい／授業方法など，(3)学生を見下すような態度をやめて欲しい，(4)日常的生活態度を反省してほしい／時間にルーズであるとか，約束をきちんと守らないなど，(5)学生ともっと密接に付き合っ

---

1) 梶田叡一（1997）「講義・演習に対する学生のニーズ」京都大学高等教育叢書, 2巻, 65-72.

第4章 新任教員のFD研修

て欲しい……の5項目である。

　どのような方法で，学生の反応や意見を聴くことができるだろうか？　筆者は，自分の授業についての学生の反応を得るために，①コメント・カード（図4参照），あるいは②シャトル・カード（図5参照）を用いている。どちらもすでにいろいろな形式のものが公表されており，全国の大学で使われているものだ。コメント・カードは大人数の授業の場合，シャトル・カードは50名以下ぐらいの少人数の授業の場合に使っている。私の経験では，学生にはシャトル・カードのほうが人気が高い。その理由は，学生個人対教師個人のコミュニケーションが毎回，実行されるためだと思う。

　学生の立場からみて，授業のどんな点を改善していけばよいかを調べるために，私は学期のちょうど中間段階で，図6に示すような"授業改善"を目的にしたアンケート調査を実施している。本学で行っている授業アンケートは，授業の最後に行う学生の立場からの"授業評価"を目的にしたアンケートである。このアンケートでは，授業を受けて評価した学生が，その授業が学生の評価に基づいてどのように改善されたかを知ることが，実際上，ほとんどできない（学生はその授業を再度受講するチャンスがほとんどないからである）。一方，上で述べたような授業改善アンケートを授業の中間段階で実施すると，学生は後半の授業でどのように改善されたかを，直接見る（知る）ことができる。

コメント・カード	［授業評価・理解度・質問・感想］（　　年　　月　　日）

学科（　　　　　）学年（　　　）学籍番号（　　　　　　）氏名（　　　　　　　　　）

① 「わかりやすさ」（　よい，　ふつう，　イマイチ　）
② 「おもしろさ」　（　よい，　ふつう，　イマイチ　）
③ 「授業の計画性」（　よい，　ふつう，　イマイチ　）
④ 「授業の満足度」（　高い，　ふつう，　イマイチ　）

【今日の授業について君が学んだもっとも重要なことは？】⇒

◎【質問】or【感想】or【フリーコメント】⇒

図4　コメント・カードの例

学生と教師のシャトル・カード	〈学生と教師が情報交換するためのカードです。〉

授業科目：認知心理学　　火曜日 2 時限　　担当教員：中溝　幸夫（なかみぞ　さちお）
学科（　　　　　　　）学年（　　　）学生番号（　　　　　　）氏名（　　　　　　　　　）

1月15日　あなたから教師への伝言／コメント／質問	教師からあなたへ

1月29日　あなたから教師への伝言／コメント／質問	教師からあなたへ

2月　　日　あなたから教師への伝言／コメント／質問	教師からあなたへ

2月　　日　あなたから教師への伝言／コメント／質問	教師からあなたへ

図5　シャトル・カード

「認知心理学」授業改善アンケートにご協力を！

　このアンケートは，これからの授業を"改善していく"ための調査です。君たちは"自律した"学生としてこれまでの授業を振り返り，私の授業を評価してください。君たちの意見は，できるだけ後半の授業に取り入れて授業改善に役立てます。下記のいろいろな質問に対して正直に，できるだけ正確に答えてください。（回答は無記名で，もちろん成績とは関係ありません。）

⇒7回の授業を全体的に振り返って，それぞれの項目に対して右側のあてはまる欄に○を付けてください。

そう思う ←――→ そう思わない

項　　目	5	4	3	2	1
"総合的"にみて，この授業に満足している。					
認知心理学に対する理解が深まった。					
授業を受けて，学習へのモチベーションが高まった。					
授業では，学生の参加や発言を促す工夫がしてあった。					
"総合的"にみて，授業内容は面白かった。					
授業では，学生が考える時間が設けられていた。					
教員の話し方の速度は，適切だった。					
"総合的"にみて，説明のしかたは，適切だった。					
授業の進み具合は，適切だった。					
パワーポイント表現は，適切だった。					
授業で配った資料は，適切だった。					
授業外学習（例えば，宿題）をするように工夫されていた。					

◆上のアンケートで，いずれかの項目の（2 or 1）に○をつけた人は，どんな点でそう思ったのか，どんな改善方法があるか，授業はどうすべきだったのか，なんでも結構ですから自由に書いて下さい。

◆この授業の中で，もしあなたの学習意欲（学習への動機づけ）や興味・関心を促すような点（授業の工夫や教員の言動も含めて）があったら，なんでも結構ですから書いてください。

◆この授業の中で，学生の学習意欲を低下させるような点（教員の言動も含めて）や，ここはこのように改善してほしいという点があったら，どんなことでもいいから書いてください。

◆「中間テスト」に関して，問題の難易度や問題内容の良さ悪さ等…どんな感想を持ちましたか？　どんなことでもいいから，自由に書いてください。

ご協力，ありがとうございました。

図6　授業改善アンケート（例）

■ 3.5 とにかく授業設計を工夫しよう

　最後の提案「とにかく授業設計を工夫しよう」の内容は，3.4「学生の反応から学ぼう」でも述べたように，「よく工夫され，準備された授業」についての筆者の考えである。

　筆者は，授業に不可欠な要素として次の3つを考えている。①わかりやすい，②面白い，③しっかりした計画，の3項目である。この3項目は私の授業で不可欠な要素と考えているものの，授業の成否には教員自身の個性も含めて，非常に多くの要因が関わってくるので，結論としては，「こうすれば……必ず授業は成功する」という，授業の"定石"のようなものはない。したがって，結局のところ，各教員は経験を積み，同僚のいろいろな授業から学び，同僚から自分の授業を批評してもらい，その上で，自分で自分の授業を工夫するしかないと考えている。

　私が考える授業に不可欠な3つの要素を具体的に説明していこう。最初の要素である「わかりやすい授業」とは，授業内容の難しさ（コンテンツの理解困難度——難しい内容〜易しい内容）のレベルを落とす，ということでは決してない。伝えたい内容の困難度にかかわらず，学生が授業内容を"理解できるように"伝える——情報伝達の効率を高める——ということである。「たとえ，困難度がひじょうに高い授業内容であっても，それを学生が理解しやすいように伝える工夫が必要だ」ということだ。

　学生の学ぶモチベーションには大きな散らばりがあり，将来，研究者を目指したいという学生（その多くは，大学院を受験したいという学生），その授業科目に知的興味をもっている学生，教員の教え方やパーソナリティに関心をもっている学生，親しい友人が受けているから自分も受けるという学生，その科目については単位を揃えればそれだけで満足という学生……等々，いろいろなモチベーションの学生が受講しているだろう。それらすべての学生を満足させることは非常に難しい。しかし，教員側に，この時間にこれだけは伝えたい（これだけは理解してほしい）という授業内容があれば，それを学生が理解できるように伝えることが必要だと私は考えている。「わかりやすい授業」とは，そういうことである。

　わかりやすい授業を設計するためには，以下の項目を複数個含んだ授業を設計することである。

(a) その時間の"授業目標"がはっきりしている（何を理解すればよいかが学生に伝わる）。
(b) 重点先行型にする（あらかじめ授業目標や結論が明示されて，知識の準備状態・メンタルモデルが作られる）。
(c) 授業（講義）の筋書き（＝授業計画）の全体がわかる。
(d) 学生がすでにもっている知識と関係付けができる。
(e) 限られた時間内で，知識量が多すぎない。
(f)「専門用語」をわかりやすく解説する。
(g) 具体的である（学生が自分の経験と結びつけやすい）。
(h) 論理の飛躍がない。

2番目の要素「面白い授業」とは，次のような要素を含んでいる授業である。
(a)学生のもつ"常識"を疑わせるような内容〈眼から鱗〉を工夫する。
(b)学生の興味・モチベーション・好奇心と結びつくような講義内容（例）を工夫する。
(c)学生の知的レベルより少し高い内容を含める。
(d)「謎」（問題）を解いてみせる。
3番目の要素「しっかりした計画に基づく授業」とは，次のような授業である。
(a)「授業目標」「知識の中身」（概念・用語）「学生への課題」「学生の理解度チェック」「授業外学習の内容」などを"計画的に"。
(b)この授業科目全体が何を「目標」にしているかを学生に授業の最初や途中で，何度も伝える。
(c)この授業がなぜ必要か，どんな役に立つかを絶えず，学生に何度も伝える。
(d)今日の授業では，何が「目標」（授業のねらい，目あて）であるかを学生にはっきり伝える。
(e)今日の授業が，全体の授業計画の中のどの部分であるかを伝える。
(f)学生が学んだかどうかをどのようにしてチェックするかが計画されている。

4 今後の新任教員研修への提案

以上に述べてきた本学の新任教員研修を今後，どのように改善していけばよいだろうか。

■ 4.1 研修プログラムをさらに充実させていく

現在，国立教育政策研究所といくつかの国立大学で，「新任教員研修プログラムの基準枠組み」が試行的に作られている（表2参照）。この基準枠組みには，現在，FD活動に意欲的に取り組んでいる日本のいくつかの大学が実践している新任教員研修プログラムが集約されている。この基準枠組みと比較すると，本学が現在行っている新任教員FD研修プログラムには，不足している項目がいくつかある。今後，本学の新任研修プログラムを充実させていくという前提で，以下のことを提案したい。

まず，全学レベルで行ったほうが効果的なプログラム内容と，学部・学科レベルで行ったほうが効果的な研修プログラムを峻別する。例えば，基準枠組みの中の「学習の5領域」で，基礎知識の習得（表2の下線項目）については，全学レベルのプログラムとして行う。その中にはこれまで本学の新任研修に含まれていた模擬授業の観察とピアレビューなども含まれる。一方，スキル習得や実践活動，同僚や学生とのコミュニケーションは学部・学科レベルの研修プログラムとして実行する。

表2 新任教員研修プログラムの基準枠組みと本学の新任教員研修プログラムの比較

新任教員研修プログラムの基準枠組み		現在の本学の新任FD研修
学習の領域	学習目標	研修項目
1. 大学コミュニティについての理解	1-1 大学に関する基礎知識を得る。 1-2 同僚とのコミュニケーションをとる。	◆春季 ○本学のFD活動の経緯（FD委員会委員長） ○授業の質の向上のためのノウハウ（既在籍教員による講義形式） ○模擬授業（既在籍教員）とピアレビューの練習 ○新任教員相互，2，3年目教員とのコミュニケーション（グループワーク） ○1学期の授業計画（1コマ）の立案（個人ワーク） ◆夏季 ○授業実践の振り返り ○授業実践についての新任教員相互のコミュニケーション（計画―実践―振り返りと意見交換）
2. 授業のデザイン（目標設定・実施計画・成績評価）	2-1 授業デザインのための基礎知識を習得する。 2-2 授業デザインのためのスキルを習得する。	^
3. 教育の実践	3-1 教育実践に関する基礎知識を習得する。 3-2 学習者中心の授業および学習支援を実現し，学生の学習を促進する。 3-3 学生と適切なコミュニケーションをとる。	^
4. 成績評価とフィードバック	4-1 教育の評価やフィードバックについての基礎知識を得る。 4-2 適切な成績評価およびフィードバックを行う。	^
5. 教育活動の自己改善・キャリア開発など	5-1 自己改善・キャリア開発や教育開発に関する基礎知識を習得する。 5-2 自己改善・キャリア開発や教育開発のためのスキルを習得する。	^

＊この基準枠組みは，「英国高等教育資格課程における大学教員の教育職能開発」をモデルにして，日本の複数の大学で行われている新任教員の研修プログラムを検討して作成されたものである。

■ 4.2 新任教員研修を担当するチームを作る

次に必要なことは，新任教員の研修を誰が責任感をもって実践していくか，という問題である。現在，本学では執行部，FDアドバイザー（非常勤），FD担当事務の三者が新任教員の研修プログラムを計画し，実践している。しかし，前に述べたように，全学レベルでの研修プログラムと部局学科レベルでの研修プログラムを峻別した場合，誰がそのプログラムを実行するかという問題が生じる。したがって，これからは新任研修を責任をもって実行するチーム（組織）を明確化することが重要である。

全学レベルの研修については，FD委員会内に「新任教員研修チーム」を作るのがよいと思う。このチームは，新任教員研修を担当する事務職員と協力して，立案・実践・研究を行う。一方，学部・学科レベルの研修については，部局長が責任者となり，数名の教員で新任研修担当チームを構成して，立案・実践・研究を行う。チームを構成する教員は，これまでにカリキュラム策定やカリキュラムポリシー策定の仕事に経験があり，授業設計に関心の深い教員であるとさらによい。それぞれのチームは，実践を重ねていくことによって，部局・学科での研修ノウハウを蓄積し，新任研修の充実を目指していく。さらに，毎年，FD委員会で新任研修に関する部局間の情報交換を行っていく。

5 新任教員研修の評価

　これまでに述べてきた新任教員研修を新任教員自身は，どのように受け取っているだろうか。本節では，新任教員自身による本研修の評価結果について述べ，研修の成果とそこから示唆される課題についてまとめてみよう。

■ 5.1 研修に対する評価

　新任教員研修では，研修内容に関して毎年アンケート調査を行っている（この調査結果については，「FD委員会活動報告書」平成22～25年度参照）。研修実施の当初より調査結果は総じて肯定的であるが，改善点等に関する意見も多く寄せられている。制度研修については，提供される情報量の多さに関する意見が例年多く出されている。緊急度や重要度の高い情報に絞り込むことを求めるものや，より長い研修期間を求める声もあるが，年度初めの限られた時期に行っていることや，研修を受ける教員ごとに重要な情報が異なっていることもあり，抜本的な解決は難しい状況にある。

　一方，FD研修については，既在籍教員の模擬授業には例年肯定的な評価が多く与えられている。また，グループワークの導入等新たな試みを研修プログラムに組み入れて以来，肯定的なコメントの内容が多様化してきている。特に，他学部・他専門領域の赴任同期の教員との交流は意義深いようである。

　このアンケート調査は，研修実施直後に行われるので，研修自体についての記憶が明瞭に残っているという利点がある反面，研修内容がその後の大学での教員生活に本当に役立ったかについては知ることができないという弱点もある。そこで今回，これまでにこの研修を受けた教員に"ふりかえり"のアンケートを行うとともに，そのうちの数名にはインタビュー調査をした。本学でこれまで新任教員研修を受けた人数は88名であり，そのうち現在も在籍しているのが76名である。そしてそこから今年度赴任した11名を除く65名をアンケート対象とし，26名から回答を得た。

　選択式と記述式それぞれ3つの問に対して回答をもらったが，選択式の設問に対する回答を集計したものが図7である。

　実施直後には研修期間の長さや提供された情報量についてのコメントが多くみられたが，問1と問2の結果をみると，教員生活を経て大学の業務に慣れたこともあり，適切であるという回答が多くなっている。また，研修の日数を長いと感じる人が短いと感じる人を上回っていることは，情報過多で消化不良気味であった実施直後の調査の傾向とは異なり興味深い。問3に対する回答結果は，これまで行ってきた新任教員研修の意義を直接的に表すものである。回答した教員の過半がその意義を積極的に評価しており，大半が肯定的に受け止めている。

　"ふりかえり"アンケートでは，加えて自由記載で，「自らが受けた研修内容が役に立った具

問1　春季2日間夏季1日間という日数について（N=25）

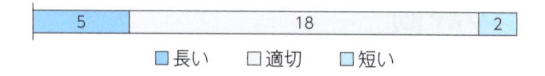

| 5 | 18 | 2 |

■長い　□適切　■短い

問2　提供された情報量について（N=25）

| 3 | 20 | 2 |

■多い　□適切　■少ない

問3　研修内容はその後の教員生活で役に立ったか（N=25）

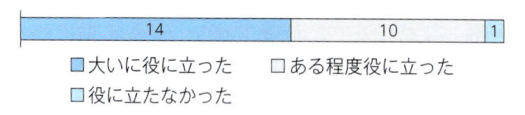

| 14 | 10 | 1 |

■大いに役に立った　□ある程度役に立った
□役に立たなかった

図7　"ふりかえり"アンケートの集計結果

体的事例」と「ふりかえって新任教員研修に組み入れられていればよかったという内容」について尋ねた。前者に関しては，FD研修で知った知識が自らの授業運営で実際に役立ったというコメントが複数みられたほか，制度研修については配布資料のファイルがそのまま業務マニュアルとして使うことができたという声があった。特に，配布資料に関しては，アンケートのフォローとしてインタビューを行った3名の教員のうち2名が同様のことを述べており，現在でも改定された内容を自ら適宜差し替えつつ活用しているとのことである。

今一つの「あればよかった内容」については，出された意見は様々であった。教員評価の詳細，講義以外の授業に関するFD，北九大生の特徴，学生指導の方法など今後の参考になる意見が寄せられた。

その他のコメントでは，所属部局の対応について触れられているものが散見された。これは，全学で共通実施の研修では十分対応することは困難な部局固有の知識をどのように伝えるかということであり，全体研修とは補完関係にある。学部等ではメンター制度が役立っているという声がある半面，少数部局では研修後のサポートが十分ではないという指摘もあった。

■ 5.2　新任教員研修の成果と課題

本学の新任教員研修が成果を上げていることは疑いがない。直接的には，研修を受けた教員からの高評価がそのことを物語っている。加えて，この研修は本学のFD活動全体に対しても好影響を与えている。現在本学には267名（平成26年5月1日現在）の教員が在籍しており，このうちの76名即ち28.5%が新任教員研修を受けているのである。

一般的に，新任研修を受けた教員と受けたことのない教員とではFD活動に関する意識が大幅に異なっている。大学教員になってキャリアを確立した後初めてFDという言葉を聞いた者と，赴任時に実際にFDの洗礼を受けた者とでは，その違いは当然のことである。実際，近年本学のFD活動においては，洗礼を受けた若手教員が積極的な役割を果たしており，FDの質向上の原動力となっている。

　本研修の課題として最大のものは，既在籍教員の参加の低調さであろう。新任研修の案内を全教員に知らせたり，特に在籍2，3年目の教員に対しては参加を強く促したりする等の試みをしているが，十分な成果は得られていない。より多くの既在籍教員との意見交換などについては，研修を受けた教員からも多く要望が寄せられている。また，研修に参加した既在籍教員も，多くが「刺激を受けた」等肯定的に評価している。さらなる工夫が求められている。

　新任教員研修が定着した結果，出される要望も多様化している。中でも，近年課題となりつつあるのが，新任教員でも前任校を持つ人と持たない人との対応を分けるべきかという問題であろう。以前とは異なり，今日では多くの大学でFDについて積極的な取り組みがなされている。それゆえ新任教員が前任校で同様のFD研修を受けてくるようなケースが増えることが考えられる。もちろん，授業改善に関してはゴールがないので研修を1回受ければいいということはないが，FDの知識も持ち授業経験もある人が初めて教壇に立つ人と全く同じプログラムを受けることによって研修に対するモチベーションが下がることが考えられる。

　最後に，本学の新任教員研修が成果を上げることができたのは，FD特命教授である中溝氏の一貫した尽力によるところが大きい。他方で，研修を統括するFD委員長である教育研究担当副学長も，FD副委員長である教務部長も基本的には2年間の任期であり，また所管するFD委員会の構成員は1年の任期である。長期的で継続的なこの研修の改善を，いかに委員会組織に組み込むか，即ち"中溝イズム"を大学としてどのように継承していくかということが，今一つの大きな課題である。

第5章 授業の質向上を目指す最近の取り組み

1 アクティブ・ラーニングの理想像を目指す授業づくり

■ はじめに──アクティブ・ラーニングの目指す理想像

　学生にもっと自主的に学んでほしい，学生たるもの知的好奇心が旺盛であってほしいという願いは，大学教員ならば，ため息をつきながら誰しも思うところであろう。学生にあふれるような知的好奇心さえあれば，大学にはそのような知的好奇心を満たす要素は，図書館，ゼミ，卒業研究指導など，実にたくさんある。しかし，残念なことに，多くの学生はこのような向学心に乏しいように見受けられる。いったいどうやったら知的好奇心や向学心を持たせられるのだろうか。

　そうはいっても，それは学生の責任ばかりではない。もし学生の向学心を育もうというのであれば，教える側が旧来の講義スタイルのままであって良いのだろうか。何の工夫もない一方通行の講義で健全な向学心を育める確率は，実は低いのではないだろうか。大学教員のみなさんは確かに旧来の講義の中でも自らの知的好奇心を育んで学問の道に入ったかもしれない。しかしそれは全体から見れば数少ない，ラッキーな事例に過ぎないのではないだろうか。もしたくさんの能動的な学生を育成したいのであれば，それ相応の取り組みをする必要がある。

　最近，教育界で流行している「アクティブ・ラーニング」というキーワードは，今までにたくさんの論者がそれぞれに解釈している状態であったが，筆者は前述のような「学生が能動的に学習する」という理想的な状態，もしくはそれを目指した様々な取り組みのことを指すという解釈をした。これは多くの大学教員にとっても望まれる理想像として受け入れられるであろう。

　とくに筆者が指導するソフトウェアの技術は日進月歩ですぐに技術が陳腐化するため，単に技術を1回学べば終わりではなく，生涯新しい技術を学び続ける必要がある。技術を学び続ける姿勢を身に付けることは，アクティブ・ラーニングの目指す状態とも合致する。ソフトウェアの分野ではとくにアクティブ・ラーニングを渇望している状態だと言っても過言ではない。

アクティブ・ラーニングが目指す「学生が能動的に学習する」という状態は，大学教員だけが求めているわけではない。文部科学省も大学教育の方向性として，アクティブ・ラーニングを強く打ち出している。文部科学省の中央教育審議会大学教育部会での「大学教育部会の審議のまとめについて（素案）」には，アクティブ・ラーニングに力を入れるべきであると主張されている。この文章の中で，先の見えない産業界や地域社会においては活路を見出せる原動力となる人材が切望されており，「生涯学び続け，どんな環境でも勝負できる能力」を備えた人材が必要だと分析している。すなわち，産業界や地域社会も学生が能動的に学習することを望んでいると主張している。このようにアクティブ・ラーニングに対する社会的な要請・期待はとても大きい。自分たちも望んでいることで，社会からも望まれていることだとしたら，取り組まない手はないだろう。

■ 1.1 アクティブ・ラーニングにどう取り組んだのか──インストラクショナル・デザインに基づく授業づくり

では一方通行の講義スタイルから脱してアクティブ・ラーニングに切り替えるにはどうしたら良いのだろうか。しばしば行われるのは「学生の自主性にまかせる」と称して，学生を放置することである。たとえば，グループ学習と称して学生をただグループ分けしただけの授業が見受けられる。しかし，それではなかなか自ら学ぶようにならない。たとえばグループの構成具合によって自主性の低い学生ばかり集まってしまったり，グループ活動に消極的な学生が多く混じってしまったりすると，そのグループではうまく学習が進まなくなってしまう。あるいはグループが自主的に学ぶ意欲にあふれていたとしても，学生たちが知りたいと思ったときにすぐに学習機会が得られなかったとしたらやはりグループ学習の効果は薄い。また調査学習において，必要な資料がいつでも取り寄せられる手段がなかったり，行き詰まったときに相談できなかったりしたときにはどうだろう。

アクティブ・ラーニングを促進するには，学びやすい場を「デザイン」することが大事である。これは，アクティブ・ラーニングに適した設備などのハードウェア面を整えるだけでなく，教授法などのソフトウェア面を整えることも含む。とくにこのソフトウェア面を支えるのが教育工学とりわけその中でもインストラクショナル・デザインである。

インストラクショナル・デザインの第一人者である熊本大学の鈴木克明先生の言葉では，「インストラクショナル・デザインとは授業の青写真を描くこと」である。その授業を受ける学生はどんな学生なのか，授業を通してその学生たちをどう成長させたいのか，その学生たちを狙い通りに成長させるためには何をする必要があるのか，学生たちが期待通りに成長したかどうやって知るのか。そういった問いを意識し，限られた授業時間の中に何を盛り込むのかを取捨選択する行為が，インストラクショナル・デザインの考え方である。このように捉えると教育も研究と同じように科学的な営みであると言える。

筆者は大学教員として着任してすぐに運良く鈴木克明先生の講演を聴いてインストラクショ

ナル・デザインの心髄に触れる機会があった。最初は無我夢中で取り組んでいたが，たくさんの授業をこなすうちに自分がしたい教育の理想像の1つがアクティブ・ラーニングであることに気づいた。それ以来，どのようにデザインをしたらアクティブ・ラーニングの理想像に近づけるかが筆者の大きな関心事となった。ここではその成果を報告したい。

1.2 アクティブ・ラーニングの本格導入──大学院生向け授業「ソフトウェア工学概論」

大学院科目「ソフトウェア工学概論」は，アクティブ・ラーニングの目指す「学生が能動的に学習する」状態にすることを意図して，平成25年度よりリニューアルした授業科目である。この科目でアクティブ・ラーニングを目指したきっかけは，平成24年度に各回の講義の受講後に学生に素朴な疑問を書かせたところ，予想を遙かに超えて本質を突く良い質問が出て驚いた経験からであった。この経験を踏まえて，学生の問いを中核に据えた学びの場を形成することができないか，インストラクショナル・デザインの見地で熟考した。その答えが全面的なアクティブ・ラーニングの導入であった。ソフトウェアの分野は技術が急速に進化するので知識が陳腐化していく運命にあることや，大学院生ともなれば能動的・自律的に深く学んで当然であってほしいという強い願いも，全面的なアクティブ・ラーニングの導入を後押しした。

この科目のインストラクショナル・デザインを紹介するにあたり，まずは全体の構成を紹介する。この授業は2部構成となっており，第1部はリーディング・アサインメントすなわち授業で出される読書の課題で構成し，第2部はリサーチとプレゼンテーションを中心として構成している。全体としては第1部で生じた素朴な疑問を第2部で自力で調べて解消するという流れになっている。

1.2.1 リーディング・アサインメント

第1部でリーディング・アサインメントを中心とした理由は，技術習得には読書，とくに専門書を読むことが基本だからである。アクティブ・ラーニングの観点からも，読書は自分が興味を持ったことを調べる基本的な方法である。

米国や欧州の大学の授業で特徴的なのは，リーディング・アサインメントがとても多い点であると聞く。そのせいもあって，米国や欧州の大学生は，実に多読であるそうだ。たとえば『これからの正義の話をしよう』（ハーバード白熱教室）で有名なハーバード大学のサンデル教授による緊迫した大人数ディスカッションを中心とした授業を支えるのも，大学生に課す膨大なリーディング・アサインメントである。

しかし一方で，日本において最近の学生は読書しないと言われている。全国大学生活協同組合連合会の「第49回学生生活実態調査の概要報告」によれば，全く読書しない学生は4割を超えるとのことである。その一因として日本においてはリーディング・アサインメントが一般的ではないためである可能性もあろう。

そこで第1部はリーディング・アサインメントを中心にして次のようにデザインした。
1．ソフトウェア開発の工程に沿って7つのトピックを設定し，各回に割り当てた。各回の構成は，全体の概要を示す「概論」，工程ごとに「要求開発」「設計」「実装」「ソフトウェア・テスト」，これらの工程をどのように実施するか「プロセス」「プロジェクト」の両面でのマネジメントである。このような区分はソフトウェア工学の教科書で一般的である。各工程を紹介する際には工程の順番通りに教授するのではなく，学生がプログラミング演習でイメージがわきやすい実装から始めることにした。次のような順番で教授する。(1)概論 (2)実装 (3)設計 (4)要求開発 (5)ソフトウェア・テスト (6)プロセス (7)プロジェクトの要約
2．精読よりも多読を重視した。ソフトウェア工学は60年ほどの歴史を重ねており，もはや1つの書籍でカバーできる範囲を超えている。一貫した知識体系を整えようという試みもされているが，常に新しい技術やパラダイムが勃興して一貫性を維持するのが難しい状況にある。そのような状況下では，むしろ混沌とした多様な考え方に直に触れて，自分なりに整理することが肝要であると筆者は判断した。1回の授業で紹介する書籍は教科書以外に2～5冊程度，これに加えて分厚い教科書の該当する章も1～5章程度読ませる。普段読書しない学生にとってはなかなかの読書量を要求している。
3．多様な考え方を直観的に俯瞰できるように，それぞれの書籍を簡潔に紹介するガイドブックを準備した。まず概要を直観的に把握した後で，狙いを絞って詳細に踏み込むことで，学習の効率を高めることができるようにデザインした。このガイドブックを広く公開し配布・販売することを現在検討している。
4．学生に読んだ文献の中からトピックを1つ選ばせて，その要約を自分の言葉でまとめさせ，学生同士で交換して互いに意見を交わさせるようにした。要約をまとめるためには，それなりに文献を読み込む必要がある。また，他の学生がまとめた要約を読むことで，要約の質が高まり，かつ視野を広げることができる。1回の授業に対し要約するテーマを1つ学生に選ばせ，毎回提出させる。要約をまとめる際には文献引用のルールを遵守させる。提出した後は，他の学生が書いた要約を読んでオンライン上でディスカッションする。
5．文献を一通り読んだ上で学生が抱いた素朴な疑問を，要約と同様毎回の授業につき1つ以上発問させ，学生同士で交換して互いに意見を交わさせる。この問いは，第2部で学生が自分で調査するのでリサーチ・クエスチョンと呼んでいる。これについては後述する。
6．著作権法を遵守し学生の経済事情に配慮する。授業全体を通して何度も参照するソフトウェア工学全般について解説する専門書は教科書として指定して学生に購入させる。各分野に特化した専門書は，授業に必要な部分を厳選し，授業当日に出席者のみにコピーを配布し，全文を読みたい場合には図書館・書店等で入手するように指示する。加えて，著作権について授業初回のガイダンスで周知し，不法にコピーを配布することがないように啓蒙する。

1.2.2 リサーチ・クエスチョン

　第2部ではリサーチとプレゼンテーションを中心としたが，その鍵となるのは前述のリサーチ・クエスチョンである。

　リサーチ・クエスチョンに着目したきっかけは前述したように予想を遙かに超えて本質を突く良い質問が得られた経験からである。その経験のあった平成24年度の授業では，寄せられた質問それぞれに筆者が解説を加える授業を行い，学生からとても好評であった。筆者としても一方通行の講義よりも緊張感があり，やりがいを持って取り組めた。ただし，質問の提出の締め切りが金曜日で，次の月曜日の授業で解説というサイクルで実施したため，週末に準備にかかりっきりになってしまい，授業負担とスケジュールの面で無理があった。

　そこで，全てのリサーチ・クエスチョンに筆者自身が回答することを諦めた代わりに，リサーチ・クエスチョンを1つ選ばせて学生自身に調べてプレゼンテーションさせる方針をとった。これはまさにアクティブ・ラーニングの方向性そのものである。

　この方針を受けて第2部は次のようにデザインした。

　1．第2部の初回に調査研究計画を立てさせ，学生同士で交換して互いに意見を交わさせるようにする。さらに講師や先輩の助言を受けられるようにする。講師や先輩は第1部を含めた他の意見交換の場面でも意見するが，とくに調査研究計画の部分は授業全体の学習成果に関わるので重点的にフォローアップする。

　2．プレゼンテーションはポスターセッション形式とし，時間等の制約に縛られずに互いの研究成果を自由に回覧して意見を交わせるようにする。ポスターセッション中に絶え間なく濃厚なディスカッションをすることで，ディスカッションの機会を増やすことが狙いである。

　3．ポスターセッションは同じテーマで2回行う。1回目のポスターセッションで不十分だった点を追加調査して，2回目のポスターセッションに向けて洗練させるプロセスを経ることで，完成度と満足度を高めることが狙いである。

　4．ポスターセッションには，先輩学生や教員，社会人などゲストを招く。多様な視点からの深い議論をすることと，なれ合いではない緊張感を与えることが狙いである。

　5．ポスターセッションでの議論を，学習管理システムへ書き込むことで要点を報告させる。議論を可視化することが狙いである。これを起点に，さらに議論が深まることも期待している。

　6．ポスターセッション終了後に，学生向けの解説記事を書かせる。議論を踏まえて文章として記述することで学習を深めるとともに，授業の成果物（ポートフォリオ）として就職活動等で活用できるようにすることが狙いである。

　7．もちろん解説記事も互いに交換することで，洗練の機会を与える。

　8．最終回の授業にて，本授業で得られたことを改めてふりかえる。これは経験学習の観点に由来しており，学習内容を定着・深化させることが狙いである。

1.2.3 この授業で学生が行うこと

この授業で学習を進めるにあたって学生が行うことを整理する。授業全体を通して学生の意識を「教わる」から「学ぶ」へ転換するようにデザインしている。

1．要約（Summarization）：学生は教科書や配布資料を読み込んで，各トピックの要約をまとめる。漫然と講義を聴くのではない。これにより学生の意識を「教師から教わる」から「自分で学ぶ」ように変えることを狙う。

2．問い（Question）：学生は要約をまとめる過程で生じた疑問点（リサーチ・クエスチョン）も記述する。リサーチ・クエスチョンは必ずしも高度でなくとも良い。むしろ素朴な疑問の方が本質を捉えているものである。

3．研究（Research）：学生は自らが立てたリサーチ・クエスチョンについて，さまざまな文献資料をあたって調査する。これにより深く学ぶ。

4．発表（Presentation）：学生は研究成果をポスターセッションで発表する。また，研究成果をわかりやすくまとめた解説記事を記述する。研究成果を自分の言葉でまとめること，学生が互いに議論を深めあうことを意図する。

5．ふりかえり（Reflection）：学生は最後にこの授業で得たものは何だったのか，自らの学びをふりかえる。ふりかえることで，学習したことの定着を図る。

1.2.4 この授業で教師が行うこと

この授業では，教師は次のように学習を支援する。教師が直接「教える」のではなく「学びをガイドする，促進（ファシリテーション）する」ようにデザインしている。

1．要約への支援：教師はたとえ話（メタファー）などを用いて概観を示した上で，文献資料を紹介する。これにより学生がソフトウェア開発経験に乏しくとも理解しやすいようにする。

2．問いへの支援：教師は学生が提出したリサーチ・クエスチョンへのコメントを通じてリサーチ・クエスチョンを明確にする。これにより学生が調査しやすくする。

3．研究への支援：教師はリサーチ・クエスチョンを調査するための適切な手がかりを学生に与える。これにより学生が学習を深める足がかりを作る。

4．発表への支援：教師はポスターセッションや解説記事に対する学生たちの議論を促進（ファシリテーション）する。これにより学生が気づきを得る機会を増やす。

5．ふりかえりへの支援：教師は学生のふりかえりへのコメントを通じて学生に助言する。これにより学生が今後に活かすための手がかりを示唆する。

1.2.5 到達目標

以上を踏まえて，この授業の到達目標を次のように設定した。デザイン上の工夫点として，知識を得るために学生が行うアクティブ・ラーニングの具体的な活動を意識して到達目標を定

義した。

1．要約の記述：与えられたソフトウェア工学関連トピックについて，教員と教科書の助けを得ながら，自分の言葉で要約を記述できる。

2．リサーチ・クエスチョンの記述：与えられたソフトウェア工学関連トピックについて，自分の言葉でリサーチ・クエスチョンを記述できる。

3．リサーチ・クエスチョンの調査・発表：到達目標2のリサーチ・クエスチョンの記述について，教員の助けを得ながら，独自に調査してプレゼンテーションと解説記事を記述できる。

到達目標とDPとの関係は次の通りである。

Ⅰ．知識・理解
・ソフトウェア工学関連の概念・用語等の基礎知識を自分の言葉で説明できる。（到達目標1，3）

Ⅱ．技能
・ソフトウェア工学関連トピックについて，体系立てた方法で調査できる。（到達目標1，3）

Ⅲ．思考・判断・表現
・ソフトウェア工学関連のリサーチ・クエスチョンを独自に立てられる。（到達目標2）
・ソフトウェア工学関連トピックを調査する適切な方法を判断できる。（到達目標1，3）
・ソフトウェア工学関連トピックを自分の言葉で表現できる。（到達目標1，3）

Ⅳ．関心・意欲・態度
・自らの関心・意欲に基づいて課題を設定し調査する態度を身につける。（到達目標2，3）

1.2.6 成績評価

次のようにそれぞれの到達目標ごとに細かく課題を設定した。

1．到達目標1　要約の記述
・概論の要約
・実装の要約
・設計の要約
・要求開発の要約
・ソフトウェア・テストの要約
・プロセスの要約
・プロジェクトの要約

2．到達目標2　リサーチ・クエスチョンの記述
・概論のリサーチ・クエスチョン
・実装のリサーチ・クエスチョン

- 設計のリサーチ・クエスチョン
- 要求開発のリサーチ・クエスチョン
- ソフトウェア・テストのリサーチ・クエスチョン
- プロセスのリサーチ・クエスチョン
- プロジェクトのリサーチ・クエスチョン

3．到達目標3　リサーチ・クエスチョンの調査・発表
- 概論の資料のわかりにくい表現
- 実装の資料のわかりにくい表現
- 設計の資料のわかりにくい表現
- 要求開発の資料のわかりにくい表現
- ソフトウェア・テストの資料のわかりにくい表現
- プロセスの資料のわかりにくい表現
- プロジェクトの資料のわかりにくい表現
- 研究計画のディスカッション
- 研究計画の提出
- ポスター発表1回目
- ポスター発表2回目
- ポスター最終版提出
- 研究成果の解説
- 研究成果の解説：最終版の提出
- 全体ふりかえり
- 議論への積極的な参加

これだけたくさんの課題があるので，負荷が集中しないように各課題を授業全体にできるだけ均等に配分した授業スケジュールを立てた。しかし，ガイダンスで授業計画と提出すべき課題を学生に提示したときには，学生たちはあまりの課題の多さに面食らったことだろう。そのためガイダンスを聞いて履修を決意した学生は少なかったものの，無理のないスケジュールにしたことで履修した学生は一人も脱落しなかった。授業運営はうまくいったが，課題設定が細かすぎて見た目の学習負担を多く感じさせてしまったことで，初回のガイダンスで多くの学生の学習意欲を損ねてしまったのは今後改善すべき点である。

1.2.7　結果

この新しいインストラクショナル・デザインで平成25（2013）年度より授業を実施した。この講義はひびきの学術研究都市内の大学での相互単位互換制度の対象となっているため，本学の他に早稲田大学や九州工業大学からも受講可能である。また，学部生の成績優秀者が早期履修できる制度の対象科目にもなっている。

平成 25 年度の履修者は 26 名，内訳は北九州市立大学大学院情報工学専攻が 21 名，学部生 4 年生の早期履修が 3 名，早稲田大学が 2 名であった。平成 25 年度の時点でも十分な手応えを感じながら授業を進めていた。しかし，授業終了後，授業結果の科学的な評価を行う前に発生した，本学で使用する学習管理システムの大規模障害により，その当時の貴重なデータが消失してしまった。そのため，残念ながら当時の授業効果を評価することはかなわなかった。

　使用する学習管理システムを変更して平成 26 年度に再出発したが，前述のように履修者が極端に少ない結果になってしまった。平成 26 年度の履修者は 4 名，内訳は本学大学院情報工学専攻が 2 名，学部生 4 年生の早期履修が 2 名であった。それ以外に学部生 4 年生の聴講生が 3 名いた。しかし，平成 26 年度の授業でも手応えは十分感じられた。

　なお，e ラーニングや学習管理システムをはじめとする教育用途での ICT ツールの活用については紙数が尽きたので機会を改めて書くこととしたい。一言付け加えるならば，これらの効果的活用にもインストラクショナル・デザインがとても有効である。むしろこれらはインストラクショナル・デザインを基盤として開発されていることが多い。

　授業が狙い通りに機能したことは，彼らが独自に調査して発表したリサーチ・クエスチョンから窺える。平成 26 年度の 7 名の受講生が調査研究したリサーチ・クエスチョンは次の通りである。

- デスマーチ[1] はなぜ起こるのか，どのように防いだらいいのか。
- 失敗に終わるプロジェクトはどのくらいの割合なのか，プロジェクトにはどのようなリスクがあるのか。
- C 言語プログラミングで可読性を高くするにはどのようにしたらいいのか。コーディング・スタイルについて，どのように見解がわかれているのか。
- プロジェクトが計画的に進まない要因は何か。プロジェクトを計画的に進めるにはどのような条件が必要か。
- モジュール分割にはどのような手法があるのか。
- アジャイル開発手法 SCRUM の進め方にはどのような注意点があるのか。
- 自作したプログラムコードのモジュールの凝集度を実際に測定したい。

　いずれも素朴ながら真摯な問いであり，ソフトウェア開発の本質的な問題点を突いていると筆者は評価する。学生たちが作成したプレゼンテーションや解説記事は読み応えがあり，ポスターセッションやオンライン上でのディスカッションも活気に満ちていた。学外の見学者からも高評価をいただいた。

　授業を通じて得られた学生の感想を紹介する。

---

[1] デスマーチとはソフトウェア開発で，想定外に工数が増加し，結果として残業つづきの労働を強いられたりするほどの状態になること。

- ソフトウェア工学がどんなものなのか，どういうものをソフトウェア工学というのか理解できた。
- この講義の受講前はどういうものがソフトウェア工学概論なのか分からなかったが，現在は簡単にではあると思うが理解できた。
- 最初はソフトウェア工学概論と聞いてもあまりイメージできなかったが，様々な議論を経てソフトウェア工学概論についてどのようなものか学ぶことができた。
- 様々な観点があるが，自分の中では特にデザインにとても興味が持てて，研究のおかげでより深く進めることが出来た。
- 前半はとてもしんどい作業が続いたが，振り返ってみるととても良い経験と自分の力になったと思う。後半は前半のRQ（筆者注：リサーチ・クエスチョン）を上手く利用し，自分が最も興味があるところを深められてよかった。
- 資料を読むのはしんどかったが自分の気になった内容について後半のディスカッションで深められてよかった。
- 有意義な時間でした。来年も楽しみです。
- ある分野に関する内容の要約やポスター発表を経験し，自分の学んだ内容を人に分かりやすく伝える力や自分の考えを基に人と議論する力を身につけることができたと思う。
- 前回（筆者注：概論）はビジネス関連の単語が多く，今までの授業であまりビジネスに触れていなかった自分にとって難しい内容であったが，今回（筆者注：実装）はプログラミングという親しみのある内容であったので前回に比べて読みやすかった。
- 前回（筆者注：設計）のもまだ読み終わってないので，今回（筆者注：要求開発）のと合わせて凄まじい量になってしまいました。地道に処理していこうと思います。(T-T)（筆者注：泣き顔を表す顔文字）
- （筆者注：設計の回にて）時間があれば後に他の資料にも目を通したい。
- （筆者注：設計の回にて）資料の多さにはびっくりしましたが，要約する内容の選択肢が増えたと考えればいいことなのかなとも思いました。
- （筆者注：プロセスの回にて）チームによる開発に関する話であったので，今後チームで開発をする際に今回の授業で学んだことを生かして開発を進めていければいいと思った。
- （筆者注：プロジェクトの回にて）見積もりテストやってみましたが，見積もりの問題を見た瞬間に各項目の知識が微塵もなかったので悲惨な結果になりました。
- （筆者注：研究計画の回にて）様々な文献を読んで自分の決めたテーマについての研究を頑張りたい。
- （筆者注：ポスター発表第1回にて）自分では気付かなかった箇所の指摘がいくつかあり，有意義な発表になったと思います。
- （筆者注：ポスター発表第2回にて）今までは，授業を受けて様々な用語を知っている人に向けたポスターであったが，今度は全く知らない人に向けて説明するということを意識して作成した。

1.3 アクティブ・ラーニングの問題点と今後の展望

　アクティブ・ラーニングにも欠点は存在する．よく指摘される欠点は，アクティブ・ラーニングを中心とした授業づくりをすると，教師が講義によって知識を整理して教授するよりも，授業の進展が遅くなる点である．たとえば事例に挙げた「ソフトウェア工学概論」では，第1部と同じペースで15回全てを講義した場合には，より広範囲の知識を教授できる可能性がある．しかし，アクティブ・ラーニングの形を取ることで，学習範囲を狭く絞らざるを得ない．アクティブ・ラーニングは確かに教育効果が高いのかもしれないが，学習範囲を絞るのであれば効果は相殺されてしまうのではないかという論点である．

　しかし筆者の最初の問いかけを思い起こしてほしい．そもそもの出発点は，与えられた知識を習得するだけの人材ではなく，自ら能動的に意欲的に知識を獲得する人材を育成したいという願いではなかったか．学生の時間は限られている制約の中で授業を構成するのであるから，どうしてもあちらを立てればこちらが立たずというトレードオフは存在する．知識を多く獲得することよりも，知識を自力で獲得する技能を身につけることの方を優先した結果であろう．

　このアクティブ・ラーニングの欠点をカバーする方法は存在する．その1つは反転授業・反転学習との併用である．講義を動画やテキストにして課外学習させることで，講義に取られる時間の分，圧縮できるだろう．「ソフトウェア工学概論」でも第1部でリーディング・アサインメントによるアプローチを取り，講義を極力行わないようにした．学生の感想から推測すると課外学習に相当時間を割いているようなので，アクティブ・ラーニングにしては比較的効率よく学習させているといえそうである．

　また，第2部で自力調査の対象にならなかったリサーチ・クエスチョンについて教師が回答することで，より広範囲の知識を教授できる余地がある．学生に1つのテーマについて自力調査させている時間を活用すれば，十分な準備の時間が取れるかもしれない．

　関西大学の森朋子氏によると，この方式は学習効果を飛躍的に高められる可能性がある．森氏が紹介した事例では，学生が自力で学んだ後に通常の講義をすると驚くほど学習意欲が高まり質問が活発になったそうだ．森氏の分析によると，最初の自力での学びで不明点や疑問点が明らかになることで，講義で集中して聞くべきポイントを学生が認識できること，それによって学習意欲が喚起されるのだという．つまり，通常の授業だと「教わる」の後に「学ぶ」という順番なのに対し，それを反転させて「学ぶ」の後に「教わる」という順番にすることが学習効果を高める効果的なパターンなのではないか，ということだ．

　このような議論を踏まえて，今後の授業づくりに適用し，効果を測定したいと考えている．

おわりに

　アクティブ・ラーニングすなわち「学生が能動的に学習する」という状態は，大学教員にとって理想的であるだけでなく，社会的にも大きな意義がある．アクティブ・ラーニングを実

現するには，インストラクショナル・デザインを踏まえると効果的だと筆者は考える。筆者がアクティブ・ラーニングを意図し，インストラクショナル・デザインに基づいて，大学院科目「ソフトウェア工学概論」を開発した。この科目の第1部では学生にリーディング・アサインメントを課し，その過程で学生が抱いたリサーチ・クエスチョンを1つ選ばせて第2部でリサーチとプレゼンテーションを行わせた。授業の手応えは十分であるが，履修者数が少なかったため，残念ながら定量評価には至らなかった。アクティブ・ラーニングには授業の進展が遅くなりやすく授業の学習範囲を絞らざるを得ないという欠点があるが，「ソフトウェア工学概論」では反転授業の要素を取り入れて欠点をカバーした。また，「学ぶ」と「教わる」の順番を意識し，第2部の最後でリサーチ・クエスチョンに回答する講義を行うことで，さらなる学習効果の向上も期待できる。

2 キャリア教育と授業改革

■ 2.1 背景と目的

　中央教育審議会は答申「今後の学校におけるキャリア教育・職業教育の在り方について」の中で，キャリア教育に対し，「一人ひとりの教員の受け止め方や実践の内容・水準に，ばらつきがある」と指摘し，キャリア教育における学習状況の振り返りと，教育活動の評価・改善の実施を求めている。さらに児美川は著書『キャリア教育のウソ』の中で，キャリア教育のほとんどが民間事業者との連携が多く，大学単独でプログラムを開発し，キャリア教育の充実に努力した事例は少なく，教育課程から見て「外付け」になっていると指摘している。実際，キャリア教育の授業改善を検証した先行研究は少ない。

　本学ではキャリア教育担当教員がキャリアセンター所属で雇用されている。つまり，児美川が指摘するキャリア教育の問題点に早くから着手し，平成18年のキャリアセンター設立以降，約9年間専任教員がキャリア教育をコーディネートしてきた。そして現在まで数々のキャリア科目の改善を行い，そのうちのいくつかはその効果を獲得している。

　本節では，まず本学のキャリア教育の全体像や方向性について敷衍し，改善に着手したキャリア科目の具体例およびその効果について論述する。

■ 2.2 北九州市立大学のキャリア教育

2.2.1 キャリア科目

　キャリア科目は基盤教育科目を構成する教養教育科目の1つであり，将来働く上で必要となるジェネリック・スキル，すなわち課題分析・解決力，市民としての社会的責任・倫理観，コ

表1 キャリア科目一覧

1年次 配当科目	キャリア・デザイン <u>コミュニケーション実践</u> <u>グローバル・リーダーシップ論</u> サービスラーニング入門Ⅰ サービスラーニング入門Ⅱ
2年次 配当科目	<u>プロフェッショナルの仕事Ⅰ</u> <u>プロフェッショナルの仕事Ⅱ</u> 地域の達人 プロジェクト演習Ⅰ プロジェクト演習Ⅱ
3年次 配当科目	プロジェクト演習Ⅲ プロジェクト演習Ⅳ

アンダーラインが必修選択科目

ミュニケーション力，リーダーシップなど，将来の進路に向けたプランを自ら設計し，卒業後の活動も含めて主体的に行動ができる力を育成するための科目である（表1）。

　教室における授業では，アセスメントなどを活用して自分自身を振り返り，グループワークなどアクティブ・ラーニングを通してアイデンティティを確立しながら，多様な人々と協働するための最低限のコミュニケーションスキルや社会人マナーを身に付け，先輩や社会人といったロールモデルとの交流を通して将来への手掛かりを得ることで，自分のキャリアをプランする。そしてそのキャリアを実現するためには，どのような学生生活を送ればよいのかを学生自らが考えることを目指して設計している。

　さらに，産学連携教育を用いた将来への見通しのヒントを与える授業や，PBL（Project/Problem-Based Learning）を活用した経験的，実践的な学修を促進する科目も展開しており，特に後者は授業で学んだジェネリック・スキルを，地域や地元企業団体にて実践することで，その経験を振り返り，さらにその力をブラッシュアップするようにしている。

　なお，キャリア科目の選択必修科目6科目から選択する2単位が，選択必修として卒業要件となっている。

2.2.2　キャリア教育の全体的なデザインについて

前述したキャリア科目以外にも，キャリア教育に関連する授業がある。表2はそれも含めた代表的なものを挙げた。これらの授業は3つのカテゴリに大別され，図1のようにキャリア教育と学内外の各種機関や企業団体との連携が位置づけられている。

①多様な人々と協働する力を育成する授業
　　教室でのアクティブ・ラーニングを通じて，社会人マナー（社会で働く上でお互いが気持ちよく活動するための最低限のマナーや倫理感）を身に付けつつ，初対面の大学生と交流することで，多様な人々と協働する力を身に付けることを主に目指した授業。

表2　キャリア科目およびキャリア教育に関連する授業の例

カテゴリ	学年	学期	科目名	内容
①	1	第1	キャリア・デザイン	将来のキャリアを意識し，どのような学生生活を送れば良いかを考える
①	1	第1	サービスラーニング入門Ⅰ	サービスラーニングの基本知識，地域活動の意義や目的，地域活動に取り組む時の心構えなど
①	1	第2	コミュニケーション実践	社会で最も重視されるコミュニケーション能力と，ビジネスの現場で求められる思考法を身に付ける
①	1	第2	キャリア学概論	PBL（Problem-Based Learning）を用いて，キャリアに関する理論を実習や演習にどう生かすかを学ぶ（※地域創生学群）
①	1	第2	コミュニケーション・トレーニング〈スターフライヤー寄付講座〉	特に対人接点を必要とする仕事に必要なコミュニケーション能力やホスピタリティについて学ぶ
②	1	第2	グローバル・リーダーシップ	グローバルなステージで働く社員や経営者に，これからの日本に必要な人材について語って頂き，そのために今，何をすべきかの提案を頂く
②	2	第1	プロフェッショナルの仕事Ⅰ	実際の現場で働くプロフェッショナルの話を聴くことで，仕事の現実を知り，今に繋がる大学生活の過ごし方を学ぶ
①②	2	第1	キャリア形成論	実習での学びを将来のキャリアにどう繋げるかを学ぶ（※地域創生学群）
②	2	夏季	北九州市の工場見学を通して，ものづくりと環境について学ぶ（産学連携講座）	北九州市の日本を代表するものづくり企業の工場を見学しながら，現場の専門家から事業や仕事内容はもちろん，特に環境など社会貢献部分についての講義を受講することで，北九州市および環境への貢献を軸に，日本の将来へのものづくりの持続的な在り方を理解する
②	2	第2	プロフェッショナルの仕事Ⅱ	地元企業団体の現場の課題を題材に，グループで課題解決案を策定・発表し，その企業団体から評価をもらうことで課題解決スキルを育成する
②	2	第2	地域の達人	北九州の活性化を目指し活躍している方を招聘し，地域との関わり方や，活性化の方法を学ぶ
③	2〜3	第1 第2	プロジェクト演習Ⅰ〜Ⅳ	企業，地域，大学のプロジェクトに携わり，実際の仕事を体験する。なお1年生については，単位はつかないがプロジェクトへの参加自体は可能

※カテゴリ：①多様な人々と協働する力を育成する授業
　　　　　　②さまざまな働き方を学び，自らのキャリアを描く授業
　　　　　　③大学で学んだ知識や獲得した力を，実践に繋ぐ授業

	1年		2年		3年	
	第1学期	第2学期	第1学期	第2学期	第1学期	第2学期

多様な人々と協働する力を育成する授業

さまざまな働き方を学び，自らのキャリアを描く授業

大学で学んだ知識や獲得した力を，実践に繋ぐ授業

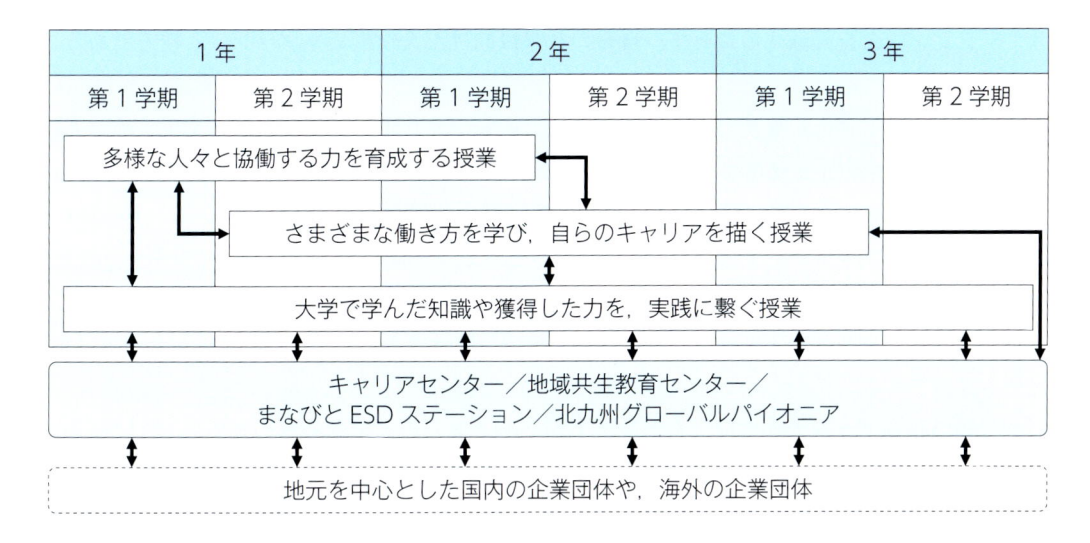

キャリアセンター／地域共生教育センター／
まなびとESDステーション／北九州グローバルパイオニア

地元を中心とした国内の企業団体や，海外の企業団体

図1　キャリア教育と，学内外の各種機関や企業団体との連携の位置づけ

②さまざまな働き方を学び，自らのキャリアを描く授業

　　地元企業や各種団体の社会人に登壇していただく，または実際に現場をフィールドリサーチするなどの活動を通して，様々な企業団体の仕事内容や働き方を学び，自らのキャリアを描くことを主に目指した授業。

③大学で学んだ知識や獲得した力を，実践に繋ぐ授業

　　上記2つの力や視点を身に付けた上で，実際にPBLやサービスラーニング，産学連携教育などに挑戦し，そこで得た学びを振り返り，自らの将来のプランのフィージビリティを高めていくことを主に目指した授業。

2.3　キャリア教育の改善とその効果

これまで本学のキャリア教育の全体像や方向性について敷衍した。本項では本学のキャリア教育として実践しているキャリア科目について，その改善とその効果について述べる。

2.3.1　1年生対象キャリア科目の改善：アクティブ・ラーニングとロールモデル

2.2.2で述べた「多様な人々と協働する力を育成する授業」の1つである，表2の1年生第1学期に提供されている「キャリア・デザイン」の改善とその効果について述べる。シラバス（平成26年度）は表3参照。本授業改善には教育工学の知見の1つ「ARCSモデル」を用いる。

　改善の対象とした授業「キャリア・デザイン」は，将来の進路に対する不安や迷いを解消するために，また有意義な大学生活を営むために必要なジェネリック・スキル（以下，GSと表記）の獲得を目標とし，グループワーク，個人ワーク，講義，先輩や社会人のゲストとのディ

スカッションなどを経験することで，自らの将来に向けた大学生活をプランする授業である。本授業の特徴は大きく4つある。第1に，授業全てにおいてグループワークを実施し，そのメンバーも毎回ランダムに変更している。第2に，内定者や地域活動経験者，卒業生（社会人）といったロールモデルを登壇させ，どんな活動が今に繋がるかを語っていただく機会が埋め込まれている。第3に，実際に授業で学んだことを実践する機会を毎回告知している。具体的には自由参加型のプロジェクト学習や，地域におけるボランティア活動，そしてインターンシップなどの募集告知である。第4に，宿題として社会人や上級生に取材する課題を課している。具体的には取材対象者の仕事，活動内容ややりがい，取材によって学んだことをレポートにまとめる課題である。

　本授業の改善プランの作成は，日本教育工学会が主催した「大学教員のためのFD研修会」（平成24年2月20日）と，本学で開催された全学FD研修会（平成24年2月15日・3月5日）で行った。いずれのFD研修も，熊本大学大学院の鈴木克明氏を講師に招き，ARCSモデルをベースとした授業設計の方策を学びつつ，本授業を題材に問題点を洗い出し，他の教員の

表3　キャリア・デザイン（平成26年度）の授業内容

回	タイトル	目的	内容
1	全体ガイダンス	授業目的の理解	授業の目的やルール，キャリアの基本知識，教員の自己紹介など
2	自分を知る①	自分を知る	社会で働く上で必要となる力，一皮むける経験　アセスメントの実施
3	地域活動に挑戦する	学生生活の過ごし方	地域活動を経験した先輩のダイアローグ，質疑応答
4	社会人としてのマナー①	社会人マナーの獲得	傾聴，多様性理解
5	自分を知る②	自分を知る	アイデンティティ，セルフアセスメントの実施
6	働くことを知る①	働くことを知る	社会人登壇　働くことの現実を学ぶ
7	社会人としてのマナー②	社会人マナーの獲得	自分の意見を爽やかに伝える，アサーション・トレーニング
8	働くことを知る②	働くことを知る	興味が湧いた企業団体を調べてプレゼンテーション
9	社会人としてのマナー③	社会人マナーの獲得	ダイアローグ，ワールド・カフェ
10	社会人としてのマナー④	社会人マナーの獲得	グループディスカッション，リーダーシップ
11	就職活動を知る	学生生活の過ごし方	就職活動を体験した先輩のダイアローグ，質疑応答
12	大学生活を面白くする	学生生活の過ごし方	計画された偶発性，セレンディピティ
13	まとめ	統括	アセスメントの実施。自分を振り返り，将来の目標のために，どんな学生生活を過ごすのか

フィードバックをいただきながら，本授業の改善プランを作成した。なお，ARCSモデルとは，授業や教材などを設計する際に，学習意欲向上の問題に対し，注意（Attention），関連性（Relevance），自信（Confidence），満足感（Satisfaction）の4要因に整理した枠組みと，各要因に対応した動機づけおよび設計手順を提案したモデルである。2つのFD研修の結果，本授業にて育成を企図したジェネリック・スキルを向上させるために，以下の2点を授業改善の軸とし，改善を行った。

【改善点1】授業内でのアクティブ・ラーニング比率を上げる

　2つのFD研修で明らかになった改善点の第1の軸が，座学の時間を削減し，アクティブ・ラーニングの時間を高めることである。アクティブ・ラーニングとは，「学生の自らの思考を促す能動的な学習」[2]や「教員による一方的な講義形式の教育とは異なり，学習者の能動的な学習への参加を取り入れた教授・学習法の総称」[3]など，定義は研究者や期間によってさまざまであるが，本研究では「教員による一方的な講義ではない，学生が能動的に学ぶことを促すための教授法」と定義した。具体的には，学生同士で対話する（グループワーク・ペアワーク）や，学生自らを振り返る（個人ワーク），そして教員と対話する，授業外の活動を必要とするレポート作成などを指す。Banduraは自らが提唱した自己効力感，ある結果を生み出すために必要な行動をどの程度うまく行うことができるかという個人の確信は，遂行行動の達成（自分で実際に行ってみること）が源泉であると指摘している。ゆえにアクティブ・ラーニングの時間を増やすことは，受講者のキャリア形成にプラスの影響を与える可能性が高いと考えられる。よって，ARCSモデルの「自信（Confidence）」の獲得を視座に，授業内でのアクティブ・ラーニングの比率を上げることを授業改善の軸とした。具体的には改善前の平成23年度と比較して改善後の平成24年度はアクティブ・ラーニングの時間を全体で52分増加させ，さらに平成25年度は平成24年度と比較して1時間2分増加させた。

【改善点2】ロールモデルと接する機会を早める，もしくは増やす

　2つのFD研修で明らかになった改善点の第2の軸が，1年生にとって目標となるロールモデルと接触する機会を早める，増やすことである。ここでいうロールモデルとは，社会の現場において活躍する本学の卒業生や，地域活動で活躍する，そして志望企業の内定を取った上級生のことを指す。Banduraは自己効力感の源泉の1つに代理体験（他者の行為を観察すること）を挙げ，Madduxは想像的体験（自己や他者の成功経験を想像すること）を挙げている。ゆえにロールモデルとの接触を早めることで高めた意欲を実践に早くつなげること，さらにその機会を増やすことは，受講者のキャリア形成にプラスの影響を与える可能性が高いと考えられる。よって，ARCSモデルの「関連性（Relevance）」の獲得を視座に，ロールモデルの登壇を授業改善の軸とした。具体的には改善前の平成23年度と比較して改善後の平成24年度はロールモデルの登壇時期を4週間早め，さらに平成25年度は平成24年度と比較して2週間早

---

[2] 溝上慎一（2007）「アクティブ・ラーニング導入の実践的課題」名古屋高等教育研究，7。
[3] 文部科学省（2012）「新たな未来を築くための大学教育の質的転換に向けて」中央教育審議会答申。

めた。また，宿題の課題についてもロールモデルを取材しレポートにまとめる課題を増やした（平成23年度は1名の社会人のみだが，平成24年度は2名の社会人，平成25年度は社会人1名と先輩1名に変更）。

次に研究方法について述べる。まず，改善の成果を確認するために，改善前の平成23年度と改善を試みた平成24年度，そして平成24年度とさらに改善を試みた平成25年度について，本授業にて育成を企図したGSを測定するセルフアセスメントで測定された成長値（授業開始時と最終授業時の数値の差）を比較し，本授業の改善が成果（GSの向上）に結びついているのかを分析した。

そして，本授業の最終レポートを用いて考察を行う。なお，最終レポートの課題は，平成24年度の第2回と最終回で実施したGSを測定するセルフアセスメントの数値の差を見て，GSがなぜ向上したのか，この授業や課題で実際に経験したことを引用して，具体的に説明することとした。そのレポートのテキストを一つひとつラベリングし，類型化を行い，概念図を作成した。

分析の結果，改善前の平成23年度と改善後の平成24年度とを比較して，24項目のGSのうち，16項目が5％水準で有意に向上した。また，平成24年度とさらに改善した平成25年度と比較して，24項目のGSのうち，3項目が5％水準で有意に向上した。以上，授業全体におけるアクティブ・ラーニングの比率を上げることと，ロールモデルと接する機会を早めるもしくは増やすことを軸に授業改善を行った結果，改善前の平成23年度よりも改善した平成24年度の方が，そして平成24年度よりさらに改善した平成25年度の方が，本授業の目的であるGSをより向上させることができた。

次に，GSをより向上させた要因を平成24年度の本授業の最終レポートのテキストを類型化し考察する。結果，向上したGSとその要因のペアを類型化した結果，以下の3つの要因が抽出された。

①アクティブ・ラーニング（授業・宿題）
　アクティブ・ラーニングとして導入した「グループワーク・ペアワーク」「自己理解を促す個人ワーク」「ロールモデルの取材」を示す記述が抽出され，特に実施時間を増やした「グループワーク・ペアワーク」が最も多くカウントされた。記述内容からは，最初は苦手だったグループワークが，徐々に楽しくなった記述が多く見られた。

②授業での学びを実践へ促す触媒
　授業での学びを実践する意欲を高めるために導入した「ロールモデルの提示」「働くことに関する情報の提示」を示す記述が抽出され，特に「ロールモデルの提示」が最も多くカウントされた。先輩の言葉を引用しながら，先輩のように学外に出て情報を得たい，今まで興味が無かった地域活動などに挑戦したい，といった記述が多く見られた。

③授業での学びの実践
　日常生活にて実践した授業での学び（キャリア形成に関する理論）は「身の丈を超えた経

験」「傾聴」「アサーション」「計画された偶発性」を示す記述が抽出され，特に「身の丈を超えた経験」「傾聴」の2つが多くカウントされた。これらの授業での学びを日常生活（友人や家族との交流や，勉学，サークル，アルバイト，地域活動など）にて実践する記述が多く見られた。

さらに，向上したGSと，向上させた要因とのクロス集計を行った結果，向上した16項目のGSのうち，2つのGS（対人基礎力・協働力／相互支援と，対課題基礎力・課題発見力／情報収集）を除いた14項目が，以下の2つのモデルに類型化された。
① 「自らを理解し，他人と信頼関係を構築し，場を読み，組織を動かす」力：
   アクティブ・ラーニング（授業・宿題）＋授業での学びの実践
② 「積極的・主体的にプランを立て行動し，新しい価値を生み出す」力：
   授業での学びを実践に促す触媒（ロールモデルの提示）＋授業での学びの実践

以上の2つのモデルを敷衍してまとめたのが「1年生向けキャリア科目の授業モデル（図2）」である。まとめると，本研究における授業改善の2つの軸「改善点1：授業内でのアクティブ・ラーニング比率を上げる」と「改善点2：ロールモデルと接する機会を早める，もしくは増やす」が奏功してGSが向上し，向上した「自らを理解し，他人と信頼関係を構築し，場を読み，組織を動かす」力は，アクティブ・ラーニングが授業外の実践につながったことがGS向上の要因であり，また「積極的・主体的にプランを立て行動し，新しい価値を生み出す」力は，ロールモデルの提示が授業外の実践につながったことがGS向上の要因であり，授業においてアクティブ・ラーニングを導入すること，そしてロールモデルの提示を組み合わせることで，多くのGSを向上させる1年生向けキャリア科目の授業モデルの一例を示唆することができた。

以上，本学のFD研修で明示された改善点を改善することで，本授業の目的であるGSの向上をより高める可能性を示唆できた。今後も本授業の改善，すなわちGSの向上に大きく寄与したと考えられる「アクティブ・ラーニング（授業・宿題）」や「ロールモデルの提示」の改善を引き続き行いつつ，他の授業との繋がりやカリキュラム編成も視野に入れながら，さらに分析を行いたい。

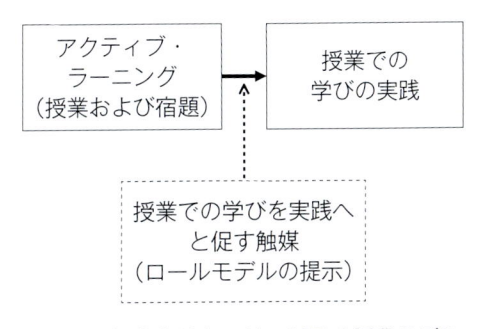

図2　1年生向けキャリア科目の授業モデル

2.3.2 ２年生対象キャリア科目の改善：産学連携教育

2.2.2で述べた「さまざまな働き方を学び，自らのキャリアを描く授業」の１つである，表２の２年生第１学期に提供されている「プロフェッショナルの仕事Ⅰ」の改善とその効果について述べる。登壇企業団体一覧（平成26年度）は表４を参照。

本授業の改善については，匿名の授業アンケートを基準とした。平成21年度に前任者から本授業を引き継いだ時は，社会人の話を聴くことで，業界や企業，仕事などビジネスの仕組みを知り，将来のキャリアを考えるヒントを得ることを目的としていた。当時は全14回中，予算上６団体しか呼べず，その合間にはNHK「プロフェッショナル　仕事の流儀」のDVDを鑑賞することで補完していた。授業終了後，授業アンケートや授業をサポートしたSA（スチューデントアシスタント）の意見，そして最終レポートをもとにリフレクションをした結果，３つの問題点が明らかになった。

①大人数授業（400名）であるため，私語や居眠りが散見された。

　本授業は人気が高く，毎年多くの学生が履修していた。しかしSAを担当した学生の間では，その理由は単位を取りやすいからではないかという意見があった。確かに本授業は登壇者の話を聴いて感想をまとめたレポートによる評価であり試験が無い。また，大人数であるため教員の目も届かない。それが本授業への履修に結びついているのであれば残念なことだ。よって，本授業の目的を修正し，その目的を周知し，その目的を達成することを目的とした学生が参加する授業に改善することが必要であると考えた。

②予習をしてこない学生が多かった。

　社会人の講演の後，質疑応答を行うのだが，挙手する学生が少なく，無駄に時間が過ぎることが数回あった。大人数の授業であり，質問するのが恥ずかしいという理由も考えられるが，そもそも登壇企業団体について予習を十分にしていないことが原因ではないかと考えた。また，２年生向けであるため，将来への志望がはっきりしないことが原因かもしれない。よってこれも①と同じく授業の目的の修正と周知，そして同時に，予習の意味の明確化および成績に反映する改善が必要であると考えた。

③実際の社会人の話を聴きたいという要望が多かった。

　予算の都合上やむを得なかったことだが，DVDだとどうしても緊張感が無く，居眠りす

表４　プロフェッショナルの仕事Ⅰ（平成26年度）の登壇企業団体一覧

株式会社クロスカンパニー，北九州市，株式会社ジェイアイエヌ，株式会社東急ハンズ，ハウステンボス株式会社，株式会社朝日新聞社，株式会社日本アクセス，東京海上日動火災保険株式会社，株式会社JTB九州，アイ・ケイ・ケイ株式会社，伊藤忠エネクス株式会社，株式会社再春館製薬所，株式会社山口フィナンシャルグループ（山口銀行・北九州銀行・もみじ銀行），全日本空輸株式会社

第 5 章　授業の質向上を目指す最近の取り組み

る学生を防ぐことができなかった。また，最終レポート「この授業を通して学んだことを，どのように今後の学生生活や進路選択などに活かしますか？」を敷衍したところ，DVD よりも実際に登壇した社会人の言葉で大学生活の過ごし方を変えた記述が多かった。よって，予算を獲得し，実際に社会人が登壇する回数を増やす改善が必要であると考えた。

そこで，大きく以下の改善に着手した。年度ごとの改善のプロセスは表 5 参照。

【改善点 1】授業目的の修正と周知

　前述した通り，本授業の位置づけを「さまざまな働き方を学び，自らのキャリアを描く授業」であることを念頭に，現場の第一線で活躍している社会人に教壇に立って頂き，仕事の現実ややりがい，そして自らが成長した物語を語っていただきつつ，その物語に繋がり，支えている大学時代の経験を聴くことで，将来の進路の方向性と，今自分が何をすべきかのヒントを得，大学生活のプランを描き，実行することを目的として再設定した。つまり，企業団体の概要をできるだけ簡単にお話しいただき，その団体がどこに進もうとしているのか明示した上で，学生が最も興味を持つと考えられる，入社後 1 年目の仕事，および一人前とされる 3 年目の仕事の具体的な内容やその魅力（辛さも含めて）をお話しいただくことにした。次に，登壇者ご自身もしくは模範となる社会人の学生時代について，深く掘り下げていただいた。なぜならば，2 年生だからこそ将来必要となる力に気付き，3 年生になって就職活動が始まる前に何をすべきかを考えさせるためである。そして最後に，将来を考えていく上で，大学生活において何をすべきかをアドバイスしていただく内容に改善した。

表 5　授業「プロフェッショナルの仕事 I」の年度ごとの改善プロセス

	社会人の登壇回数	予習	学生スタッフの参加
平成 21 年度	5 団体　DVD 上映 6 回	特になし	SA のみ
平成 22 年度	12 団体　DVD 上映 1 回	講演終了時に回収※	SA のみ
平成 23 年度	13 団体　DVD 上映 1 回	授業開始時に回収，採点対象へ	SA のみ
平成 24 年度	14 団体	授業開始時に回収，採点対象へ	SA のみ
平成 25 年度	14 団体	授業開始時に回収，採点対象へ	SA および学生スタッフによる授業設計と運営補助
平成 26 年度	14 団体	授業開始時に回収，採点対象へ	SA および学生スタッフによる授業設計と全体の運営

※授業終了時に回収すると，授業中に予習シートを記入する学生が散見されたため，予習シートを 2 枚作成させ，1 枚を授業開始時に回収する方式に変更した。

この改善により，まず履修する意味が明確になり，若干履修者は減ったものの，旧年度に比べ「単位が取りやすい」という理由で取る学生が減り，居眠りや私語をする学生が減った。また，予習を採点対象として，授業開始前に回収するようにした。同時に，質疑応答時のタイムロスをゼロにするため，予習の中に「講師に質問したいこと」という項目を作り，後述する学生スタッフが授業時間中に熟読して，質疑応答用の質問をピックアップする形式に変更した。

【改善点2】社会人の登壇回数の増加

　まず，本授業の目的と意味を大学に伝えることで，外部講師の予算額をアップすることができた。また，年を経るごとに本授業の効果（後述）に興味を持つ企業団体が増え，謝金不要で参加するケースが増えた。結果，全授業15回のうち，14回についてご登壇いただくことが平成24年度より可能となり，より多くの将来の働き方や，将来に繋がる大学生活の過ごし方のケーススタディを伝えることができるようになった。

【改善点3】学生スタッフが運営する授業へ

　授業運営方法を平成25年度より大きく変更した。それまでは筆者の人脈で呼びやすい企業団体にお声掛けして登壇して頂き，授業も筆者がファシリテートしていた。そこで考えたのは，本当に学生が話を聴きたいと考える企業団体を呼ぶことができているのかという点と，授業を設計するプロセス自体で学生を成長させることができるのではないかという点，ひいてはその学生スタッフが運営することで本授業に対する履修者の感じ方も変わるのではないかという点である。

　具体的には平成25年1月頃に，本授業を昨年度履修した学生に対し運営スタッフの募集を行った。当然，アルバイト料は支払えないが，2つのメリット，つまり「自分たちが呼びたいと思う企業団体を誘致できること」と「実際に名刺交換を行う機会を作ること」を提示した。結果，5名の学生が集まり，彼らに登壇企業団体の選定と，授業運営のサポートを依頼した。筆者は学生が作成したリストをもとに企業団体に登壇の依頼を行った。また，予習シートからの質疑応答用の質問の抽出も依頼した。

　平成26年度にはさらなる改善に着手した。学生スタッフに授業のファシリテートを任せることである。具体的には登壇企業団体への依頼業務，そして授業開始，つまり講演者の紹介から，講演後の質疑応答のファシリテートまですべて学生に任せた。

　以上の改善の結果，平成26年度の授業アンケートの数値は5段階中4.67ポイントとなり，過去最高の数値となった。さらに，本授業にて登壇していただいた企業団体への志望者が増え，感謝の言葉を聴く機会も増え，登壇を依頼しても断られることがほぼ無くなった。学生にとっても，就職活動が始まってから会社説明会で話を聴くよりも，2年生で話を聴き，興味を持ってその企業団体を調べ，その講演で知った「大学時代にすべきこと」を実践しながら，結果的に登壇企業団体を進路の1つに選択したからだと推察する。

　もちろん，本授業が本学の学生にとってのキャリア形成に寄与しているかどうかは，本格的な研究が必要であり，今後の課題である。

2.3.3　2年生以上対象キャリア科目の改善：PBL（Project-Based Learning）

2.2.2で述べた「大学で学んだ知識や獲得した力を，実践に繋ぐ授業」の1つである，表2の2，3年生の第1および第2学期に提供されている「プロジェクト演習Ⅰ〜Ⅳ」の改善とその効果について述べる。なお，本項は私の研究論文2本の概略を述べる。

筆者は本学着任以降，2つのPBL（Project-Based Learning）を運営している。1つは本学最大の広報イベントである，毎年7月に開催されるオープンキャンパスを題材としたPBLである。もう1つは本学最大の就職イベントである，毎年12月に開催される学内合同企業説明会を題材としたPBLである。いずれにも単位申請が可能である。

なお，PBLとは課題解決型学習，プロジェクト学習とも呼ばれ，複雑な課題や挑戦に値する問題に対して，学生がデザイン・問題解決・意志決定・情報探索を一定期間自律的に行い，リアルな制作物もしくはプレゼンテーションを目的としたプロジェクトに従事することによって学ぶ学習形態である。課題解決型学習は1960年代中頃，ヘルスケアニーズの変化に合わせて，カナダのマクマスター大学医学部にて開始。臨床的な問題と基礎科学を統合して学び，講義を減らして学生が問いを発し，議論する機会を増やし，様々な問題に柔軟に対応する能力を育むことを目的に実施された。そして近年，課題解決型学習は教室での学びを実践へと繋げる学習形態として注目される。経済産業省「産業競争力強化人材育成事業」における「社会人基礎力育成・評価手法の開発等」で紹介されている事例や，文部科学省「平成22年度大学生の就業力育成支援事業」で選定された事業にも課題解決型学習を活用したものが多く，多くの人文社会系大学においても様々なスタイルで取り入れられている。

PBL「オープンキャンパスプロジェクト」について

オープンキャンパスプロジェクトとは，毎年7月の中旬に本学の北方キャンパスにて開催されるオープンキャンパスを学生自らが企画運営するプロジェクトである。毎年4月にスタッフを公募し，開催日までの約3カ月間活動する。参加者は総勢150名（毎年本スタッフが約50名，当日スタッフが約100名）が参加する大規模なPBLである。目的は2つあり，まず1つは「来学する保護者と高校生の満足度を上げる」こと。つまり受験生・保護者や地域の方などが，実際に本学のキャンパスや授業などを体験したり，本学の学生と交流したりすることによって，本学に対する理解を一層深めてもらい，本学の志願者を確保することである。もう1つは「そのプロセスを通して自らを成長させる」こと。つまり入試広報という本学の重要なミッションに対し，学生が責任ある立場に立ち，主体的にそしてチームワークを発揮しながら，連続する複数の課題を解決し，前者の目的を達成しつつ，後者の目的すなわち「社会で働くために必要な力の獲得」を企図して設計されている。なお，チームは当日運営担当の「オペレーション班」，企画担当の「イベント班」，広報担当の「プロモーション班」に分かれ，各班のリーダーが中心になって各班のタスクを洗い出し，タスクスケジュールを計画し，学生自らがプロジェクト全体を遂行する。なお，教職員は学生が窮地に陥った時を除き，できるだけ指

示はせず，ファシリテーターに徹するようにしている。

PBL「学内合同企業説明会プロジェクト」について

　学内合同企業説明会プロジェクトとは，毎年，企業の採用活動が解禁となる12月の上旬に本学の北方キャンパスの体育館にて開催される学内合同説明会を，学生自らが企画運営するプロジェクトである。毎年7月にスタッフを公募し，開催日および報告書作成までの約4カ月間活動する。参加者は毎年約40名である。目的は3つあり，第1に「本学の学生に対する就職活動支援を，学生ならではの発想で企画・運営する」こと。つまり，リクルートやマイナビといった就職情報企業ではできない，学生自らの視点で自らのキャリアのための企画を立案・実施し，参加する学生の満足度を高めることである。第2に「参加していただく企業団体に対し，本学の学生の魅力を伝え，本学の学生を是非採用したいと思わせる」こと。つまり，キックオフから当日の運営までのメンバーのふるまいはもちろん，参加する学生の意識を高めることが重要となる。そして第3に「学生が主体になって企画・運営するプロセスを通して，自らの汎用能力を向上させる」こと。つまり，3年生は特に自らの就職活動に直結させる（面接で語れる物語をつくる，企業研究，人脈形成，社会人との会話に慣れる）ことを，そして1・2年生は将来の就職活動の準備として，学生が責任ある立場に立ち，主体的にそしてチームワークを発揮しながら，連続する複数の課題を解決し，前者の2つの目的を達成しつつ，本来の目的すなわち「社会で働くために必要な力の獲得」を企図して設計されている。なお，チームは当日運営を担当する「オペレーション班」，事前や当日のイベントを企画運営する「イベント班」，本学の就職活動を予定している学生全員を参加させる「プロモーション班」，そして本PBLの要とも言える企業・団体の誘致を担当する「営業班」の4つに分かれ，各班のリーダーが中心になって各班のタスクを洗い出し，タスクスケジュールを計画し，学生自らがプロジェクト全体を遂行する。なお，オープンキャンパスプロジェクト同様，教職員は学生が窮地に陥った時を除き，できるだけ指示はせず，ファシリテーターに徹するようにしている。

PBLの効果について

　PBLはキャリア教育として実際に効果があるのかどうかを分析した結果が表6，7である。
　表6は平成21年度についてはオープンキャンパスプロジェクトに参加した学生31名と，同時期に本プロジェクトやその他のPBLに参加していない学生958名に対し，また，平成22年度については参加者20名と非参加者987名に対し，「企業が求める力」を測定するアセスメントをPBL参加前と参加後に実施し，その差（成長値）を非参加者と比較したものである。結果，多様な人たちと協働する力（多様性理解・協働力）については，参加者のほうが非参加者に比べ5〜10％水準で有意であることが確認された。ストレス耐性（ストレスコーピング）については，平成21年度のみ5％水準で有意に成長していた。課題を解決する力（課題発見力・計画立案力・実践力）については，平成21年度は「本質理解」「シナリオ構築」「行動を起こす」「修正・調整」が，平成22年度は「情報収集」「目標設定」「シナリオ構築」「行動を起こ

表6 PBL「オープンキャンパスプロジェクト」参加者と非参加者との成長値の比較

企業が求める力			有意確率（両側）			
			平成21年度		平成22年度	
多様な人たちと協働する力	親和力	多様性理解	.004	*	.007	*
	協働力	役割理解・連携行動	.015	*	.008	*
		情報共有	.001	*	.099	†
		相互支援	.022	*	.003	*
ストレス耐性	感情制御力	ストレスコーピング	.002	*	.112	
課題を解決する力	課題発見力	情報収集	.261		.042	*
		本質理解	.001	*	.185	
	計画立案力	目標設定	.397		.018	*
		シナリオ構築	.031	*	.059	†
	実践力	行動を起こす	.005	*	.068	†
		修正・調整	.029	*	.134	

＊ p＜.05，†＜.10

表7 PBL「学内合同企業説明会プロジェクト」参加者と非参加者との成長値の比較

企業が求める力			有意確率（両側）			
			平成22年度		平成23年度	
多様な人たちと協働する力	親和力	多様性理解	.297		.010	*
	協働力	役割理解・連携行動	.000	*	.003	*
		情報共有	.002	*	.099	†
		相互支援	.080	†	.638	
ストレス耐性	感情制御力	ストレスコーピング	.004	*	.800	
課題を解決する力	課題発見力	情報収集	.037	*	.532	
		本質理解	.072	†	.195	
	計画立案力	目標設定	.188		.071	†
		シナリオ構築	.010	*	.023	*
	実践力	行動を起こす	.005	*	.149	
		修正・調整	.833		.163	

＊ P＜.05，†＜.10

す」が5〜10%水準で有意に成長していた。

　表7は平成22年度については学内合同企業説明会プロジェクトに参加した学生37名と，同時期に本プロジェクトやその他のPBLに参加していない学生964名に対し，また，平成23年度については参加者36名と非参加者662名に対し，「企業が求める力」を測定するアセスメントをPBL参加前と参加後に実施し，その差（成長値）を非参加者と比較した結果である。結果，多様な人たちと協働する力については，平成22年度は「多様性理解」を除いた3項目において本PBL参加者群のほうが5〜10%水準で有意に向上し，平成23年度は「相互支援」を除いた3項目において本PBL参加者群のほうが5〜10%水準で有意に向上していた。ストレス耐性については，平成22年度は5%水準で有意に向上していたが，平成23年度は有意差が無かった。課題を解決する力については，平成22年度は「目標設定」と「修正・調整」を除いた4項目において本PBL参加者群のほうが5〜10%水準で有意に向上し，平成23年度は「情報収集」と「本質理解」，「行動を起こす」，「修正・調整」を除いた2項目において本PBL参加者群のほうが5〜10%水準で有意に向上していた。

　よって，いずれのPBLも，非参加者に比べ，有意に成長していたことが分かった。

なぜ，PBLを通して学生は成長したのか？

　PBL「学内合同企業説明会プロジェクト」のどのような経験が学生を成長させたのかについて述べる。

①多様な人々との協働

　「多様な人々との協働」とは，普段の大学生活では触れることが少ない様々な人々と，本PBLを運営するために協働するイベントを指す。例えば，普段知り合うことが無い他学部の学生や，同学部でも先輩（メンバーはもちろん，イベントに参加していただいた内定者など）や後輩，そして学外の社会人（説明会に誘致した企業の人事担当者，パンフレットの印刷業者，ブースを設営するためのパネルなどのレンタル業者など），そして教職員（キャリアセンターはもちろん，設備を管理する防災センター，ゼミにおいて告知活動を行うため交渉した全学の教員など）といった，まさに多様な人々との協働が本PBLでは避けることができない。結果，初対面の人と協働することが苦手な学生も，やらなくては前に進めないため，それぞれが試行錯誤しながら「多様な人たちと協働する力」を獲得していた。

②自分の役割

　「自分の役割」とは，本PBLを運営するための，それぞれの班における学生個々人の役割を指す。例えば，イベント班であればそれぞれのイベントの企画責任者であり，営業班であればそれぞれに割り振られた企業団体を誘致する責任者であり，オペレーション班であれば前日の準備から当日の運営の各ポジションにおける責任者であり，プロモーション班であれば担当する宣伝活動（パンフレット，ポスター，チラシ，立て看板，ゼミにおける告知活動，校内放送

など）における責任者のことである。言うまでもなく，プロジェクトを運営する上で，学生個々人が自らの役割を果たさなければ，他のメンバーのタスクに影響を与え，プロジェクトは頓挫してしまう（例：企業誘致がスケジュール通りにできなければ，パンフレットの印刷に間に合わない，ブースのレイアウトができない，イベントが企画できないなど）。結果，自らの役割から逃げることが物理的にできず，難しいことに挑戦することが苦手な学生もやらなくては前に進めないため，それぞれが試行錯誤しながら「課題を解決する力」を獲得していた。

③目標達成

「目標達成」とは，本PBLを成功させるために掲げた，各班の目標を達成することを指す。プロジェクトの目的は前述したとおり，「本学の学生に対する就職活動支援を，学生ならではの発想で企画・運営する」「参加していただく企業団体に対し，本学の学生の魅力を伝え，本学の学生を是非採用したいと思わせる」「学生が主体になって企画・運営するプロセスを通して，自らの汎用能力を向上させる」ことであるが，班毎にはもっとブレイクダウンされた目標があり，イベント班であれば「学生の意欲を引き出す昨年度とは違うイベントを企画する」，営業班であれば「昨年度を超える目標団体数の企業団体を誘致する」，オペレーション班であれば「企業団体および参加学生の満足度を昨年度以上に上げる」，プロモーション班であれば「昨年度以上の，就職を意識する本学の学生全員を集客する」といった目標が設定されている。これらの目標は，キックオフ時に学生自らが考え，宣言（コミットメント）している。ゆえに，目標達成はメンバー全員の信条であり，壁にぶつかった時やメンバー同士の意見が食い違った時などに立ち戻る原点になっている。結果，目標を達成させようという班メンバー全員の意識が困難を乗り越える時の原動力として機能し「課題を解決する力」を獲得していた。

④創造的失敗

「創造的失敗」とは，ノーベル物理学賞を受賞したウィリアム・ショックレーが，試行錯誤の結果生まれた失敗の原因を追究することでトランジスタを発明したことを表現した言葉である。つまり，新しいことに挑戦し成果を出すためには，失敗を恐れず実践し，失敗してもやり直しできる環境が必要であることを示唆している。本PBLの各目標は昨年度の数値を超えることであり，その目標を達成するには，去年先輩が行ったことだけをしても達成はできない。ゆえに，挑戦を奨励し，失敗しても許す学習環境を設計することが重要となる。結果，学生たちは試行錯誤を繰り返し，そして失敗しながらもその失敗の原因をもとに課題を乗り越え，「多様な人たちと協働する力」を獲得していた。

以上を踏まえて，今後PBLを改善する上での重要なポイントを4つ挙げる。

【改善点1】多様な人々との協働を引き出すためにできるだけ初対面同士の学生でチームを組み，かつ，学外の社会人と交流する機会を創る

【改善点2】自分の役割を明確にするためにメンバー一人ひとりに責任がある役割を与え，中途半端に投げ出せない状況を設計する

【改善点3】目標達成を意識させるためにキックオフ時に個人の目標を自ら設定しコミットメントさせ，かつ，チームの目標を設定させ，共有する

【改善点4】創造的失敗を引き出すために必ずぶつかる壁に対し，ある程度の失敗は許して，彼らを信じて，彼らが主役になるように支援する

　この4点をトリガーに今後もPBLの改善を行い，それぞれのプロジェクトの成功はもちろん，参加する学生を成長させ，これらPBL参加者が本学のキャリア教育の成果のロールモデルとして，前述した「キャリア・デザイン」などの授業に登壇する「プロフェッショナルの仕事Ⅰ」の授業をコーディネートするなどして後輩にとっての目標となり，ポジティブなスパイラルを描くよう，また本学のキャリア科目を盛り上げていく原動力となるよう，さらに研究を深めていきたい。

第6章 授業評価アンケートの分析

1 北九州市立大学の授業評価の概要

　北九州市立大学の授業評価は，文系学部が集まる北方キャンパスと平成13（2001）年度に開設した理工系の国際環境工学部があるひびきのキャンパスで個別に実施されてきた。ひびきのキャンパスでは，開設当時から全科目について授業評価アンケートが実施されている。北方キャンパスでは，学部単位で実施されていたが，平成20年度から全学的FD活動の一環として北方キャンパス4学部（外国語学部・経済学部・文学部・法学部）と基盤教育センターが共通の方式で実施することとなった。平成21年度には，新たに北方キャンパスに開設された地域創生学群が評価対象に加わった。本章では，北方キャンパスにおける授業評価アンケートの概要とその分析について述べる。

　平成19年度，北方キャンパスでは，近藤副学長と中野教務部長を中心に，FD委員会のもとに授業評価アンケート部会が設置された。平成20年度に全学的に授業評価アンケートを実施することを目指し，実施方法の検討，質問項目の統一，システムの開発が進められた。この結果を受けて，平成20年度から授業評価アンケートが全学部・学群で実施されている。

　授業評価アンケートは，毎年1学期・2学期末の2度にわたって実施し，北方キャンパスではOCR用紙，ひびきのキャンパスではマークシート（OMR）を使用した数値選択回答と自由記述用紙による回答である。結果は授業評価アンケートシステムで集計し，教員はこのシステムで結果を確認し，アンケートに関してのコメントを記入する。授業アンケート結果の公開は，地域創生学群が開設された平成21年度から実施されている。当初この公表はアンケート結果と担当教員のコメントを印刷した冊子形式で，学部長および資料室[1]に配布し，学生の回覧を可能としたものであった。平成24年度からはポータルシステムのIDを所有している学生・教職員に対してウェブ上で閲覧が可能となっている。

　授業評価アンケート結果は，各担当教員が次年度以降の授業の参考とする他，新任教員研修

---

1) 各学部等に設置され，授業資料等の整理をする部屋で学生も入ることができる。

などで模擬授業を行う科目の選定等に活用されている。また，評価の高かった授業科目については，FD 委員が授業における工夫などをその科目の担当教員にインタビューしてまとめたものを，FD 活動報告書の「授業ベストプラクティス」として毎年全教員に紹介している。

平成 25 年度には，漆原 FD 担当副学長と田村教務部長の下，FD 委員会に設置した授業評価アンケート検討分科会で評価方法や質問項目の見直しが行われた。この見直しは，より多くのきめ細かなデータを教育の質の改善に活用することを目的に行われた。この結果，新たな授業評価アンケートでは，これまでの数値選択回答方式に加え，少人数受講科目及び演習科目の授業評価が可能となる報告書方式が導入されている。

2 教育開発支援室と授業評価アンケートの分析

教育開発支援室は，平成 21 年度，本学の FD 活動を支援する目的で，中野副学長のもと教務課（現在の学務第一課）を事務局とし，教育プログラムの組織的で継続的な改善を目的とする全学的組織として設置された。開設当初の主な業務は，学術情報センターと連携し，FD 活動に ICT を導入し，授業評価アンケートの実施などにより教育の質を向上させることであった。業務の内容の重心が IR[2] の構築に移ってきたため，平成 24 年度からは経営企画課に所管が移行している。教育の質の改善と向上を図るために，教育の内部質保証システムの一翼を担う部署として，平成 26 年度には学術情報センターと連携して入試，成績，進路，留学などの情報をデータベース化した教育情報システム（KEISYS = Kitakyu-dai Educational Information System）を開発し，試行的に運用を開始した。教育情報が一元化されたこのシステムを使用して，各種データを分析することが可能となり，教育の質の改善及び学生指導への活用が進むことが大いに期待される。

ここでは，FD 活動に関わる分析結果について報告する。教育開発支援室が実施した授業評価アンケート分析についてその結果の経年変化（2.1）と質問項目間の相関関係の分析（2.2）の結果及び平成 26 年度の学習成果に関する学生アンケートにおいて授業で得られる力の修得の分析結果（2.3）を報告する。

2.1 授業評価アンケート結果の経年変化

分析対象とした授業評価アンケート結果は平成 21 年度から 25 年度までの 5 年間のデータである。調査に使われた「授業評価アンケート　質問用紙」を表 1 に示している。

---

2) IR：Institutional Research とは「機関の計画立案，政策形成，意思決定を支援するための情報を提供する目的で，高等教育機関の内部で行われる調査研究」(Saupe, 1990)。中井他編『大学の IR』2013 年，玉川大学出版部。平易には，「データを使った仕事，データを使い意思決定の手助けをすること」。柳浦（2015）『大学マネジメント』JAN Vol. 10, No. 10.

表1　授業評価アンケート用紙

授業評価アンケート　質問用紙

　この授業評価アンケートは，教員が授業を改善し教育効果を上げるために毎学期実施しています。成績には影響しません。また，調査結果を上記の目的以外に使用することはありません。率直な感想を記述してください。記入結果は全て採点締切り後に教員に渡されます。

◆注意◆
1. 氏名欄は記入しないでください。
2. 学籍番号・氏名は，記入する必要がありません。
3. 授業コード（板書）は7桁の数字を記入してください。
4. 答えたくない質問には答えなくても構いません。
5. この質問用紙は回収し，再利用します。この用紙には何も記入しないでください。

Ⅰ．全般に関する質問項目

問1　あなたがこの授業に出席した比率は，およそ何％ですか。OCRシートのAns欄に1～4の番号を記入してください。なお，ここでいう「出席」とは，遅刻・早退しなかった場合のみを指します。
　　1. 0～25%　　2. 26～50%　　3. 51～75%　　4. 76～100%

※以下の問2～問19の質問に対しては，5段階で評価してください。一番高い評価を「5」として，順に，「4」，「3（標準）」，「2」，そして一番低い評価を「1」として記入してください（複数の教員が担当しているオムニバス授業の場合，平均値として評価してください）。

問2　この授業を履修して，当該科目に対するあなたの理解が深まりましたか。
問3　あなたは，この授業に満足していますか。
問4　あなたは，この授業を受けてみて，この分野の関心が強まりましたか。

Ⅱ．あなた自身の学習に関する質問項目

問5　あなたは，受講前からこの授業内容に関心がありましたか。
問6　あなたの受講態度は良かったですか。
問7　あなたはこの授業の予習や復習を行いましたか。

Ⅲ．授業の内容，技術に関する質問項目

※以下の問8～問19の質問に対しては，授業の性格上，評価できない質問項目には何も記入せず，空白のままにしておいてください。

問8　教員の話し方は適切でしたか。

問 9　声の大きさは適切でしたか。
問 10　授業のレベルは適切でしたか。
問 11　授業の進度は適切でしたか。
問 12　教員の説明は分かりやすいものでしたか。
問 13　教員は熱意を持って授業に取り組んでいましたか。
問 14　教員は授業中の私語に適切な処置をとっていましたか。
問 15　教員は授業中の遅刻，早退に適切な対応をしていましたか。
問 16　板書は適切でしたか。
問 17　プリント（レジュメや資料）は適切でしたか。
問 18　視聴覚教材（ビデオ，OHP，パワーポイント）は適切でしたか。
問 19　総合的に評価して，教員のプレゼンテーションの仕方は適切でしたか。

Ⅳ．学生の所属に関する質問項目
問 20　あなたの所属する学部は次のどれですか。
　　1．外国語学部　　2．経済学部　　3．文学部　　4．法学部
　　5．地域創生学群　　0．その他
問 21　あなたの所属する学科は次のどれですか。
　　1．英米学科　　2．中国学科　　3．国際関係学科　　4．経済学科
　　5．経営情報学科　　0．その他
問 22　あなたの所属する学科は次のどれですか。（問 21 で答えた人は「0」を記入）
　　1．比較文化学科　　2．人間関係学科　　3．法律学科　　4．政策科学科
　　5．地域創生学類　　0．その他
問 23　あなたの所属する学科は次のどれですか。（問 21，問 22 で答えた人は「0」を記入）
　　1．大学院生・科目等履修生・聴講生　　0．その他
問 24　あなたが所属するコースは次のどれですか。
　　1．昼間主コース（平成 21 年度以降の外国語・経済・文・法学部入学生含む）
　　2．夜間主コース　　3．通常枠　　4．夜間特別枠　　0．その他
問 25　あなたの学年は次のどれですか。
　　1．1 年生　　2．2 年生　　3．3 年生　　4．4 年生　　0．その他

Ⅴ．自由記入質問項目（別紙に回答）
問 26　【OCR シートではなく，別紙に回答してください。】
問 27　【OCR シートではなく，別紙に回答してください。】

以上，ご協力ありがとうございました。この用紙は回収します。

北方キャンパスで1，2学期に開講されている講義科目の中から受講者が11人以上の講義科目を調査の対象としている（各学期において約350科目）。分析は，質問用紙の問2から問19までの18項目についてである。各項目について，最高点を5点，最低点を1点として評価した点を評価得点とした。この評価得点を年度ごと項目別に集計して，平均値を求め，学期ごとに表に示し図式化した（表2，図1を参照。図1のグラフでは問1の出席率も示した）。

　分析結果から，ほとんどの評価項目において年度を追うごとに評価得点が高くなっていることがわかる。とりわけ「授業の内容，技術に関する質問項目」の問8から問19は，FD活動における直接的な質問であるが，その評価得点は年度ごとに改善されほぼ4点を得ている。標準点を3点としているのでこの得点は高い評価ということができる。この結果を直接，本学におけるFD活動の効果と即断することは早計ではあるが，結果の解釈の可能性の1つとして捉えることはできよう。授業評価アンケートにより学生の声が明らかになり，それに対して教員一人ひとりが授業の改善を行った成果であると思われる。

　データ分析から，1つ気になる点が，「あなた自身の学習に関する質問項目」の問7の結果である。この設問は受講学生の予習・復習を問うものであるが，評価得点の低さは，単位の実質化で問われる授業外での予習や復習といった学習時間の少なさを反映したものと考えられる。この点への対応が本学の教育における今後の1つの課題として提起されている。

表2　5年間の評価得点の平均値の推移

学期	1学期					2学期				
年度	2009	2010	2011	2012	2013	2009	2010	2011	2012	2013
理解	3.81	3.85	3.86	3.87	3.93	3.85	3.85	3.93	3.91	3.91
満足	3.77	3.82	3.83	3.83	3.90	3.82	3.83	3.90	3.90	3.88
関心	3.71	3.77	3.80	3.80	3.85	3.77	3.79	3.87	3.84	3.85
受講前	3.52	3.60	3.59	3.59	3.64	3.56	3.61	3.63	3.64	3.67
受講態度	3.72	3.77	3.75	3.77	3.82	3.72	3.73	3.77	3.80	3.79
予習復習	2.99	3.08	3.12	3.14	3.38	3.06	3.05	3.10	3.34	3.33
話し方	3.95	3.99	3.99	4.01	4.07	3.99	3.98	4.06	4.09	4.05
声の大きさ	4.13	4.12	4.13	4.14	4.20	4.15	4.11	4.17	4.21	4.16
レベル	3.87	3.90	3.92	3.94	4.03	3.92	3.93	4.01	4.01	4.00
進度	3.88	3.92	3.94	3.96	4.00	3.92	3.91	4.01	4.00	4.00
説明	3.83	3.88	3.90	3.92	3.98	3.89	3.91	4.00	3.98	3.99
熱意	4.14	4.14	4.14	4.17	4.19	4.15	4.12	4.18	4.20	4.18
私語	3.86	3.90	3.93	3.95	3.97	3.88	3.89	3.94	3.97	3.98
遅刻	3.68	3.74	3.80	3.83	3.89	3.73	3.73	3.81	3.88	3.88
板書	3.64	3.73	3.77	3.80	3.91	3.71	3.76	3.84	3.89	3.89
資料	3.90	3.95	3.99	3.99	4.04	3.93	3.95	4.03	4.02	4.04
視聴覚	3.82	3.86	3.92	3.94	4.01	3.87	3.88	3.96	3.98	4.01
プレゼン	3.93	3.97	4.00	3.87	4.00	3.97	3.97	4.06	4.06	4.05
（全平均）	3.79	3.83	3.85	3.86	3.93	3.83	3.83	3.90	3.93	3.92
科目数	387	371	379	356	377	382	323	346	331	314

5＝最高評価　1＝最低評価　とした時の科目毎の平均を平均化したもの
対象　北方キャンパスの学部・学群。専任教員が担当した11名以上の講義科目

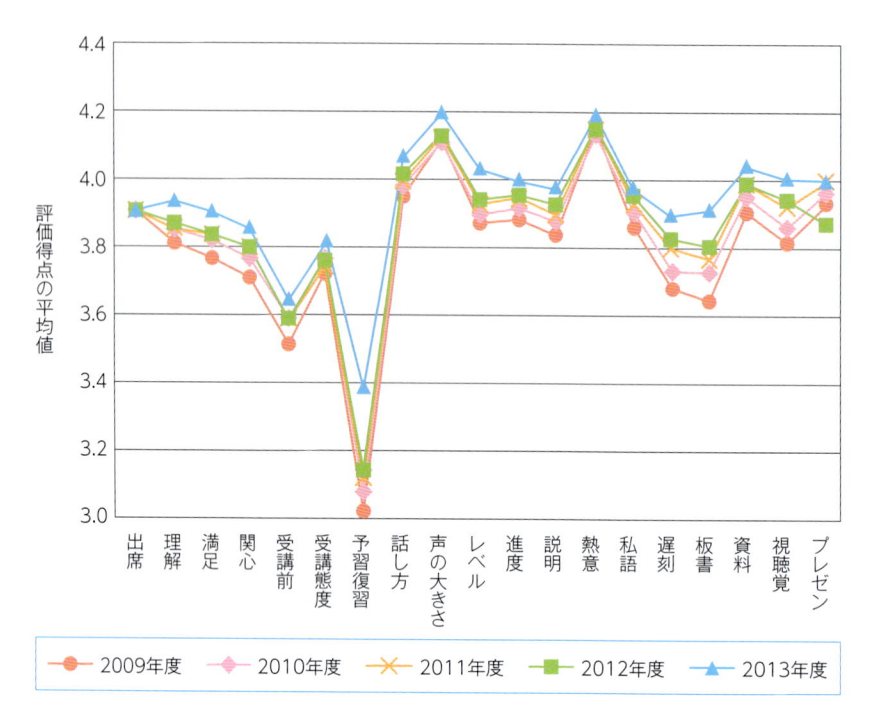

図1（a） 5年間の評価得点の平均値の推移（1学期）

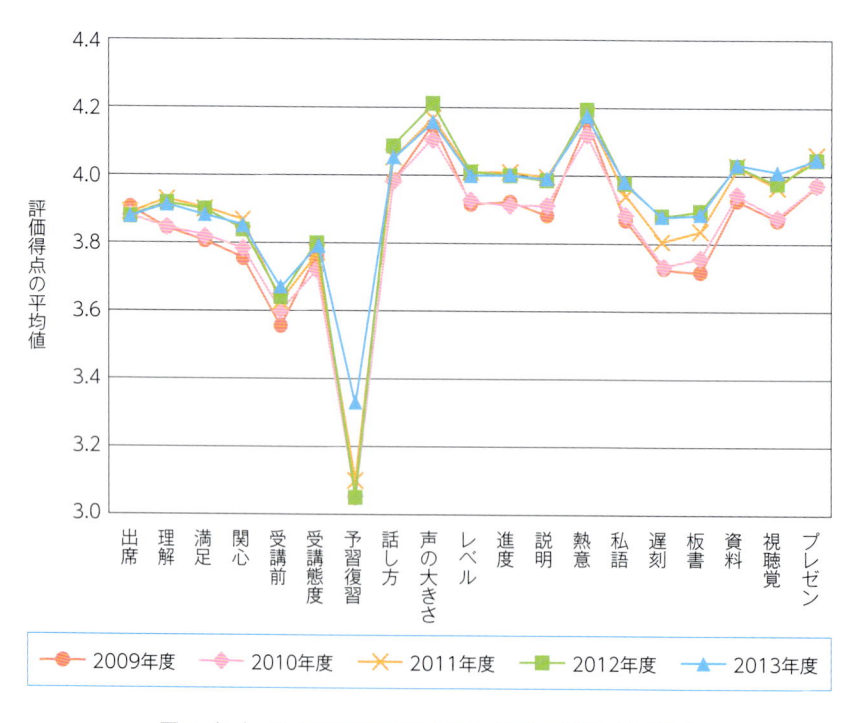

図1（b） 5年間の評価得点の平均値の推移（2学期）

■ 2.2 質問項目間の相関関係の分析

平成25年度に授業評価アンケートの質問項目の見直しがなされ，平成26年度は，新たな質問項目でアンケートが実施されている。平成26年度，1学期になされたアンケート調査をもとに質問項目間の相関関係を調べるデータ分析を行った。

新たなアンケートでの9項目の質問項目（出席率，理解度，満足度，授業レベル，授業進度，分かりやすさ，教員の情熱，受講態度，教室外学習）間の相関係数（r）を算出した。その分析結果が表3として示されている。

表3に示された分析結果から，項目間の相関の程度がわかる。この表は，統計処理にもとづき「強い相関」と「中程度の相関」が見られる項目を色分けして示している。結果は以下のようにまとめることができる。①「科目に対する理解度の深まり」と「授業への満足度」には強い相関（r＝.77）が見られた。②「授業内容の分かりやすさ」は，「科目に対する理解度の深まり」（r＝.66）と「授業への満足度」（r＝.72）と強い相関があることが示された。③「授業の進度」は，「授業のレベル」と中程度の相関（r＝.53）があることが示された。④「授業に対する教員の熱意」は，「科目に対する理解度の深まり」（r＝.47），「授業への満足度」（r＝.52），「授業内容の分かりやすさ」（r＝.50）に中程度の相関があることが示された。⑤「受講態度」は，「科目に対する理解度の深まり」（r＝.41），「授業への満足度」（r＝.41）に中程度の相関があることが示された。また，⑥「受講態度」は，「教室外の学習」と中程度の相関（r＝.47）があった。

教育において教員が，授業内容を分かりやすく教えること，情熱をもって授業に臨むことが，学生の理解度，満足度を高める学習効果につながるといえる。さらに，学生の受講態度は，予習・復習など教室外の学習に対する自らの取り組み，ひいては，理解と満足に結び付くことをこの結果は示していると言えよう。これらの結果は，FD活動の在り方を考えるときに，今後の取り組みの1つの視点を提供するものと考えられる。

表3　質問項目間の相関分析

	出席	理解	満足	レベル	進度	分かり	熱意	態度	教室外
出席	1								
理解	.11	1							
満足	.09	.77	1						
レベル	.03	-.13	-.14	1					
進度	.02	-.03	-.04	.53	1				
分かり	.08	.66	.72	-.23	-.08	1			
熱意	.12	.47	.52	.00	.00	.50	1		
態度	.23	.41	.41	.02	.09	.36	.28	1	
教室外	.13	.36	.34	.07	.12	.31	.19	.47	1

強い相関（r ≧ .65）
中程度の相関（r ＝ .40～.65）

■ 2.3 授業で得られる力の修得（学習成果に関する学生アンケートの分析）

平成26年度1学期になされた授業評価アンケート調査では新たな質問項目として，学習成果を問う設問を設けた。平成25年度に導入された新カリキュラムに伴い，カリキュラムマップに対応した個々の授業で身につける力，つまり本学の学部学科で定めた14項目のDP（学位授与方針）を授業科目ごとにシラバスに記載している。設問ではシラバスに記載されている授業で得られる力の修得の可否を質問した。その結果，学部学科等における差はあるものの，全体では43%の学生が「修得できた」と回答し，「やや修得できた」（37%）を加えると80%であった（表4参照）。個々の授業においては，当該科目で修得を目指した力を身につけていると自己評価していることがうかがえる。

学生が受講した全科目においてどの程度DPで定めた力を，学年別に身につけていると感じているかを調べる目的で「学習成果に関する学生アンケート」を平成26年7月に実施した。この調査は，2年生と4年生に在籍する全ての学生に対して，学部学科の協力を得て行った。調査の方法は，調査の時点で，当該学科が定める14項目のDPについて，該当する項目について行われた。個々の項目に関して，修得状況が自分が思う十分なレベルに達していると感じるかどうかを4段階（十分なレベルを超えている，十分なレベルに達している，十分なレベルまでもう少しである，十分なレベルに達していない）で評価してもらった。結果は，4段階の選択肢を4点から1点に換算し分析を行った。分析結果から，学年間のデータを比較すると，学年進行とともに全てのDPに関して身につける力の修得が高まっていることが判明した（表5，図2参照）。

表4　シラバスに記載されている授業で得られる力の修得

学年	1 修得できなかった	2 あまり修得できなかった	3 どちらでもない	4 やや修得できた	5 修得できた	指数	回答数
1年	1%	3%	14%	36%	45%	4.20	3,651
2年	1%	3%	16%	37%	43%	4.17	4,473
3年	1%	3%	18%	38%	40%	4.13	3,114
4年	0%	3%	13%	39%	44%	4.25	943
全体	1%	3%	16%	37%	43%	4.18	12,181

平成26年度1学期実施分

※指数…修得できた＝5，修得できなかった＝1とした点数の平均

表5 学年別での授業で得られるDPの力の修得

	内容	2年1学期	4年1学期
DP1	教養	1.57	1.87
DP2	専門知識	1.55	1.90
DP3	専門スキル	1.62	1.87
DP4	情報活用力	1.90	2.25
DP5	数量的スキル	1.57	1.73
DP6	英語力	1.81	2.14
DP7	その他言語力	1.58	1.61
DP8	課題発見・分析・解決力	1.64	1.95
DP9	プレゼンテーション力	1.63	2.03
DP10	実践力	1.88	2.20
DP11	自己管理力	2.04	2.35
DP12	責任感・倫理観	2.05	2.40
DP13	生涯学習力	2.24	2.59
DP14	コミュニケーション力	2.08	2.49
	平　均	1.80	2.10
	回答数	1,080	821

十分なレベルを超えている＝4，十分なレベルに達している＝3，
十分なレベルまでもう少しである＝2，十分なレベルに達していない＝1
とした平均

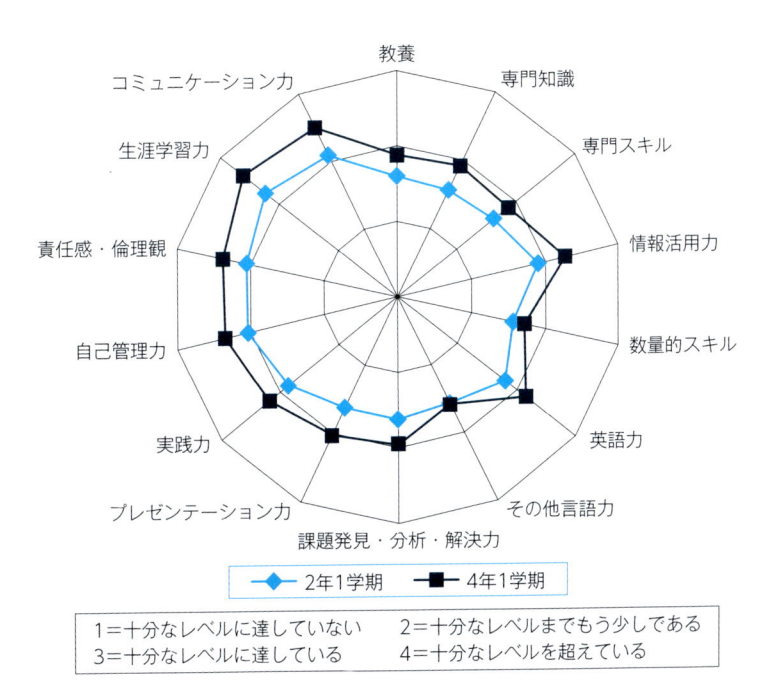

図2　学年別での授業で得られるDPの力の修得

表5が示すように，2年生では全ての項目の平均値が1.80点であり，4年生では2.10点である。この得点は，2年生では「十分なレベルに達していない」と「十分なレベルまでもう少しである」の間であり，DPに沿って学部学科が定めた力がまだ全体として十分身についていないと自己分析していることがわかる。4年生では「十分なレベルに達している」と「十分なレベルまでもう少しである」の間に位置し，4年時での学習によって足りない力を身につける必要のあることを自己分析していると考えられる。データ分析は同一個人による縦断的調査ではないが，学年間を比較すると，2年間の学習によって平均値が0.30点高くなっている。このことは，2年間の本学における教育における学習成果と考えることができるかもしれない。

　また，この結果からわかるように14項目のDPに関しては，2年生では，DP1からDP10までの10項目において評価点が2点未満であり，十分な修得レベルには達していない。4年生では，DP1からDP3，加えてDP5，7，8の6項目が十分なレベルには達していない。これらのDP項目に対して，授業科目をさらに履修することにおいて卒業までに必要となる力を身につけることが課題になる。

　ここに示したデータは北方キャンパスの全学的な平均値であり，学部学科の特性に応じた詳細な分析によって検討される必要があることは言うまでもない。また，ここで取り上げたアンケートの分析はあくまでも学生の自己評価のデータであり，学習成果の実態の一部であることに変わりはない。本学のさらなるIRの取り組みにより，より客観的な分析によってさらに有意義な結果を得て，FD活動に資する分析とし，教育の質の向上と改善に結び付ける必要がある。

第7章 これからのFD活動

　本学で実施してきたFD活動について，これまでの章では教員がどのようにFD活動を行ってきたかを述べてきた。しかし，実際にFD活動を実施するには，教員だけでは行えず，事務職員の支えがなければできなかった。今後，FD活動を継続し，さらに発展させていくためには事務職員の支えが不可欠であろう。そこで，本章では事務職員の立場からFD活動をどうとらえてきたのか，そしてどのような課題があるのかも述べてもらった。

　さらに，今後のFD活動を考える上で重要なことは，そもそもFD活動がなぜ必要なのかという原点に戻ることである。そこで，最後に，本学のFDアドバイザーが新任研修で新任教員向けに話をした「FDはなぜ必要なのか」を再録して本書のまとめとしたい。

1 事務職員から見たFD活動

1.1 大学職員から見たFD活動の意義とは

　私が初めて北九州市立大学に配属になったのは平成15年度で，今から10年以上も前のことであった。その当時は，各学部の先生方は，一人ひとりがご自分の授業を管理しており，自分以外の他の先生の授業を見学したり，授業の進め方についてお互いに意見を交わしたりするようなことは，あまりなかったように思う。

　それから数年がたち，再び私が本学に配属になってまず驚いたのは，「FD活動」が大学設置基準で義務化されており，本学においても，授業の内容や方法の改善を図るための組織的な研修や研究が実施されていたことであった。「FD委員会」が設置され，すべての部局の先生方が部局の代表として参加し，ピアレビューや授業改善のための研修等への取り組みが定期的に行われ，FD委員会に報告されていた。初めてFD委員会に参加したとき，そのような先生方の姿がとても新鮮であり，また，「以前の大学とずいぶん変わったな」という印象を受けた。

　もちろん，これまでも先生方は自己管理として，ご自分の授業をより良くしようと努力されていたと思う。しかし，組織的に授業改善に取り組むことは，個人の努力だけに頼るよりも大

きな効果がある。

　例えば，同僚の教員同士で授業を見学しあうピアレビューにおいて，良いところは取り入れ，改善すべき点は指摘するという行為は，指摘を受ける教員にとっては厳しいとは思うが，やはり他者からの評価は，自分の授業を見直すきっかけになるとともに，改善の第一歩となる。

　また，FD活動に関する部局ごと，あるいは全学的な研修も重要な取り組みである。教員の参加が少ない研修もあり，残念に思うことがあるが，最近，先生方の研修に対する意識も随分変わってきた。当初は，全学的に決められた研修や他大学講師による研修を受け身で受けていたような印象であったが，ここ2, 3年は，各部局が関心のある課題についてFD委員会に提案し，全学的な研修として開放するというボトムアップのスタイルに変わっていった。

　先生方の積極的な取り組みが少しずつ定着してきて，英語教育や就職支援といった，私たち事務職員にとっても興味深いテーマで研修が開催されるようになった。また，平成25年度は，学生部委員会から「剽窃行為防止に向けた取り組み」，平成26年度は，図書委員会から「大学教育・学習の転換とラーニング・コモンズ」というテーマがFD研修として取り上げられるなど，FD委員会の枠を超えた，まさに全学的な取り組みになりつつある。

　このような先生方の取り組みによる授業改善の成果は，すぐに出るものではないかもしれない。しかし，先生方一人ひとりが，研究者としてだけではなく，教育者として学生の視点に立ち，分かりやすい授業，学生が受講して良かったと思える授業を目指して，日々試行錯誤する姿勢そのものに価値があるのではないかと私は考えている。

　授業改善の成果といえば，「授業評価アンケート（現在は「授業評価」という）」が，その指標となる可能性がある。しかし，先生方の多岐にわたる専門分野や，授業スタイルなどの違いから，完全に公平な結果が出ない場合もあるかもしれない。また，学生の一部は，授業の内容より，単位の取りやすさや単純な面白さを求めることもあり，授業評価としては客観性を欠く結果になる場合もあるかもしれない。

　ただ，私は，授業の評価の一面として必要な制度だと思っている。現在，教育開発支援室が中心となって，FD委員会と連携しながら，「授業評価」のより有効な活用方法を議論しているところである。こちらも少しずつ改善を図りながら，近い将来に，「北九州市立大学の授業評価」を確立していけばよいのではないかと考えている。

　このように，本学がFD活動の取り組みを始めてから7年が過ぎたが，毎年，そのスタイルを変えて，現在も日々進化している。当初の形式的な活動から，「FDが少しずつ先生方の日常に入り込んでいる」ように実感している。

　本学で毎日教鞭をとる先生方が，学生のためにより質の高い授業を目指し，その授業を受ける学生が「この授業を受けて有意義だった」と感じ，そのような教員や学生を事務職員が下支えするという，日々の地道な努力と充実感こそが，北九州市立大学の本来の魅力であり，その存在価値を高める根幹になると私は信じている。

　先生方一人ひとりの努力と熱意に敬意を表して，これからも事務職員としての役割を果たし

たい。

■ 1.2 FDを事務サイドから考える

　平成22年度より北方キャンパスの学務第一課（当時の教務課）に配属され，事務の主担当として2年間，その後は副担当としてFD事業に携わっている。この数年間の大きな出来事として，本学のFD活動の企画・運営がいわゆるトップダウン方式からボトムアップ方式へと移行したことが挙げられる。

　担当当初はFD委員長，FD特命教授，教務課FD担当職員が中心となりFD活動の企画・運営を行うトップダウン方式であった。FD活動が活発に行われている大学の視察や，学外のFD研修への参加など，まずは他大学の取り組みを知ることから始めたことを思い出す。その上で，本学ならではのFDを目指し，全学的なピアレビューの実施を軸とした活動を行ってきた。

　しかし，トップダウン方式では，各学科等から選出されたFD委員の委員会における役割は形式的なものとなってしまい，各委員がFD活動の企画・運営に主体的に取り組む機会がないように感じられた。さらに，学内でFD研修に関するアンケートを重ねるうちに，教員によって求める研修内容やレベルが多種多様で，学科等によっても必要とされる研修が異なることが分かってきた。

　そこで，平成23年度からは，各学科等のFD委員の意見を反映させるボトムアップ方式を採用することが提案され，FD委員会内にWGが設置された。WGの名称や取り扱う内容については，毎年見直しと整理が行われ，現在は「研修WG」，「授業評価WG」，「FD活動広報WG」の3つのWGが設置されている。

　当時を振り返ってみると，結果としてボトムアップ方式への移行は正解だったと感じている。移行当初は教職員ともに慣れない運用に戸惑いがあったが，ボトムアップ方式により一定の効果を得ることができた。例えば，研修については各学科等単位で企画提案を行い，採用された研修を全学的に開放するスタイルとなっているが，研修WGでの議論内容がFD委員会で報告されることにより，各学科等がどのような問題を抱え，どのような研修を必要としているのか全学的に共有されるようになった。同じ問題を抱えている学科等があれば，研修案が出された段階で主催として加わることができるので，各学科等のFD活動の活性化にも繋がったのではないかと考える。

　また，移行前はFDアドバイザーに企画・運営を頼る部分が大きかった。しかし，ボトムアップ方式により各WGが主体的にFD活動を担うこととなり，組織的に企画・運営を行う体制が構築された。今後はこれに加え，FDアドバイザーのように各WGの状況を把握し，FD活動全般を導くような学内の人材を育成することが必要となってくるだろう。

　今後も，本学ならではのFDを目指し，FD委員とともに活動を充実させていきたい。

■ 1.3 大学におけるFD活動を推進していくために

1.3.1 FD部会について

　本学には，「北方キャンパス」と「ひびきのキャンパス」の2つのキャンパスがあり，両キャンパスにある各学部等の教員で組織された「FD委員会」において，大学全体のFD活動が推進されている。これに加えて，国際環境工学部があるひびきのキャンパスでは，平成19年1月に学部独自の「FD・SD委員会」を立ち上げ，平成20年度からは，各学科及び事務局で組織される「人事委員会FD部会」という新たな体制としてスタートした。なお，同キャンパスでは，学部と大学院の教員組織が同じであるため，学部・大学院全体で同部会を中心としたFD活動を実施している。

　同部会では，学部長を部会長として毎月会議が招集され，学部における教育改善を推進するための活動について検討が行われている。今後も学部の教育改善活動が活発化するよう事務局としてもサポートに努めていきたいと思う。

1.3.2 教育力向上プロジェクトについて

　国際環境工学部におけるFD活動の中心となるものが「教育力向上プロジェクト」である。これは，全学的に取り組まれている「ピアレビュー」を学生による授業評価アンケートの結果と連動させるという本学でも先進的な取り組みである。授業評価の高い科目については，他の教員がその授業を積極的に参観して今後の授業改善の参考にするよう促している。一方，授業評価が下位10％かつ評価ポイント3.5未満（最大ポイント：5）の科目を担当する教員に対しては，学科長やFD部会委員が当該科目の授業のピアレビューを行い，当該教員に対して授業改善に向けたアドバイスを行うこととしている。さらに，2期連続で前述の基準を下回る授業評価を受けた科目を担当する教員に対しては，前述のピアレビューに加えて授業検討会を実施し，授業改善に向けた対策を検討することとしている（第2章p.76図9参照）。

　また，上記以外にも，各教員が年間を通じて授業公開を1回以上，授業参観を2回以上実施するという方針に基づき，各学科で年度ごとにテーマを決めてピアレビューに取り組んでいる。その結果，国際環境工学部におけるピアレビューの実施状況は，学科によってばらつきはあるものの全体としては年々少しずつではあるが良くなっており（平成25年度は平均85％の達成率），教員の授業改善に対する意識が徐々に高まってきていることが窺える。

1.3.3 FD研修について

　国際環境工学部では，FDに対する意識向上や教職員としての基本的な知識の涵養などを目的として，利益相反マネジメント研修，安全衛生研修及び人権啓発研修などを実施している。また，他学部主催の研修会で参加が可能なものについては，積極的に参加している。

　さらに，FDに関する知識や教育スキルを向上させることを目的として，学部の全教職員を

対象とした「ひびきのキャンパス全体 FD 研修」や、テーマを絞って実施する「少人数テーマ特化型 FD 研修」を学部独自の取り組みとして行っている。

なお、これらの研修の内容や成果を毎年度「活動報告書」にまとめているため、研修に参加できなかった教職員もある程度内容が把握できるようになっている。

このように、国際環境工学部における FD 研修体制は充実していると言えるが、今後もより一層効果的な研修を実施できるように、FD 部会等で検討していきたい。

1.3.4 今後の FD 活動の在り方について

以上のように、国際環境工学部では積極的な FD 活動が推進されており、組織としての授業改善を図る取り組みとしては進んでいるものの、個々の教員の FD 活動に対する意識には未だに"温度差"があるようにも思われる。

もとより、FD 活動は、大学及び大学院が組織的に行うものとして義務付けられてはいるが、教員個人に義務付けられているものではない。しかし、FD が個々の教員の教育内容・方法の改善を目的としたものであるならば、それぞれの教員が自発的に活動しなければ組織としての目的を遂げることは困難であろう。したがって、今後の本学部における組織的な FD 活動をさらに推進していくためには、全ての教員が自主的かつ積極的に教育改善に取り組めるようなしくみを導入することが重要であると考える。

そのために事務局としては、今後も FD 部会の委員との連携を図りながら、本学部における教員個人及び組織的な FD 活動のさらなる活性化という目標に向けて、尽力していく所存である。

2 FD はなぜ必要なのか

2.1 FD の 3 つのレベル

FD とは、広義には、大学における教育全般の質の向上を目指した個人的、組織的取り組みのことである。それらの取り組みは、大きく分けて、3 つのレベル（マクロ、ミドル、ミクロ）に区別されている（表 1 参照）。

3 つのレベルの中身をどう考えるかには、FD 研究者によって多少の違いがある。表 1 には、①川島啓二（国立教育政策研究所）、②佐藤浩章（愛媛大学）、③中溝幸夫（北九州市立大学）によるレベル別 FD 関連取り組み事項が挙げられている。

本学の新任教員 FD 研修では、主にミクロレベルでの事項について研修を行っている。つまり、「教育・学習効果を最大限に高めることを目指した教授・学習法の改善」（佐藤浩章）をターゲットにした研修である。これは、狭義の FD とも言える。すなわち、授業（ティーチング）と学習（ラーニング）の質の向上を目指した取り組みのすべてを言う。

表1　FD活動の3つのレベル

①川島啓二（国立教育政策研究所）「FD概論Ⅱ　大学におけるマクロレベルでのFD活動」
　（立命館オンデマンドビデオ教材）より

マクロレベル	ミドルレベル	ミクロレベル
・教育組織の全体デザインの検討（学部，学科など） ・各種委員会の設置・運営 ・教育システムの設計・開発・運営 ・組織体制の評価 ・管理職を対象とした研修プログラムの開発・実施	・学部・学科レベルでのカリキュラムや教育プログラム改善の取り組み（カリキュラムマップ，カリキュラムツリーの策定，正課以外の教育プログラムも含む） ・学士課程教育全体との整合性の検討 ・カリキュラム，教育プログラムの評価 ・新規プログラムの開発	・教授法改善に取り組む ・教員相互の授業参観 ・公開授業 ・授業コンサルテーション ・ティーチング・ティップスの開発 ・授業評価アンケートの活用

②佐藤浩章（愛媛大学）「FD概論Ⅰ　大学におけるミクロ・ミドルレベルでのFD活動」
　（立命館オンデマンドビデオ教材）より

教育・学習効果を最大限に高めることを目指した〈組織の整備・改革〉	教育・学習効果を最大限に高めることを目指した〈カリキュラムの改善〉 ・3つのポリシー構築（DP/CP/AP）	教育・学習効果を最大限に高めることを目指した〈授業・教授法の改善〉 ・公開授業 ・授業コンサルティング

③中溝幸夫（北九州市立大学FDアドバイザー）「北九州市立大学におけるFD活動の3つのレベル」

大学管理運営レベルでのFD活動	部局（学部・学科）レベルでのFD活動	教員個人レベルでのFD活動
・教育プロフェッショナル養成システムの構築 ・大学の教育理念とそれを実現するためのグランドデザイン ・FDを推進する組織・制度のグランドデザイン（教育プロフェッショナル養成センター計画等……）	・DP-CPとカリキュラムとの整合性のチェック ・教育・学習効果を高めるための学部内教育研修デザイン	・授業のピアレビュー・グループ間活動 ・授業研究会活動 ・チームティーチング ・各学部における授業の経験知の伝達

■ 2.2　FDが必要な理由

　FDが必要な理由は，主に2つある。第1の理由は，「進学率の増加によって学生の知的能力や勉学意欲・興味関心のばらつきがひじょうに大きくなった。その中で，大学教育の質を確保し（教育の質保証），教育効果を上げることが大学に要求されている」。第2の理由は，「多くの大学教員は，もともと教育理論や教授法や学習理論については，素人である。したがって，大学教員の"教育のプロフェッショナル化"を進める必要がある」。
　第1の理由について考えてみよう。現在，約50%の高校生が大学に進学する。この割合は，

40年前（1970年）に比べると，約2倍である（図1を参照）。学生の数がほぼ一定，あるいは増加傾向にあるとき，進学率が増加すれば，それだけ知能，学力，勉学意欲の散らばりが大きくなるのは必然である。そのバラツキの大きさに見合った教育方法の改善，および教育効果が求められており，それがFDというわけだ。授業方法の改善はその一端である（進学率の増加には，細かく見ていくといくつかの要因が考えられる。18歳人口があまり増えていない——少子化の影響——にもかかわらず，新規に設置される大学の数が増えていくと，結果的に大学に進学する若者の比率の増加を生む）。

進学率50％の時代になって（いわゆる大学のユニバーサル化），いったい何が変化したのか，どのような点でバラツキが大きくなったのか。主に変化したと推定されるのは，以下の6項目である。

①学力の低い学生が増えた

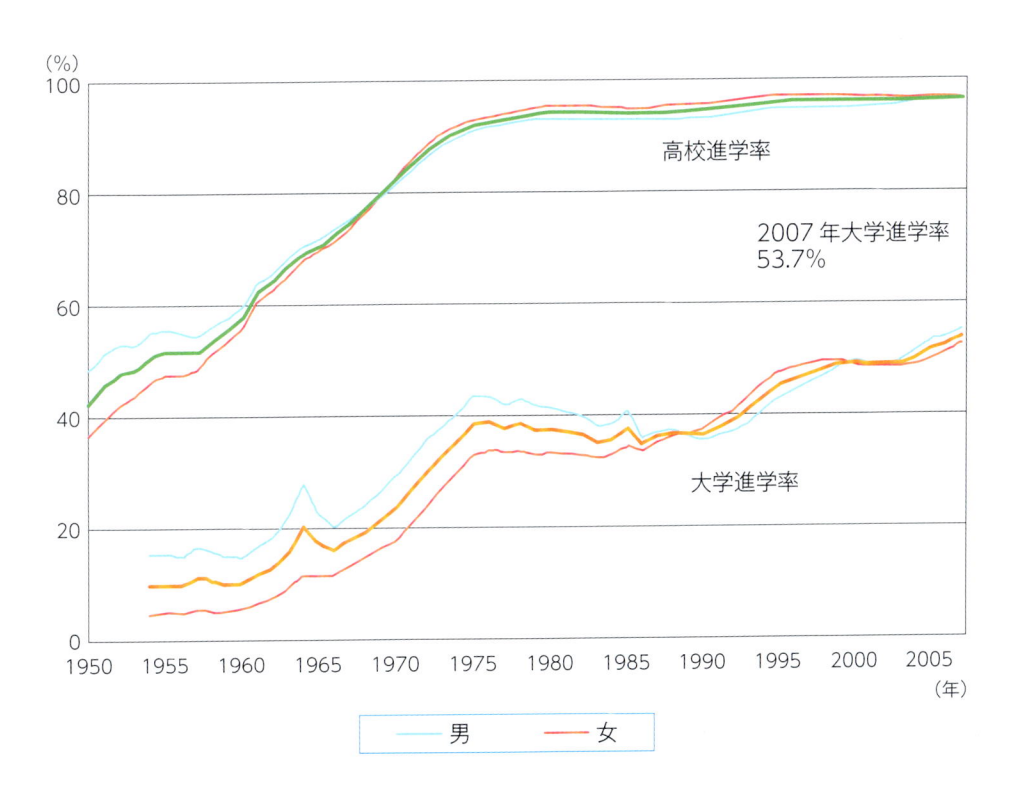

（注）高校進学率は，中学校卒業者及び中等教育学校前期課程修了者のうち，高等学校等の本科・別科，高等専門学校に進学した者（就職進学した者を含み，浪人は含まない）の占める比率。大学進学率は，大学学部・短期大学本科入学者数（過年度高卒者等を含む）を3年前の中学校卒業者数及び中等教育学校前期課程修了者数で除した比率。数字は男女計の値。
（資料）文部科学統計要覧（平成20年版）

図1　高校・大学進学率の推移

②勉学意欲が低い学生が増えた

③将来の目標をしっかり持っていない学生が増えた

④他人とコミュニケーションがとれない学生が増えた

⑤課題解決能力の低い学生が増えた

⑥社会の変化に適応するための知識や技能が少ない学生が増えた

大学は，このような学生側の変化に対応しなければならない。

FDが必要である第2の理由「大学教員の"教育のプロフェッショナル化"への要請」とは，どういう意味だろうか。小・中・高の教員には，教員免許法（教育職員免許法）で定められている教員免許の取得が義務づけられている。しかし，大学教員にはその義務が免除されている。ここでは，免除されている理由には触れないが，おそらく歴史的な経緯があるのだろう。実際のところ，大学教員はすべての小・中・高の教員が経験する次の4項目を経験していない。その4項目とは，①教員免許法による免許資格の取得，②教育実習，③学習指導要領（ある科目の学習の最低基準）に基づく授業設計，④学校現場での熟練教員による指導と研修である。

教員免許法に基づく小・中・高教員の普通免許状の必須要件として，一定の科目の単位取得がある。以下の3種類である。(a)教科に関する科目（8単位），(b)教職に関する科目（41単位，含む教育実習），(c)教科または教職に関する科目（10単位）。この中で，「教職に関する科目」には以下のものが含まれている。

①教職の意義など（教員の役割や職務内容など）

②教育の基礎理論（教育の原理・心身の発達・学習過程など）

③教育課程・指導法（カリキュラム・教科の指導法など）

④生徒指導・カウンセリング・進路指導など

⑤教育実習（約4～5週間）

小・中・高の教員免許を持たない大学教員（ほとんどの大学教員）は，上の科目の学習をしていない。つまり，すべての小・中・高の教員が学習している知識・技能を大学教員は学習せずに，ある大学の教員に採用されたら，いきなり教育活動に直面する。それは，あたかも"免許を持たずして車を運転する"ようなものだ。

現在の大学教員は，学生に専門知識を教えるという経験はあるものの，上で述べたように教育の原理をはじめ，授業法・学習過程などについての理論的な知識を学んでいないし，教育実習の経験もほとんどない。つまり，教える内容（＝専門分野の知識）は深く学んでいるものの，教える知識・技術を専門的に（小・中・高教員レベル並みに）学んでいない。そこに大学教員に対する『教育のプロフェッショナル化（＝FD活動）』という要請の理由がある。

2.3 教員の教育力を高めるための他大学の仕組み

現代の大学における FD 活動の普及は，グローバルな現象である。その理由は，世界の多くの国における高校生の大学進学率が 50％ を超えているからだ（図 2 参照）。しかも，世界の多くの国の大学教員もわが国と同様に教育者になるためのプロフェッショナル教育を受けないで，大学教員になっているようだ。この点で，世界の多くの国の大学教員は，FD に関して横並びの状態にあると言ってよい。

この問題を解決するためには，大学教員を目指す大学院生が大学教員になるまでのどこかの段階で，教育のプロとしての知識と技能を身につける機会を提供する必要がある。典型的には 2 つのやり方がある。1 つはアメリカ型で，もう 1 つは英国型（あるいはユーロ型と言えるかもしれない）である。

アメリカ型は，大学教員になる前の段階（大学院生あるいは TA 段階）で，大学教育のプロフェッショナルな知識・技能を学習してもらうというやり方である。一方，英国型は，大学教員として採用された新任教員の仮採用期間（3 〜 5 年間）の段階で，新任教員は自己責任として大学教育のプロフェッショナルな知識・技能を学習し，それを公的な機関が承認するというやり方である。

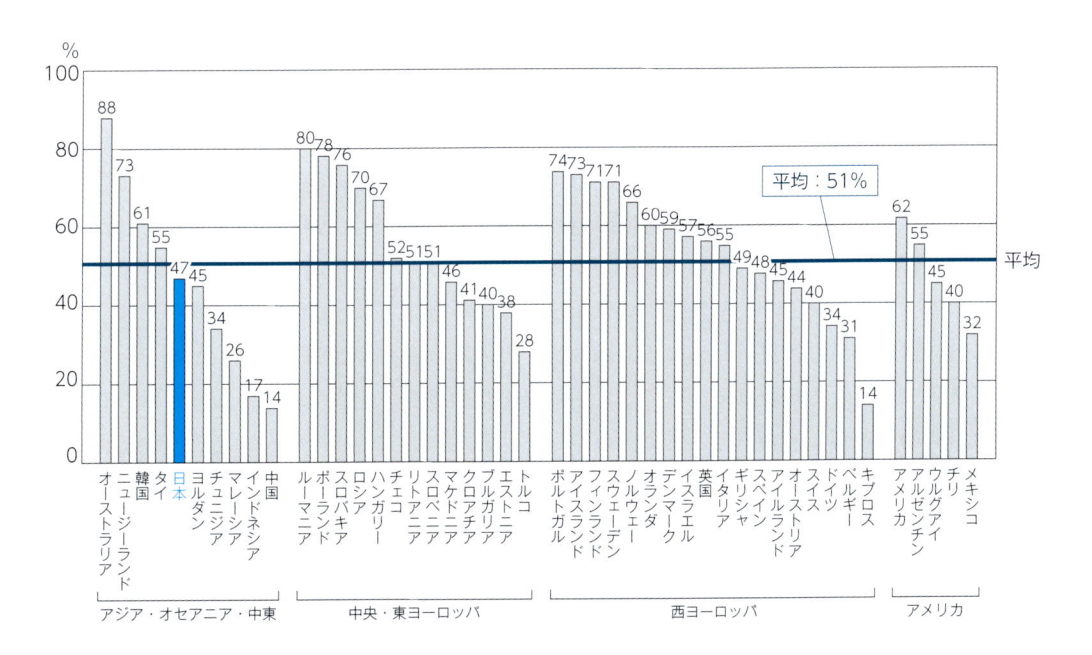

（出典）UNESCO Institute for Statistics
"Global Education Digest 2009 Comparing Education Statistics Across the World"

図 2　世界各国の大学進学率（4 年制大学に限る）

アメリカの大学では，1990年以降，「大学教員準備プログラム」(Preparing Future Faculty Program) によって，院生・TA段階で"教育力"の育成が進められている[1]。このプログラムは，2段階から構成されており，1段階目は，訓練・養成プログラム（全学的・学問分野別）で，TA業務の理解と能力開発からなる。その中身は，①授業の企画と学生指導，②クラス討論の指導，③実験クラスの指導，④成績評価の仕方，⑤試験問題作成，⑥オフィスアワーでの学生への応答である。2段階目は，複数の大学で構成する大学クラスター組織で，①大学教授職の理解と能力開発，②実践的訓練（授業担当，FD活動への参加など）を，メンターやアドバイザーによる指導・助言に基づいて行う。このプログラムによって，大学教授職を目指す院生・TAの教育が，現在，行われている（現在，わが国でもいくつかの大学でこのプログラムが開始されている）。

　一方，英国型はどういう仕組みだろうか。英国の大学では，大学に教員として採用された新任教員の仮採用期間（3〜5年間）に，大学教育のプロフェッショナルな知識・技能の習得が新任教員に義務づけられる。その特徴は，新任教員自身が，専門職業人（プロフェッショナルズ）としての自らの教育能力や資質を自己証明しなければならないという点である[2]。

　そのための仕組みとして，新任教員の学習プログラムと資格認定システムがある。学習プログラムは，新任教員が所属する大学が提供する大学教育の基本的知識・技能を学習するプログラムである。もう1つは，大学教育のプロフェッショナルの資格認定システムである。この「学習」とその「認定システム」によって，英国の大学の新任教員は，自らのプロフェッショナリティを自己証明することが義務づけられている。

　新任教員は，赴任した大学が提供する専門科目を履修することによって「大学教育資格プログラム」の修了証明（修士課程修了）を得る。新任教員は，この修了証明書とともに，自己の個人申請書を付けて，教育職能開発の専門機関として設立された高等教育アカデミーに資格認定を申請する。高等教育アカデミーでは，各新任教員が提出した書類を審査することによって，大学教育のプロフェッショナルを認定する。

　以上に述べた新任教員の大学教育プロフェッショナル認定では，新任教員のみならず，それまでに教育経験のある教員（いわゆる熟練教員）の大学教育力の証明も全国レベルで行われている。英国では，この仕組みによって，大学教員全体の教育力を底上げし，ひいては教育の質保証が計画的に進行しているといえよう。翻って，日本の大学の状況はどうだろうか。

　アメリカ型，英国型のプロフェッショナル教育に比べると，日本の大学はまだ両国に代表されるような段階にまでは到達していない。日本の国公私立大学の中で，立命館大学は，新任教員研修の段階で大学教員として必要なプロフェッショナルな知識・技能を学んでもらうという点で，アメリカ型，英国型の大学教員教育にもっとも近づいていると言えるだろう。

---

1) 吉良　直（2008）「アメリカの大学におけるTA養成制度と大学教員準備プログラムの現状と課題」名古屋高等教育研究，第8号，193-215.
2) 加藤かおり（2012）「英国における大学教育のプロフェッショナル化」名古屋高等教育研究，第12号，257-277.

立命館大学では，新任教員対象の実践的 FD プログラムによって，新任教員の研修段階で大学教員に求められる教育力量を育成する仕組みを作っている。新任教員研修の期間は，2 年間（最長 4 年間）である。研修内容は，大きくわけて 4 つからなる。①オンデマンド講義の e-learning（15 科目）レポート課題，②ワークショップ（演習）12 コマ，集団ディスカッション，③教育コンサルタントとの個別相談，面接，④ティーチング・ポートフォリオの作成（修了認定課題）である。これらの課題を一定の基準でクリアした新任教員には「認定証」が与えられる。

立命館大学の新任教員研修プログラムは，どんな研修結果を示しているだろうか。2009 年の新任教員の例を挙げてみよう。43 名の新任教員のうち 39 名がこの研修を受けた。①のオンデマンドビデオ講義でレポート課題（9 講義以上）の視聴を実際に行った教員は 20 名（51.3％），レポートを 9 編以上提出した教員は 13 名（33.3％），②ワークショップ最低数 6 以上に参加した教員は 18 名（46.2％），③ティーチング・ポートフォリオを提出してこのプログラムを修了した教員は 12 名（28.2％）であった。

日本の大学で FD 先進大学といわれている立命館大学において，新任教員の 3 分の 1 だけが新任教員研修の課題をクリアすることができたという事実は，わが国の FD 先進大学においてさえ教員のプロフェッショナル教育がまだまだ不十分であるということを物語っているだろう。

大学教員にいかにしてプロフェッショナルな教育力をつけるか，という試みを，アメリカ，英国，日本の大学を例に紹介してきた。翻って，本学の新任教員研修の実態を考えると，まだ改善の余地が大いにあると言える。今後，本学の新任研修をどのような方向で改善していくべきかについては第 4 章 4 節の「今後の新任教員研修への提案」の中ですでに述べた。さらに，大学教育はどうあるべきなのかを組織として研究していくことが FD 活動には求められるであろう。

付　章
大学教師の心得[1]

■ はじめに

　この心得は，教育研究活動において，私自身がわきまえておくべき行動の指針——自己の意識と行為を"律する"ためのもの——である。自己の職業的役割についての"心得"を文章化してみることは，"自己省察"（自分の振り返り）のよい方法の1つである。心得とは，自らの行動の指針，価値観の表現なので，100人の大学教師がいれば，100種類の心得ができる。この心得もそういうものの1つであると見做してほしい。

　この心得は5つの項目【教育職】【学生】【同僚教師】【事務職員】【研究】に分けて述べている。教育職と研究の項目は，それぞれ私の職業観，研究観について述べたもので，学生，同僚教師，事務職員の項目は，それぞれ彼らに対して私自身がどういうスタンスで振る舞うべきかについて述べたものである。

【教育職】について

■ 大学教育の質は，教師自身の教育者としての，研究者としての，人としての"質"に依るところ「大」であることを自覚する

　いま大学が社会から問われているファカルティ・ディベロップメント（以下，FD）とは，簡潔に表現すると「大学教育の質の向上を目指す組織的な活動のこと」である。結局は，大学教育の質とは大学組織のメンバーである個々の教師の質にかかってくる。

　大学教育の成功とは，少なくとも中期的な意味においては，その学生が卒業時に"この大学で4年間を過ごせてほんとによかった"という印象をもつかどうかで決まる。また，長期的に

---

[1] 本稿は，2007年3月，本学の「FD担当特命教授」募集時に応募者への小論文課題であった【大学教育についての考え】に対して著者が提出した論文「大学教師の心得」を加筆修正したものである。

は，卒業後，社会人としての経験を積みながら人生を振り返ってみたときに，"この大学で学んだ経験が実際に役に立っている"と思えるかどうかで決まる。その印象を左右するもっとも重要な要因の1つが，教師の人間性（＝人としての本性）である。教師は，そのことを常に自覚しなければならない。学生に対する自己の対応の積み重ねが，最終的には大学の教育的成功の"鍵"の1つであり，それが大学教育の"質"を決定する重要な要因であることを自覚しなければならない。

教師の人間性の中でとりわけ重要なのは，学生に対する"平等の意識"と"誠実さ"である。教師は，一人ひとりが個性をもった多くの学生と接触する。教師も人なので，心情的に好きなタイプの学生もいるし，嫌いなタイプの学生もいる。しかし，この心情が学生への態度に，実際に表れてはいけない。とりわけ嫌いなタイプの学生に対する場合には注意すべきである。もし教師が自分を少しでも嫌っていることがわかると，その学生は"この大学にきてよかった"とは思わないであろう。

どんな学生への対応においても，平等の意識を貫き，それを態度でも示さねばならない（ここで，「平等に」とは，まったく同じやり方で接するということを意味していない。"基本的に平等の意識をもって接する"という意味だ。むしろ，一人ひとりの学生は個性的存在なので，実際にはその個性に合わせて対応するという点で平等であるということだ）。それは，簡単なようでひじょうに難しい。なぜなら，一般に，人は自分の言うことを素直に聞く他人に好感をもち，よく注目し，接近する。逆に，自分に反発したり，批判したりする他人をできるだけ遠ざけようとしたり，無視しがちであるからだ。それだけに"平等の意識"をもつことが重要となる。

人間性の点でもう1つの重要な要因は，教師の人としての"誠実さ"である。教師は，一人ひとりの学生が自分とまったく同じように，人間としての尊厳と誇りをもち，他者に対して誠実な対応を求める存在であることを自覚しなければならない。そのためには，自分がその学生の立場であったら，人としてどう対応してほしいかを常に考えることだ。教師であれ，誰からも誠実に対応してほしいと願っているはずだから，学生も同じように願うはずである。

このように，大学の教育の質は，つまるところ教師の人としての質に大きく依存するのである。

■ 教育の（研究の）プロフェッショナルとして"自分のスタイル"の確立を目指し，それを磨く努力をする

教師は，教育活動（および研究活動）において，プロフェッショナル（以下，プロ）として自分のスタイル（流儀と言ってもよいかもしれない）を確立し，それを磨く努力をすべきだ。スタイルとは，その個人から切り離すことのできない仕事の質の"独自性"（ユニークネス）のことを意味する。芸術でもスポーツでも，またどんな職業でも，高いレベルに到達している人は，必ずやその人に独特なスタイルを確立している。教育活動（および研究活動）にも，そ

の人に独特なスタイルというものがあるはずだ。その教師独自のプロとしてのスタイルが磨かれれば磨かれるほど，それが学生に影響し，ポジティブな効果を生む。

■ 授業こそ教師のもっとも重要な"仕事"であることを忘れてはならない

　小中高の教師と違って，大学教師には教師になる前に授業のノウハウについての技術をきちんと学ぶ機会がない。自分が学生であったときの経験から，いわば見よう見まねで授業をやらねばならない。どうすれば学生にとって"わかりやすく"，かつ"刺激的で"，"学習効果のあがる"授業になるかは，教師個人の不断の工夫と努力にかかっている（FDは，組織として授業の質をどのように高めるかの活動だ。この活動は，個人としての質の向上への努力を前提にして成り立つ）。

　授業（学生の学び）の目標とそれを達成するための計画を立て，毎回の授業（および学期全体）の学生の学習結果を評価しなければならない。最近は，大学の授業の工夫を助けるいろいろな本が出版されているので，それらを参考にしながら，自分で自分の授業を不断に工夫することが必要だ。しかし，どんな教師でも"必ずうまくいく"理想の授業方法などけっしてない。ここでも自分のスタイルを確立し，それを磨くことが理想への近道である。

　経験のある教師にとって重要なことは，自分の授業に対して"謙虚"になり，さらに工夫を重ねることによって，絶えず今よりも上のレベルの授業を目指すことだ。授業の技術を磨くためのよい方法は，まずは自分の授業を録画して自分をよく観察することである。それだけで，授業をしているときには気づかなかった問題点が見えてくる。さらに，経験豊富な教師や専門を同じくする同僚教師のアドバイスから学んだり，授業についての学生の声を聴くことである。そのためには，他の教師に授業を観察してもらい，率直な意見を聞いたり，さまざまな方法で学生の率直な声を集めることが必要だ。

■ 学生のときの自分を，目の前の学生の学習態度や学習評価の唯一の基準にしてはいけない

　学生一人ひとりの知識量や学習能力，学習意欲には，必ず個人差がある。教師は，ともすれば学生だったときの自分を基準にして，今の学生を評価しようとする。ほとんどの教師は，学部生のときから大学院へ進学する意欲をもち，ある分野の知識習得や研究に強い動機づけがあり，おそらくそうであるからこそ大学院に進学したのだろう。しかし，現在，私の授業を受けている大部分の学生は大学院に進学する意欲や動機づけとは無縁の存在である。むしろ大学院とは異なる人生の道を選択していく学生がほとんどだ。ということは，教師の専門分野の知識や研究法を「学ぶ」意欲や動機づけが，教師が学生だったときよりも低いことを意味する（もちろん大学院や研究者を目指している動機づけの高い学生もいることは否定しない）。大学教師としての課題は，学ぶ意欲や動機づけが自分の学生時代よりも低い学生を対象にして，どう

いう授業をし，どうサポートし，いかにすれば彼らに自ら"学ぶ姿勢"を身につけさせることができるかということである。

■ 授業では知識を"教える"のではなく，どうすれば学生が"関心をもつか"を工夫する

　授業では，どうしても知識の伝達に傾きがちだ。教師は，学生にこの知識を理解して，ぜひとも覚えてほしいと強く願う。場合によっては，「この知識は重要だし，将来，役立つよ。だから，覚えてほしい」などと言うこともある。しかし，重要なことは，学生がその知識（あるいはその分野）に大いなる興味，関心（学びへの動機づけ）を持つかどうかである。興味，関心を持ちさえすれば，おそらく学生は，強いて「覚えてほしい」と言わなくても，記憶するだろう。内発的な興味，関心がないのに，覚えようとすると，どうしても丸暗記になり，丸暗記された知識は役目（試験）が終わると，すぐに忘れてしまうだろう。大事なことは，学生の内発的な興味，関心，学びへの動機づけであり，授業ではどうすれば学生の興味，関心を刺激しうるかを徹底的に工夫することだ。

【学生】について

■ 自分にしてほしくないことを学生にしてはいけない

　人間の尊厳や誇りを傷つけるパワーハラスメント（さまざまないじめ）やセクシュアルハラスメントは，絶対にしてはいけない。それらの行為は，人間としてもっとも恥ずべき行為の1つであり，教育の質の向上とはまったく逆の，悪質な行為である。

■ どんな学生でも受け入れる

　教師は，ともすれば優秀な学生を歓迎しがちだ。自分の言うことを素直に聞く学生や理解も速く，進歩も速い学生を大いに歓迎する。大学院になると，優秀な学生は教師にとってもひじょうに有用な人材となるので，とりわけ優秀な学生を歓迎する傾向が強くなる。逆に，言うことをよく聞かない，素直でない学生は遠ざけるし，そんな学生から自分も遠ざかろうとする。しかし，教育のプロである限り，どんな学生でも拒否してはいけない。むしろ能力の劣った学生，動機づけの低い学生，教師の言うことを素直に聞かない学生，他の教師が嫌がる学生をこそ，受け入れるべきだ。

　学生には必ず個人差がある。優秀な学生もいれば，劣った学生もいる。優秀な学生は，自分の力でどんどん伸びていくし，学生自身がその教師がモデルになると判断すれば，教師を見て

いるだけで伸びていく。だから教師の援助（サポート）はほとんど不要である。一方，教師の援助がもっとも必要なのは，教師が嫌がるような学生だ。そういう学生の教育こそ教師の"教育力"が試されている。

どんな学生でも自分が教師に"心から受け入れられている"と感じると，必ず教師の語りかけに答えることができるようになる。そして少しでも教師の言っていることを実行してみようという気持ちになるものだ。つまり，教師の期待に応えたいという気持ちになる。

■ 教師は，学生から見れば"権力をもつ存在"であることを忘れてはいけない

教師が学生に対して人として平等な意識と態度で接したとしても，学生から見れば教師は権力者である。単位の認定権をはじめ，学生にしてみれば圧倒的な知識量，授業上（学習上）のリーダーシップ，研究を指導する力，大学という組織体（学生も含む）を管理する力，場合によっては就職の世話，等々の面で"力"を持つ存在だ。たとえ教師が望まなくても，学生にとって教師は権力を行使しうる存在であり，そういう意味で学生は常に教師からプレッシャーをかけられている。どんな人間も権力者には弱いということを教師は自覚しておかねばならない。

■ 自分の到達レベル（知的，人間的）よりもさらに高いレベルを目指す学生を育てるにはどうすればよいかを常に考える

教師の仕事とは，質的に自分のレベルよりもさらに高いレベルを目指して努力するような人を育てることにある。教師は，学生の人生のある時期における"モデル"の1つでもある。学生は，教師を社会人のモデルとして眺める。教師にとって重要なことは，学生がモデルとしての教師を超えて成長していくようにすることだ。そこに社会（共同体）の進歩が生じる。

そのことは，知的レベルに関しても言える。自分の知的レベルを追い越して成長するような学生を育てることを教育の目標の1つにすべきである。どのような教育をすれば，自分を追い越して成長していく人が育つのかを考え，工夫しなければならない。そこに，知識共同体の大きな進歩が生まれるとともに，教師自身の教育力が伸びていくのである。

■ 学生の前で知らないことは「知らない」とはっきり言う

学生から学問上の問題について質問されてその答えがわからないとき，「知らない」「わからない」とはっきり言わねばならない。けっしてごまかしてはいけない。「知らない」とはっきり言うことが，学生によい効果を生み出す。教師のほうが経験の量が圧倒的に多いので，知識が多いのは当然である。学生は，教師は何でも知っていると思いがちだ。しかし，そういう教師でも知らないことがあるという事実を学生に身を以て体験させることが，学生にとってよい経験になる。

■ 学生に対してしっかりしたリーダーシップをとる

教師はさまざまな場面で（例えば，授業や研究の指導などで），"しっかりしたリーダーシップ"をとらねばならない。リーダーシップをとるという点で，教師は学生に遠慮してはいけない。思い切ってリーダーシップをとることが学生の信頼を生み出し，ポジティブな効果が生まれる。しっかりしたリーダーシップとは，グループのメンバー全員（学生）が信頼できるという印象をもつことができるリーダーシップのことだ。学生自身は，教師を含む集団においてリーダーシップをとることがひじょうに難しい。グループ全体が何かを決定しなければならないとき，最終的にはリーダーである教師が判断し，それに対する責任を負わねばならない。リーダーとしての判断と責任を示すことが，学生が信頼できる教師を作り出すのだ。どうすれば自分がそういうリーダーシップがとれるか，自覚と工夫が必要だと思う。

しっかりしたリーダーシップの中には，自分の教育上のポリシーを学生にはっきり述べるということも含まれている。「自分は，こういうポリシーのもとで教育を行っていく」ということを学生に理解させるということだ。

■ 指導している学生を"なわばり"扱いしてはいけない

学生は通常，ある教師の研究室所属になるが，自分の指導している学生を自分の"なわばり扱い"（＝囲い込む行為）してはいけない。と同時に，他の研究室の学生はその研究室の教師のなわばりと考えてはいけない。基本的には，所属研究室に遠慮せずに，どの学生に対しても教育的，研究的なサポートの必要性を感じたらそうすべきである。しかし，他の教師の指導学生に対して助言や現実的なサポートをする際は，そのことをその教師に伝える必要がある。そうすることで，他の教師や学生との摩擦や誤解をなくし，よりよいサポートをすることができるようになる。

【同僚教師】について

■ 同僚の教師を，自分と同じ仕事の目標をもったチームのメンバーと考える

教育においては，"チーム意識"をもつことが重要だ。同僚の教師は，教育の質を向上させていくという自分と同じ目標をもったチーム（集団）の中の1人のメンバーと考え，教育活動（授業）をチームプレイだと見做す。チームであるならば，メンバーとの密な協働，密なコミュニケーションが目標を達成するための非常に重要な鍵になるので，同僚との協働を促すような試みを工夫しなければならない。

■ 同僚の中に，授業技術や教育研究上の問題（悩み）を気軽に相談できる"仲間グループ"をつくる

　教師は自分の授業技術をはじめ，教育研究上の"悩み"をかかえることがよくある。そういうとき，気軽に相談できる仲間グループをもっていれば，相談することができる（いろいろな専門委員会に相談するというフォーマルな手もあるが，もう少しインフォーマルな形で解決できればそのほうが簡単だ）。教育研究の質の向上という観点から，仲間グループに相談するというこの簡単な方法はひじょうに有効である。

　例えば，自分の授業技術についてどんな改良点があるのか（論文と同様に，どんな授業でも必ず，改良点があるはず）なかなか自分ひとりではわからない。また，委員会主催の「公開授業」でフォーマルにコメントをもらうというやり方も大げさで，形式的過ぎる。そういうとき，仲間グループの誰かに授業観察し，評価してもらえば，改良点が簡単にわかるかもしれない。仲間グループは同僚の教師だから，大学での授業経験もあるし，おそらく別の視点に立った（異なる分野の専門家からの）コメントが聞けるはずだ。

　このやり方は，実は授業の一環として，学生にプレゼンテーション（以下，プレゼン）技術を学習してもらうときのやり方とほとんど同じである。授業で学生にプレゼンをさせて，それに対して他の学生や教師がコメントすることによって，学生はプレゼン技術を少しずつマスターし，うまくなっていく。授業もプレゼンの一種なので，他人からの評価と批評によって技術的にも進化していく。プレゼン技術（＝授業技術）というのは，自分ひとりだけが頼りのいわば"孤立した"学習だけではなかなかうまくならない。結局は，自己満足の段階で止まってしまう。

■ 可能ならば，同僚と共同で研究できるテーマを見つける

　同僚と密なコミュニケーションをとる上でもっとも効果的なことは，その同僚と何かのテーマを選んで，共同研究をすることだ。すべての大学教師は同時に研究者であり，同僚と共同研究ができれば，研究活動の基礎という共通項があるので，それだけ深いコミュニケーションがとれる。そのことがチームとしての絆を深め，ひいてはチームとしての教育活動（チームティーチング）の質を高めることに繋がる。

■ 他分野の専門家として，同僚教師から他分野の知識を学ぶ

　同僚教師は，他分野の専門家である。教育活動も１つの問題解決行動なので，出来る限り広い知識を持っていれば，それだけ問題解決に結びつきやすい。その点で同僚がもっている専門知識から学ぶという姿勢が大切だ。自分は学生として同僚教師が持っている豊富な専門知識から学ぶのだという姿勢で，同僚教師に接することは大切である。

【事務職員】について

■ 事務職員を，大学教育の質の向上を共に進めていく"重要なパートナー"にする

　教師と事務職員は，大学教育の質の向上（＝FD）をともに進めるための対等な"パートナー"である。大学は，学生と教師と事務職員の三者から構成されている。これら三者がうまくコミュニケーションを取り合うことが大学の質の向上を進めていく上でひじょうに重要なポイントだ。教師と事務職員は，いわば車の両輪（パートナー）であり，その両輪が協力しあって，これから伸びていく若い学生や社会人学生の学習を支援していくのが大学なのだ。教師と事務職員は，プロフェッショナルとしてお互いの仕事内容を理解し，尊重しながら，お互いが相手に貢献しあうという気持ちを忘れてはいけない。

【研究】について

　大学教師は，教育者であると同時に研究者でもあり，未来の研究者を育てていくという責任をもつ。よい教育者がよい研究者であるとは限らないし，逆によい研究者がよい教育者であるとも限らないのは常識である。大学教師の仕事が教育と研究であるかぎり（もちろん大学管理や社会貢献の役割もある），教師はよい教育者であり，よい研究者であることを社会からつねに要求されている。以下の心得は，基礎科学の一分野としての「脳と視覚の科学」という私の専門分野から私が研究のポリシーと考えている事項である。

■ 常にパイオニアを目指す

　研究者は，パイオニア（研究上の開拓者）を目指すべきだ。研究とは，"新しい"知識を創り出す行為だ。そうである以上，常にパイオニアであることが要求されている。まだ誰も考えていないまったく新しい問題，新しい考え（仮説や理論），新しい研究方法，新しい観察事実等々を自分の力で見つけ，それらを開拓していくという意欲を常にもち，そのために不断の努力をしなければならない。

■ 世界で通用する研究（グローバル・スタンダード）を目指す

　現代は，政治，経済，文化，スポーツ等々，どの人間活動の側面をとってもグローバル化している。グローバル化のよい側面は，文化や歴史の異なる（いわば価値観の異なる）人々の目

から批評してもらうことができるということだ。研究もその例外ではない。どんな研究分野であっても，自分が書いた論文を世界の人々の目に触れるようにし，彼らから批評してもらうことがグローバル・スタンダードを目指すということであると私は考える（個人的な事例で恐縮であるが，私も専門分野の日本語雑誌に書いた英語のアブストラクトが英国の研究者の目にとまり，本文を翻訳してほしいというメールを頂いた。そのことがきっかけで共同研究が始まり，英国で行われた学会で共同発表したり，共同で英語論文を書き，それをスイスで出版されている専門誌に投稿した。その結果，論文はユーロ圏内の2名の研究者の査読を受けることになり，最終的に受理されてその雑誌に掲載されたという経験がある）。

■ 一度は，センチュリー・プロブレム（a century-problem）にチャレンジしてみる

　研究者としての人生において，一度はセンチュリー・プロブレムにチャレンジしてみる。センチュリー・プロブレムとは世紀を超えて幾多の先人がチャレンジしてきたような問題，いわば解決がひじょうに難しい"大きな問題"のことだ。

　研究とは，まさに問題解決である。問題には，大きな問題，小さな問題，重要な問題，重要でない問題，あるいは解決してもほとんど意味のない問題などたくさんの問題がある。もちろん重要な問題を見つけ，それを解決することが大きな貢献に繋がる。研究者は，その問題解決がどんな問題の理解に繋がるのか，その根拠をはっきりと述べる姿勢をもつべきだ。単に論文（業績）の数を稼ぐだけの研究をしてはならない。

■ 先人・古典から学ぶ

　少なくとも一度は，その分野で"古典"とされている先人の書いた本を読み，そこから何かを学ぶべきだ。

　「私がもし，他の人たちよりも，ずっと遠くまで見ることが出来たといえるのならば，それは，私が巨人たちの肩の上に立って見ることができたからに他ならない」と謙虚に語ったのは，かのアイザック・ニュートンである[2]。ひじょうに面白い科学史の本を書いたノルウェーの科学評論家，アイリック・ニュートによれば，「確かに多くの先人たちが考え，計算し，実験してきたその蓄積がなかったならば，ニュートンといえども新しい発見はできなかっただろう」と書かれている（Eirik Newth, 1996）。ニュートンにとっての先人とはケプラーやデカルトやガリレオのことを指す。ニュートンの「先人の肩に乗る」とは，先人の著した本を熟読し，その知識の蓄積の上に立って，新しいことを開拓せよということを意味しているにちがいな

---

[2] このニュートンの逸話にはいくつかの解釈があるが，ここでは「この逸話がニュートンの謙虚さを表す」という解釈を採用する。

い。

　生物学者のリチャード・ドーキンスは，その著書『利己的な遺伝子』の中で次のように述べている。「科学者ができる最も重要な貢献は，新しい学説を提唱したり，新しい事実を発掘したりすることよりも，古い学説や事実を見るまったく新しい見方を発見することにある場合が多い」（Richard Dawkins, 1986）と。私が"先人・古典から学ぶ"というのは，ドーキンスが言うようなことを意味している。

■ 研究のプロフェッショナルとして"自分の研究スタイル"の確立を目指し，それを磨く努力をする

　この項目は【教育職】についての項目で述べた内容と同じである。

■ 学生の業績を横取りしないし，自分の業績を学生に作らせない

　教師は，学生の業績を横取りしてはならないし，学生に自分の業績を作らせてはならない。学生の行った研究を自分の名前で発表したりしては，もちろんいけない。また，指導している大学院生の研究論文に必ず自分の名前を付けるよう要求してはならない。

　論文のオーサーシップは厳密に守らなければならない。論文の著者（オーサー）とは，その研究の完成にじゅうぶん貢献し，その研究内容のすべてを責任をもって説明できる人のことを指す。学生の書いた論文のオーサーに，その学生の指導教師であるというだけの理由（あるいは，学生をポスドクとして雇っているというだけの理由）で，自分の名前を載せてはいけない。また，教師がその学生の研究の資金的援助をしたという理由だけで，オーサーに名を連ねてもいけない。それらは謝辞に書かれるべき事項である。

■ 不正をしない

　研究に係るすべての活動（論文執筆，研究資金の請求や使用等々）において，当然のことながら，不正をしてはいけない。

■ 論文を書いたら，必ず誰か（同じ分野の研究者がよい）に読んでもらってコメントをもらう

　この事項は，欧米では研究者の常識である。独りよがりの論文，自分だけで満足している論文をこの世から減らすためには，必ず第三者の目を通す（可能ならば専門家のチェックを受ける）ことを自分の習慣にしたい。

■ 他分野の知識から学ぶ姿勢を忘れない

　研究者は，できるだけ多くの他分野から積極的に何かを学ぶという姿勢を忘れてはいけないと思う。かつて「研究者蛸壺論」というコトバがあった。自分の専門分野だけにこだわって，他分野の知識を学ぼうとしない研究者のことだ。しかし，どんな学問もどこかでつながっている。Ph. D.という欧米の学位の表現（自然，社会，人文のほとんどすべての研究領域の学位にこの表現が使われている）はそのことを物語っている。

■ 研究について，つねに謙虚である

　研究において，つねに謙虚であるべきだ。この心得は，改めて言うまでもない。あなたが生み出した知識は，たとえそれがまったく新しい知識であったとしても，何らかの意味で先人の知識や努力の上に乗っかって，初めて生み出されたものなのだ。その点では，ニュートンのコトバが正しい。

■ おわりに

　はじめに述べたように，この心得は，私自身が教育研究者としての自分を律するためのもの，いわば"私の行動理念"である。この文章を終えるにあたって，本書の主な読者である大学教師の皆さんに一言，お願いをしたい。それは皆さんご自身が自分の「大学教師の心得」を考え，文章化してみるということだ。文章化してみると，自分は何を拠り所にして教育研究活動をしているか，そのどこに問題があるかという"自己省察"を深めることができる。初めに述べたように「100人の大学教師がいれば，100種類の心得がある」と私は信じている。「自分の心得」を明確にすることは，教師の質を磨く1つの方法である。

謝辞　本稿を読んでくださり，有益なコメントをくださった近藤倫明，松尾太加志，林恵美の三氏に，この場をお借りして感謝を申しあげます。どなたもお忙しい中，貴重な時間を使っていただき，ありがとうございました。

引用文献
・アイリック・ニュート（1996）『世界のたね：真理を追いもとめる科学の物語』（猪苗代英徳訳）日本放送出版協会
・リチャード・ドーキンス（1989）『利己的な遺伝子』（日高敏隆ほか訳）紀伊國屋書店

用 語 集 (50音順，アルファベット順)

アクティブ・ラーニング：広義には，教員による一方向的な講義形式の教育とは異なり，学習者の能動的な学習への参加を取り入れた双方向的な教授・学習法の総称。学習者が能動的に学習することによって，認知的，倫理的，社会的能力，教養，知識，経験を含めた汎用的能力の育成を図ることを目的にしている。発見学習，課題解決学習，体験学習，調査学習等も含まれる。教室内でのグループ・ディスカッション，ディベート，グループ・ワーク等も有効なアクティブ・ラーニングの手法である。(中央教育審議会「新たな未来を築くための大学教育の質的転換に向けて――生涯学び続け，主体的に考える力を育成する大学へ――(答申)」(平成24年8月28日)用語集から一部改変して引用)

インストラクショナル・デザイン（Instructional Design）：教育の場で，学習目標を明確に定めて，それを達成するために，効果的かつ効率的な教育環境や授業計画を設計すること。「授業設計」と訳されることもある。

「学位授与方針（DP）」，「教育課程編成・実施方針（CP）」及び「入学者受け入れ方針（AP）」：各個別の方針（ポリシー）については，DP，CP，APの項で詳述するが，国際通用性を備えた学士課程教育の構築のためには「明確な『3つの方針』に貫かれた教学経営」が大学には必要であるとされている。(中央教育審議会「学士課程教育の構築に向けて(答申)」(平成20年12月24日))そこでは，大学の個性や特色は，これら3つの方針に反映されるものであり，3つの方針の共通理解のもとに教職員が日常の実践に携わることが重要だとされた。(本学の3つの方針については，北九州市立大学webページ「学生が修得すべき知識・能力（学位授与方針等）」https://www.kitakyu-u.ac.jp/information/DP-CP.html を参照)

　簡潔に表現すると，DPは卒業認定・学位授与に関する基本方針いわば達成目標である。CPは，目標を達成するための教育カリキュラムである。APは，目標に沿う形で大学が求める学生像及び入学者選抜の方針である。これら3つのポリシー（基本方針）が互いに整合し，体系化されていることが重要だとされている。

学習管理システム（LMS：Learning Management System）：授業や研修のコンテンツ配布，提出課題の集約，進捗管理などを行うソフトウェアのこと。

学習ポートフォリオ：学生が，学習過程ならびに各種の学習成果を長期にわたって収集し，記録したもの。学生がこれらの記録を活用して，自分の学習の到達度を評価したり，次に取り組むべき課題を見つけてステップアップを図ったりすることができる。つまり，学生の自己省察と自律的学習をより深めることを目的としている。(中央教育審議会「新たな未来を築くための大学教育の質的転換に向けて――生涯学び続け，主体的に考える力を育成する大学へ――(答申)」(平成24年8月28日)から

一部改変して引用）

学生プラザ：本学北方キャンパスの本館内施設の名称で，主に就職支援を行うキャリアセンターゾーンと，相談事や悩みの解決に向けた支援を行う学生相談室ゾーンの2つからなる。本学に入学した学生が充実したキャンパスライフを送り，自らの進路を見出し，それに適った職業につけるよう，きめ細かな学生サポートを行っている。

科目記号（ナンバリング）：授業科目にアルファベット（番号）を付し，分類することによって授業科目の学修段階や順序等の体系性を明示するもの。

カリキュラム・ツリー：授業科目の流れやつながりを線で結ぶなどして，図示したもの。

カリキュラム・マップ：（ディプロマポリシーに記述された）学生に身に付けさせる知識・能力が，どの授業科目でどのように達成されるかの相関関係を示した表のこと。

北九大方式：一般的には，学生を支援するさまざまな分野の専門家同士の垣根は高いのが普通であるが，本学では「学生相談室」を構成する学生相談室長（事務職員），相談係長（保健師），健康指導担当係長（保健師），相談係員（事務職員），看護師，臨床心理士，学校医（内科医・精神科医）に加え，学生サポート委員を中心とする教職員が一体となって協働し，学生の抱える生活，修学，進路，健康，心理などの様々な問題や悩みについて相談を受け，解決に向けた総合的な支援をすることによって，学生が充実したキャンパスライフを送れるようサポートしている。多職種の専門家同士の垣根を低くし，協働作業をすることにより，学生を最後までしっかりとフォローする本学の学生相談室の対応方式のこと。

北の翼：本学の中期計画を鳥のイメージに合わせて図式的に表現したもの。両翼は大学の原点である「教育」「研究」を，尾翼は地域・海外の風を受け舵を切る「社会貢献」，頭脳部分は確かな目で進むべき方向を見定める「経営」を表している。これらが相互に連携し合い，より魅力ある大学を目指し，北九大が羽ばたいていくイメージを具現化したもの。「北の翼」は，北九大のシンボルと言えるだろう（本文 pp.4-5，図1参照）。

中期計画：本学の設置団体である北九州市が6年間において本学が達成すべき業務運営に関する目標を中期目標として示し，この中期目標を達成するために本学自らが策定する計画を中期計画という。

チーム・ティーチング（Team Teaching）：複数の教員が協働して授業を設計，実施，成績評価を行う授業形態の1つ。チームを組む教員がお互いの授業をピアレビューしたり，授業研究を行うことによってより効果的な授業へと変革することができる（本文第2章3節参照）。

ピアレビュー（Peer Review）：実際の授業を公開することによって教育・研究指導の内容を同一学科内もしくは学科外の教員が視聴，観察，批評，評価できる仕組みをいう。（中央教育審議会「新時代の大学院教育（答申）」（平成17年9月5日）から一部改変して引用）本学では，ミクロレベルの

FD 活動の中で重点的に行っている活動である（本文第 2 章参照）。

ポータルシステム（北九州市立大学ポータルシステム）：本学からの通知（インフォメーション）や電子メールをはじめ，学生生活に必要な機能を Web 上で提供するサービスのこと。「北九大ポータル」ともいう。休講情報，授業で使用する教材に関する情報，パソコン自習室の利用に関するお知らせ，就職活動を行う際に必要な求人情報等，学生生活に欠かせない情報を提供している。

メンター（Mentor）：仕事のみならず，生き方等についても指導する人のこと。一般的には，企業内において，メンターである先輩社員が，メンティ（Mentee）である後輩社員を指導したり，助言を与えたりする。本学では，新任教員が所属する学科内にメンターの役割を担う人材（既在籍教員）を決めて，新任教員を支援している。

AP（Admission Policy）：アドミッション・ポリシー。入学者受け入れ方針のこと。各大学・学部等が，その教育理念や特色等を踏まえ，どのような教育活動を行い，また，どのような能力や適性等を有する学生を求めているのかなどの考え方をまとめたもの。→ CP, DP との関連については「学位授与方針（DP）」，「教育課程編成・実施方針（CP）」及び「入学者受け入れ方針（AP）」を参照。

ARCS モデル：Attention（注意），Relevance（関連性），Confidence（自信），Satisfaction（満足感），J.M.ケラーが提唱したモデルで，それぞれの英語の頭文字をとってアークスモデル（ARCS-Model）と呼ばれている。ケラーは，学習意欲に関する文献の詳細な調査を行い，それらに共通する属性に基づいた概念の要因分析（クラスタリング）を行い，学習意欲に影響する要因を 4 つにまとめた（本文 p.66, 表 1 参照）。

CAP 制度：キャップ制度。学生の卒業条件となる単位取得について，一定の制限を加える制度。ある科目の単位を取得するには，その科目を履修するために学期の初めに登録する必要があるが，単位取得に必要な学習時間の確保のため，各学生が 1 つの学期に履修登録できる総単位数に上限を設定する制度のこと。

CP（Curriculum Policy）：カリキュラム・ポリシー。教育課程編成・実施の方針。教育目標や DP（ディプロマ・ポリシー）等を達成するための方針を定めたもの。→ AP, DP との関連については「学位授与の方針（DP）」，「教育課程編成・実施の方針（CP）」及び「入学者受け入れ方針（AP）」を参照。

DP（Diploma Policy）：ディプロマ・ポリシー。学位授与方針。教育目標を達成するために学生が身につけるべき能力を修得することを定めたもの。→ AP, CP との関連については「学位授与の方針（DP）」，「教育課程編成・実施の方針（CP）」及び「入学者受け入れ方針（AP）」を参照。

FD（Faculty Development）：ファカルティ・ディベロップメント。アメリカの高等教育環境で，生まれた語句である。広義には，教育に係るすべての組織や業務の質の向上を目指す活動のことをいい，マクロ，ミドル，ミクロの 3 つのレベルに分けられている（本文第 7 章 2 節 1 項参照）。狭義に

は，教員が授業内容・方法を改善し向上させるための組織的な取り組み，いわゆる，授業の質の向上を目指す取り組みの総称。FD の内容は多岐にわたるが，具体的な例としては，大学の組織・制度の改革，教員相互の授業参観（授業のピアレビュー）の実施，授業方法についての研究会の開催，学生による授業アンケートの実施，新任教員や既在籍教員のための研修会の開催などを含む。英国ではSD（スタッフ・ディベロップメント）と呼ばれることが多く，スタッフは教員と職員の両者を含んで用いられている。また，最近は世界的に PD（プロフェッショナル・ディベロップメント）と呼ぶ傾向が強くなっている。その理由は，「ファカルティ」という語の意味が教授集団に限定されているからである。（独立行政法人大学評価・学位授与機構「高等教育に関する質保証関係用語集（第 3 版）」http://www.niad.ac.jp/n_shuppan/package/no9_21_niadue_glossary3_2011_v2.pdf から一部改変して引用）

GS（Generic Skills）：ジェネリック・スキル。企業サイド（通商産業省）からの考え方としては，社会人基礎力（＝将来，職業や地域社会で多様な人々と仕事をしていくために必要な基礎的能力）のことを言う。一方，大学教育研究サイドからの考え方としては「汎用的技能」と表現され，「知的活動でも職業生活や社会生活でも必要な技能」と定義されている。この意味での汎用的技能としては，「コミュニケーションスキル」「数量的スキル」「情報リテラシー」「論理的思考力」「問題解決力」の 5 つが挙げられている。（愛知教育大学「大学教育におけるジェネリック・スキル」http://www.aichi-edu.ac.jp/higher-edu/liberal/mt_files/gskill.1.pdf#search から一部改変して引用）

GPA（Grade Point Average）：各科目の成績から特定の方式によって算出された学生の成績評価のこと（GPA および累積 GPA の算出方法については，北九州市立大学 web ページ「履修について（成績評価，GPA など）」https://www.kitakyu-u.ac.jp/information/06_registration/value.html を参照）。

ICT（Information and Communication Technology）：情報通信技術のこと。IT（Information Technology）とほぼ同じ意味である。

IR（Institutional Research）：組織（もしくは機関，ここでは大学）が行う調査研究のこと。大学がさまざまな教育計画を立案したり，政策を形成したり，意思決定をしたりする際に，それらを支援するための情報を提供するという狙いがある。(Saupe, Joe L. (1990) "The functions of Institutional Research" 中井他編『大学の IR Q&A』玉川大学出版部，平成 25 年から一部改変して引用）平易には，データを使った仕事，データを使い意思決定の手助けをすること。（柳浦猛（2015）「IR とは何か？戦略的大学経営と IR の効果的な実践（1）――米国の大学の経営問題と IR の活用――」，『大学マネジメント』Vol. 10, No. 10, 34-37）

OJT（On-the-Job Training）：職場内教育訓練のこと。実際に業務を行いながら，上司等から業務に必要な技能等の指導を受ける。

PBL（Project-Based Learning）：課題解決型学習，プロジェクト学習とも呼ばれ，複雑な課題や挑戦に値する問題に対して，学生がデザイン・問題解決・意志決定・情報探索を一定期間自律的に行

い，具体的な制作物もしくはプレゼンテーションを目的としたプロジェクトに従事することによって学ぶ学習形態のこと。(Thomas, John W.(2000)"A Review of Research on Project-Based Learning.")アクティブ・ラーニングの学習形態の1つである。

PDCA サイクル：Plan（計画策定）→ Do（実行）→ Check（成果の評価）→ Action（修正）を繰り返すことによって，継続的に業務改善することである。

RA（Research Assistant）：リサーチ・アシスタント。大学が行う研究プロジェクト等に，優れた大学院学生を研究補助者として参画させ，研究活動の効果的推進，研究体制の充実及び若手研究者としての研究遂行能力の育成を図ることを目的とした制度で，その対象となる院生のこと。

SA（Student Assistant）：スチューデント・アシスタント。大学の学部及び学群に在籍し，教育的配慮のもとに教育補助業務を行い，これに対する手当ての支給を受ける学生のこと。業務の専門性等から，院生が対象となる場合もある。

TA（Teaching Assistant）：ティーチング・アシスタント。本学では，研究科（大学院）に在籍する優秀な院生に対し，教育的配慮のもとに教育補助業務を行わせ，教育トレーニングの機会を提供するとともに，これに対する手当ての支給により，当該院生の処遇の改善の一助とすることを目的とする制度を設けているが，その対象となる院生のこと。

あとがき

　本書のテーマは，ここ10年ぐらいのスパンで本学におけるFD活動を振り返ってみることである。本学がFDにどう取り組んできたかを振り返ることによって，これからの大学教育の進むべき方向を考えてみようというのが，本書の"狙い"である。

　私は，2007年4月から5年間，本学のFDを担当する特命教授として勤務し（1年間だけは特任として），その後は現在に至るまでFDアドバイザーとしてFD活動に携わってきた。本学にFD委員会が設置されてFD活動が本格的に始まったのが2006年なので，私もこの8年間を本学のFDとともに歩んできたことになる。

　その歩みの過程で私自身が何を学んできたかについて2つのことを述べてみたい。第1は，FD活動の目標はどこにあるかということ。第2は，これからの本学には何が必要かということである。

　私の結論は"FDの目標とは，大学教育のプロフェッショナル（以下，教育のプロ）を，組織として育成すること"である。なぜこのような育成が必要かと言えば，大学教員は教育のプロを目指すための教育を，教員になるまでの段階もしくは教員になってからの段階で受けていないからである。この考えが正しいならば，どこかの段階で教育のプロを目指すための教育・訓練が必要であるということになる。その教育・訓練こそがFDである。

　ここで，教育のプロとは何を意味しているのか考えてみよう。教育のプロを考える前に，研究のプロを簡潔に定義しておこう。研究のプロとは，「ある研究分野の知識に精通し，かつ研究のノウハウ（スキル）を習得・洗練し，研究の成果を発信（論文・学会発表などで）する，これらすべてを含む研究活動の"質の向上"に絶えず努める人」である。この定義を教育のプロに当てはめると，教育のプロとは「教育活動に必要な知識に精通し，教育活動のノウハウ（スキル）を習得・洗練し，教育の効果を評定する，これらすべてを含む教育活動の"質の向上"に絶えず努める人」ということになる。

　教育活動の質の向上は，個人の教育経験の蓄積と努力によってある程度まで達成することができるが，それだけでは十分ではなく，集団による評価や知識とスキルの共有が必要である。そのための組織的な"仕組み"が不可欠である。それがFDであると私は考える。

　教育の質の向上を目指して，これからの本学には2つのことが必要だと考える。1つは，新任教員研修を実質的にさらに充実させていくこと。そのためには，FD先進国で行われているプロフェッショナル教育やわが国のFD先進大学の研修プログラムを取り入れて，本学の新任研修を充実させていくことだ。第2は，教員の教育力や授業の質の向上を目指したセミナーや

ワークショップ，研究会を開き，大学教育自体を"研究する"活動を組織として積極的に行い，そういった活動を組織としてサポートすることだ。このような組織的活動を通じて，本学が真に「教育のプロ集団」を目指す組織であることを学内，学外に広報していくことが重要である。

　最後になりましたが，本書が完成するまでには多くの教職員の皆さまからご協力をいただきました。とりわけ，本書の発案者である近藤倫明学長，執筆をしていただいた教職員の皆さま，本書の実務的なとりまとめを担当していただいた内木場翔也さん，林恵美さん，九州大学出版会の奥野有希さんには，この場をお借りしてお礼申し上げます。

　2015年6月

FDアドバイザー
中溝　幸夫

執筆者一覧

■は編者を示す。肩書きは2015年度のもの。

■近藤倫明　　学長（副学長2006〜2010年度）

以下，50音順。

■赤川貴雄　　国際環境工学部建築デザイン学科准教授
■浅羽修丈　　基盤教育センター准教授
■石塚　優　　都市政策研究所教授（〜2014年度）
■板谷俊生　　外国語学部中国学科教授
■岩松栄子　　学務第一課教務係長（〜2014年度）
■植木　淳　　法学部法律学科教授
■上江洲一也　国際環境工学部環境生命工学科教授
■梅澤俊浩　　経済学部経営情報学科准教授
■漆原朗子　　基盤教育センター教授（副学長2013年度〜現在）
■江島広二　　経営企画課長
■小野憲昭　　法学部法律学科教授
■高　偉俊　　国際環境工学部建築デザイン学科教授
■梶原昭博　　国際環境工学部情報メディア工学科教授（副学長2013年度〜現在）
■片岡寛之　　都市政策研究所准教授
■北　真収　　大学院マネジメント研究科教授（〜2012年度）
■北　美幸　　外国語学部国際関係学科准教授
■城戸宏史　　大学院マネジメント研究科教授
■木原謙一　　外国語学部英米学科教授（副学長2011〜2012年度）
■後藤宇生　　経済学部経済学科教授

223

- ■坂本　毅啓　　基盤教育センター准教授
- ■佐藤　眞人　　文学部比較文化学科教授
- ■David A. Stott　基盤教育センター准教授
- ■武田　　寛　　大学院マネジメント研究科教授
- ■田島　　司　　文学部人間関係学科教授
- ■田村　大樹　　経済学部経済学科教授
- ■堤　ちひろ　　学務第一課教務係職員
- ■恒吉　紀寿　　文学部人間関係学科准教授
- ■永野　貴久　　学務第二課教務係長
- ■中野　博文　　外国語学部国際関係学科教授（副学長 2008～2010 年度）
- ■中溝　幸夫　　北九州市立大学 FD アドバイザー
- ■久木　尚志　　外国語学部国際関係学科教授
- ■平野　圭子　　外国語学部英米学科教授
- ■廣川　祐司　　基盤教育センター准教授
- ■廣渡　栄寿　　基盤教育センター教授
- ■深堀　秀敏　　国際環境工学部非常勤講師
- ■Adam Hailes　外国語学部英米学科准教授
- ■堀尾香代子　　文学部比較文化学科教授
- ■増田　竜彦　　経営企画課教育開発支援係（～2014 年度）
- ■松尾太加志　　文学部人間関係学科教授（副学長 2013 年度～現在）
- ■松永　裕己　　大学院マネジメント研究科准教授
- ■松本　　守　　経済学部経営情報学科准教授
- ■眞鍋　和博　　基盤教育センター教授
- ■見舘　好隆　　キャリアセンター准教授
- ■山崎　　進　　国際環境工学部情報メディア工学科講師
- ■龍　　有二　　国際環境工学部建築デザイン学科教授

シリーズ 北九大の挑戦 3
教師が変わる，学生も変わる
―― ファカルティ・ディベロップメントへの取り組み ――

2015 年 9 月 10 日　初版発行

監　修　北九州市立大学

編　者　中溝　幸夫
　　　　松尾太加志

発行者　五十川直行

発行所　一般財団法人　九州大学出版会
　　　　〒814-0001　福岡市早良区百道浜 3-8-34
　　　　九州大学産学官連携
　　　　イノベーションプラザ 305
　　　　電話　092-833-9150
　　　　URL　http://kup.or.jp/
　　　　印刷・製本　大同印刷株式会社

Ⓒ The University of Kitakyushu, 2015　　ISBN978-4-7985-0165-9

シリーズ 北九大の挑戦
① 学生サポート大作戦──寄りそう学生支援──

北九州市立大学［監修］
田部井世志子・生田カツエ［編］

本書は，大学全入時代の中で多様な学生が入学してくる現在，北九州市立大学で行なっている学生支援について，その仕組み作りから実践までの実態を，北方キャンパスでの取り組みを中心に記録したものである。学生サポート委員会の立ち上げ，学生プラザの創設，早期支援システムの構築，学生相談室の開設といったハード・ソフト両面の整備から，それら制度の中で日常的に行なわれている学生相談や保証人（保護者等）への対応の詳細まで，実際に使用している文書や資料等を掲載し，解説している。

②「自ら学ぶ大学」の秘密──地域課題にホンキで取り組む4年間──

北九州市立大学［監修］
眞鍋和博

本書は，地域におけるこれからの大学のあり方について，北九州市立大学の地域創生学群をはじめとした取り組みを中心にまとめたものである。学生と教員が地域の「日常」を経験し続けながら，諸課題の解決に地域の方々と共に取り組んでいく姿は，少子高齢化に突入した時代の地域運営のモデルとなるだろう。一方でこのような実践的な活動は，学生にとって大きな学びと成長をもたらす。実践することで，机上で学んだ理論や技術だけでは全てが解決しないことに気付く。そして，新たな学習への動機が形成されると同時に，社会が求める汎用的な能力が形成されるのである。学生のキャリア形成支援や就職活動のあり方にも一石を投じる取り組みである。大学教育が転換期を迎える中，本学の取り組みが近未来の大学像となることを期待したい。

B5判・各巻 1,800円（税別）

地域主権の時代をリードする
北九州市立大学改革物語

矢田俊文（第12代北九州市立大学学長）

法人化以降，受験者数のV字型回復，留年者数40％減，学生相談機能の集中，教員39名増，女性教員倍増，専任教員40名のセンター設置による教養教育の再生，地域創生学群の新設，ビジネス・スクールの設置，カーエレクトロニクス・大学院コースの開設，地域貢献日本一など，全国的に注目された北九州市立大学の大学改革の内容を現役学長（2010年当時）が明らかにした。

四六判・280頁・2,200円（税別）

九州大学出版会